宇宙の叡智とつながる

数霊

【決定版】

深田剛史
はせくらみゆき

徳間書店

はじめに――数霊《かずたま》の解釈をあなたの成長につなげてほしい

深田《ふかだ》剛史《たけし》

2009年に徳間書店の5次元文庫から発表した、

『数霊に秘められた宇宙の叡智――かずたま占い』

は大変な好評をいただいたため、その後もヒカルランドから内容をより充実させた、

『宇宙一切を動かす「数霊」の超メッセージ』

および、新装版の、

『数霊力《すうれいりょく》で望む未来を選びとる』

が発売され、重版をくり返してきました（現在は絶版）。

そして今なお読者の皆様からの問い合わせが途絶えないため、基本的な部分は生かしつつ第1～6章を一新したものが徳間書店から、

『数霊【決定版】　宇宙の叡智とつながる』

として生まれ変わることになり、数霊をますます活《い》かしていただければ嬉しい限りです。

なお、第7章の数霊辞典は絶版となった『数霊力《すうれいりょく》で望む未来を選びとる』の同部分に、加筆・修正をおこなったものです。その中にある形霊《かただま》図形は、ほとんどが新しくなりました。


普段の生活の中で起きるこまごまとした出来事や、あるいは人生において大きな決断を迫られるようなとき、視界や意識の中に飛び込んでくる数の意味を知ることができるならば、〝迷い〟を〝決意〟に導き、〝不安〟は〝覚悟〟へと昇華し、人はより力強く自分らしい「我が龍の道」を歩むことができるはずです。

そのためにも今一度、数霊に対しての捉え方・使い方をお伝えしておきます。

まず、本書で紹介している数の意味や解釈は参考例であって、決して絶対的なものではないということ。

数の持つ本質的な意味合いというものは、限られた波動領域の中で肉体を纏《まと》って暮らす人類ではおそらく理解できないと思われます。

◉もし人間の手足の指が6本ずつだったら。

◉もし1秒の長さがセシウム133の発する周波数を基準にしていなかったら。

◉もし時間の単位が60進法を用いていなかったら。

◉もし地球の自転がもっとゆっくりだったら。


それはもう数への意味付けはことごとく変わってしまいます。

例えば指の数が6本、左右で12本だった場合、1から10まで数えると、
1、2、3、4、5、6、7、8、9、x、y、10
になり、左右で10本指の人間にとっては知りえないひと桁の数が2つ存在していることでしょう。

ちなみに人間の指の数が4本、左右で8本だった場合、1から10までは、
1、2、3、4、5、6、7、10
ということで、8と9は存在していません。

また、1秒の長さがセシウム133の発する92億ヘルツの波長がもとになっていなければ1秒の長さが変わるため、時間に関する数値がすべて変わり、数への意味付けも有効性が失われてしまうわけです。

さらに言うならば、もっとも小さな整数である「1」。この意味さえ、〝始まり〟〝ワンネス（一致）〟〝分けることができない〟といったところから、

〝一番〟〝一等賞〟〝最優秀〟

などさまざま。

〝ワンネス〟や〝分けることができない〟などは全体がひとつになることを意味しています。一方で〝一番〟〝一等賞〟などは他と差別化をはかることであり、分離そのものなので使い方がまったく逆方向になります。

「1」でさえこんなあり様なので、「37」だとか「89」など推して知るべしです。なので数の本質的な意味を理解することは肉体人間にとって不可能なことかもしれません。ではどうすればいいのか。

個人的な体験になりますが、数の持つ意味を知ろう・判《わか》ろうとしているうちは、数からこちらに発せられるエネルギーを感得することができませんでした。

ですから数に対して自分から一方的に意味付けをしているだけなんですけど、それで数

の意味を判ったつもりになっていたわけです。

そんなことを子供のころから続けていましたが、40歳を過ぎたころでしょうか、あることにハッと気付きました。

それは〝数に対して敬意が足りなかった〟のだと。

それまでは無機質なものとして捉えていたんです、数（数字）を。つまりそれは量を表す記号としてしか捉えられなかった訳で、しかも自分を数（数字）よりも優位な立場に置いていました。

ですから数（数字）に対して本気で詫《わ》びました。

そして以後しばらくは数（数字）を目にするたびに姿勢を正し、気を引き締め、神社仏閣で神仏を前にしたときのような〝緊張感〟と〝畏怖《いふ》の念〟をもって接するようにしていたところ、やっと感じ取ることができるようになりました。数の放つエネルギーを。


数の放つエネルギーを〝数霊力《すうれいりょく》〟と呼びます。


数霊力はそれが同じ数であっても、状況に応じてメッセージは異なります。

そしてここが大切なんですが、

〝数〟は人に対し、自分が放つエネルギーを正確に分析してほしいと望んでいるわけではありません。

〝数〟は人に対し、その人がどのような意味付けをしようが、成長に役立つ解釈をしてくれればそれを許可します。

仮にその解釈が〝数〟から放たれる数霊力の意味合いと大きくズレていたとしても、受け取った人が成長するのなら、それを受け入れてくれるものなのです。

数霊力は人を育てる。まずはそこです。

そして次に大切なのは〝数〟に優劣をつけないこと。特定の〝数〟だけを崇《あが》めたり、えこひいきしたりしない。差別もしないこと。

それをやってしまうと数霊力を歪《ゆが》んだ方向へと利用し始め、結局は数霊メッセージを受け取ることができなくなってしまいます。

〝数〟に貴賤《きせん》はありません。

数霊は〝各自が数から答えを導き出すための贈り物〟なんですが、その使い方に関してもっとも多い質問が、181を超えた場合はどうしたらいいのか、というもの。

本書には数霊の意味合いが181までしかありません（第7章参照）。ナゼ181までかという理由については第5章でお話ししますが、181を超えた場合の対処法を記しておきます。

自分の名前を数にして、その数が持つ意味合いは誰しも知りたいと思うでしょうが、フルネームだと181を超すこともあり、人によっては苗字だけでも182以上になる場合があります。

例えばヒノモトタケルという名前ですと、30ページの表を使って、

苗字のヒノモトは、

ヒ＝30　ノ＝22　モ＝32　ト＝17　で、合計すると「101」になります。

名前のタケルは、

タ＝16　ケ＝9　ル＝43　なので合計「68」です。

フルネームだと「101」＋「68」＝「169」になるので　名前の数霊としては苗字、名前、フルネームの3つの数の意味を知り、そこから各自がテーマなり答えを導き出せばいいのですが、名前がヒノモトゴンザエモンだとすると、

ゴ＝52　ン＝1　ザ＝56　エ＝4　モ＝32　ン＝1　合計「146」

ヒノモトの「１０１」と合わせて「２４７」になります。

こういった場合、「１０１」と「１４６」だけで判断するか、あるいはＳＮＳなどで使っている名前だとか愛称などを数にして考えてみてください。

どうしても「２４７」を使いたい場合は「２４７」から１８１を引いた数を参考にしていただいてもかまいませんが、意味合いが違ってくるためあまりお勧めできません。


また、名前を数にする場合、基本的には1～75までを使い、〝ン〟に関しては1と10とがありますが、1で計算します（30ページ参照）。

〝ア〟から始まり〝ン〟で終わる。1から始まり1に戻る。神社の狛犬《こまいぬ》が阿吽《あうん》なのは始まりと終わりを表しており、一人で生まれ一人で死んでいくように、数霊も言霊《ことだま》に対比させた場合、1に始まり1に終わるというわけです。

ン＝10は目に見えないもの、例えば〝先祖〟は特殊な人以外見えないため、ン＝10を当てはめることもあります。

セ＝14　ン＝10　ゾ＝57　合計「81」
10の言霊は〝キ〟ですね。

〝キ〟の代表格は〝気〟でして、〝気〟とは「在《あ》るけど目には見えないもの」です。

〝気持〟とか〝清い（気良い）〟とか。

あるいは発音が変わりますが〝気配〟や〝穢《けが》れ（気枯れ）〟もそうです。

日本語の場合〝ン〟のみでは用途が見えないため、目に見えないものを表す言霊の〝キ〟と重ねたと考えられていますが、基本的にン＝1でよろしいと思います。


数霊のさらに楽しい使い方は、パートナーとの組み合わせです。

これも例にしてみると、健太君と言納《ことの》ちゃんが結婚した、あるいは仕事でのパートナーになった場合、

ケ＝9　ン＝1　タ＝16　の「26」と
コ＝7　ト＝17　ノ＝22　の「46」で
合わせて「72」になります。

なので健太君と言納ちゃんのコンビは2人が組むことで生まれた数霊の「72」を参考にして方向性を決めたなら、きっと数霊力の後押しを得られることでしょう。

このパートナー数霊は友人や親子でもできますし、合計が181以内なら3人でも4人

でも可能です。

面白いのは、同じ数になっても組んだ相手によって解釈が変わったり、同じパートナーとでも成長の度合によって数霊の捉え方は変化します。

もちろん個人においても同じで、ポイントとなるのは数の意味合いを固定化しないことです。固定化すると、数霊を限定した狭い世界に閉じ込めてしまうばかりか、数に対しても失礼です。

そういったことを理解し、どんどん楽しく自由に使っていただければ幸いです。

２０２０年９月25日に抽選の第３８７回ロト７宝くじの当選番号は、

「03　07　13　22　30　32　37」

でした。これを並べ替え、

「07　22　37　32　13　03　30」

にして対比する言霊を当てはめると、
07＝コ　22＝ノ　37＝ヨ　32＝モ　13＝ス　03＝ウ　30＝ヒ
「コ、ノ、ヨ、モ、ス、ウ、ヒ」つまり「この世も数秘」となり、数霊の魅力はあらゆる場面から引き出すことができます。

また、本書ではゾロ目の解釈も充実させました（３８５ページ参照）。

これまでは３ケタのみでしたので、

「何気なく時計を見たら２時22分だったり、交差点で前に停まっていた車のナンバーが２２２で、帰りに買い物をしたらお釣が２２２円だったけど、これってナニ？」

といった場合は３ケタのゾロ目の解釈だけで済みました。

ところが車のナンバーにしろ数字選択式の宝くじナンバーズ４など４ケタのゾロ目には対応できなかったため、はせくらさんが４ケタのゾロ目の解釈を加えてくださいました。

ただし宝くじのナンバーズ４の場合は「３０９７」も「２６５１」も「１２３４」も「７７７７」も同じ確率で出ますし、「５９６３」《ごくろうさん》も「３２９８」《ミニクーパー》も「４４４４」も出る確率は10の４乗分の１、つまり１万分の１ですが、車のナンバーで４ケタのゾロ目を目にする確率はずっと高くなります。

車のナンバーの場合、求める人が意図的に取得するため目にする確率が高くなるんですが、実際にはその何百倍、何千倍も他のナンバーを目にしています。ですが意識に引っ掛からないため次々と通過してしまい、ゾロ目だけに脳が反応するので、ついついゾロ目ばかりを見ているような気になるのですが、すべての数に意味付けは可能ですので、あまりゾロ目だけをありがたがらないようにされるほうが数霊力への理解が深まります。

第7章の数霊辞典（201ページ参照）には、それぞれの数を表す形霊《かただま》図形が出ています。この形霊は2桁であろうが3桁であろうがその数を表す図形です。

この図形、はせくらさんが宇宙情報として感得されたもので実際には立体ですが、それだとお伝えしにくいため、立体三次元を平面二次元へと簡素化した「数を表す形霊」になっています。

自分の名前やお店の名前などの数霊を、数字ではなく形霊として用い、ご自身の花押《かおう》であるとか認め印のように使っていただくことができます。

図形が淡白すぎる場合はデフォルメを加えたり、あるいは六角形やハートの中心にその形霊を描いてオリジナルのデザインにしていただいても構いません。要は形霊を含んだそのデザインから本人が特定の数を認識し、その数霊の持つ性質に意識を合わせるツールとしていただくことが目的なのですから。

というわけで、最後に要点をまとめますと、

◎数の意味を固定化しないこと。ニュートラルな意識で数に対峙《たいじ》すれば、その数の性質はどんどん変化してきますから。

◎たとえ感じ取った解釈と、実際に数が放った意味が違っていたとしても、受け取った人が成長し、自分らしく自信を持って生きる後押しになるなら数はそれを許可する、ということ。

◎数霊力を得るためには特別の数だけを崇めたり、えこひいきをしないこと。それをすると崇めている数以外を差別することになり、チャンスを逃《のが》すことにもなりかねません。

◎自分に関係する数を限定しないこと。それぞれの人にとってたしかに旬な数はあります。しかし人生を通して見れば、程度の差こそあれどすべての数にご縁がありますので。

これらをふまえ、あとは自由に楽しみつつ数と戯《たわむ》れていただければ幸いです。

数霊、それは無機質と思われがちな数であっても、
実は大自然に育《はぐく》まれた叡智《えいち》そのものであり、

人々がそこから絶大なる意識を感じ取ってこそ数霊は活かされます。
数霊と言霊がおりなす絶妙なハーモニーの中に日之本《ひのもと》は存在するのですから。

数霊【決定版】宇宙の叡智とつながる　目次

第3章 〝感謝〟から始まる数霊の旅

第4章　船出のとき、来たる

第5章 宇宙のリズムに合わせる「地球暦」

第6章
言霊から数霊、そして色霊・形霊・音霊へ

はせくらみゆき

第7章 数霊辞典

【巻末資料】

装丁 三瓶可南子
カバーイラスト はせくらみゆき
編集 豊島裕三子

第1章

宇宙の知性と神々が日本に望むもの

「数霊《かずたま》」は存在する万物を表現する素《もと》になっている

『地球上の万象万物は宇宙生命の生成化育の原理から「数霊」と「言霊」として表現され、万象へと化成する。それが直《ただ》ちに万有の生命である』

小林美元
（大倭五十鈴会主幹）

日本はいつも二本立て。元号と西暦が同時進行し、太陽暦と旧暦（日本の旧暦はイスラムの純陰暦ではなく太陰太陽暦）を使い分け、信仰においても多くの人が神道と仏教を併せ持っています。

このように何ごとも一元化せずして二本立てを成り立たせる文化に育《はぐく》まれた日本人だからこそ自然界における「太陽と月」、地球上では「海と陸」、人においては「父と母」の絶対的必要性を生活の中でも体現できる民族であると言えます。

大きな要因のひとつは、神道・仏教共に多神教であるということで、おそらく一神教国家では日本人の持つ感性を理解することはむずかしいでしょう。

そして、その感性が生活の中に溶け込み、人々が日常的に触れているものこそが「数霊《かずたま》」や「言霊《ことだま》」、それに「色霊《いろだま》」「形霊《かただま》」「音霊《おとだま》」といったものです。

特に「数霊」と「言霊」の関係性は父と母のそれに等しく、それぞれに優位性がありつつ完全に対等であり、互いに尊び合った世界を形成しています。

それはまるで左足と右足のようで、左足が前に出るときは右足が支えになり、右足が進むときには左足が支えるといったようにです。


また、「数霊」においては「言霊」だけでなく、音や色を波長で分析すれば必ず数（値）で表現されますし、形であっても辺の数や角度は数を用いて説明されます。

そのため「色霊」「形霊」「音霊」の陰には常に数があり、「数霊」は存在する万物を表現する素《もと》になっています。


『宇宙間の一切のものはすべて数で表現され、万物は数から成り立っている』

ピタゴラス

＊

ですが残念ながら現在の日本国民は、数に対して大変な無礼をはたらいており、これは実に失礼極《きわ》まりないことです。

と言うのも、日本の「言霊」は世界でもっとも優《すぐ》れているように、日本の数詞も同じく世界一といってもいいほど素晴《すば》らしいものです。

その数詞はご存じのとおり4ケタごとに単位が移り変わっていきます。1の下に0が4つで〝万〟、8つになれば〝億〟といったように、4ケタ増えるごとに万《マン》・億《オク》・兆《チョウ》・京《ケイ》・垓《ガイ》・秭《ジョ》・穣《ジョウ》・溝《コウ》・澗《カン》・正《セイ》・載《サイ》・極《ゴク》・恒河沙《ゴウガシャ》・阿僧祇《アソウギ》・那由他《ナユタ》・不可思議《フカシギ》・無量大数《ムリョウタイスウ》へと続いています。

恒河沙や阿僧祇、那由他といった単位はインドからもたらされた宗教的概念の用語で、例えば恒河沙の〝恒河〟はガンジス川のこと。〝沙〟とは砂のことで、つまり恒河沙が表現するところは「ガンジス川の砂を全部集めたほどとてつもなく大きな数」ということです。

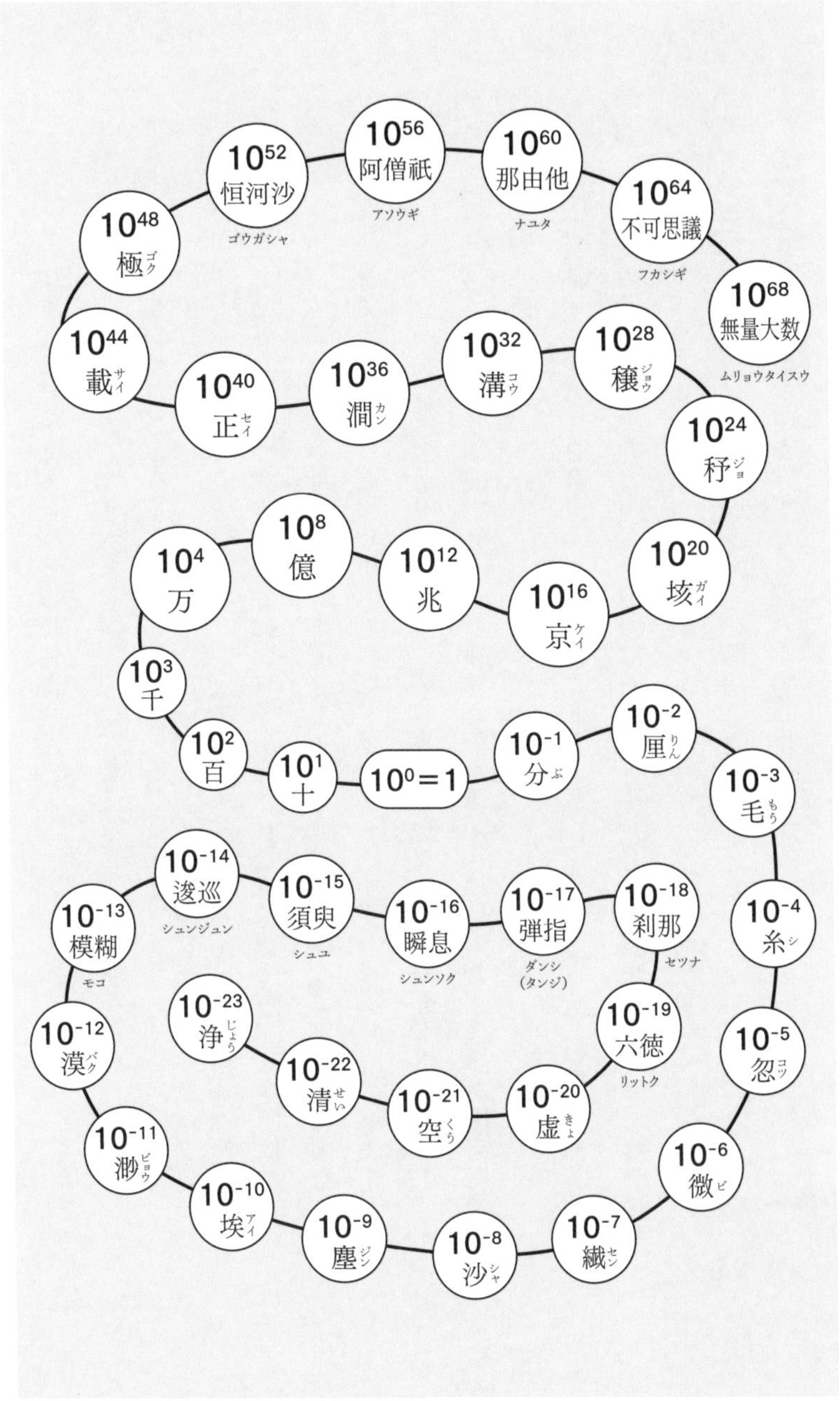

10^{68} 無量大数《ムリョウタイスウ》
10^{64} 不可思議《フカシギ》
10^{60} 那由他《ナユタ》
10^{56} 阿僧祇《アソウギ》
10^{52} 恒河沙《ゴウガシャ》
10^{48} 極《ゴク》
10^{44} 載《サイ》
10^{40} 正《セイ》
10^{36} 澗《カン》
10^{32} 溝《コウ》
10^{28} 穣《ジョウ》
10^{24} 秭《ジョ》
10^{20} 垓《ガイ》
10^{16} 京《ケイ》
10^{12} 兆
10^{8} 億
10^{4} 万
10^{3} 千
10^{2} 百
10^{1} 十
$10^{0}=1$
10^{-1} 分《ぶ》
10^{-2} 厘《りん》
10^{-3} 毛《もう》
10^{-4} 糸《シ》
10^{-5} 忽《コツ》
10^{-6} 微《ビ》
10^{-7} 繊《セン》
10^{-8} 沙《シャ》
10^{-9} 塵《ジン》
10^{-10} 埃《アイ》
10^{-11} 渺《ビョウ》
10^{-12} 漠《バク》
10^{-13} 模糊《モコ》
10^{-14} 逡巡《シュンジュン》
10^{-15} 須臾《シュユ》
10^{-16} 瞬息《シュンソク》
10^{-17} 弾指《ダンシ》
(タンジ)
10^{-18} 刹那《セツナ》
10^{-19} 六徳《リットク》
10^{-20} 虚《きょ》
10^{-21} 空《くう》
10^{-22} 清《せい》
10^{-23} 浄《じょう》

それよりさらに大きな単位の不可思議は、平たく言えば「あまりにもたくさんすぎて理解できまへん」であり、無量大数に至っては「数えるのが不可能なため、まぁ無限大のようなもの」といったところでしょう。

さて、これら4ケタずつ大きくなるにつれて用意された単位ですが、日本ではどういうわけだか3ケタごとにコンマを付けておりまして、これは数に対して不敬罪に当たります。最近よく聞くシーベルトという単位で、シーベルト・ミリシーベルト・マイクロシーベルトの違いは3ケタごとに変化し、物理学の世界は3ケタコンマでもよろしいです。メガ・ギガ・テラもそれぞれが10の6乗・10の9乗・10の12乗と、3ケタ増えることで単位が変わります。

また、英語の場合も100は〝ハンドレッド〟、1000は〝サウザンド〟、10000は〝テン・サウザンド〟となり、10000を10×1000で表現しているため、3ケタコンマが適切です。が、日本は違う。

12,500,000,000,000

この数がいくつであるか、すぐに読めますでしょうか?

おそらくは多くの人がウシロからイチ、ジュウ、ヒャク、セン、マン、ジュウマン……と数えたはず。

これは12兆5000億ですが、もしこの数を4ケタごとのコンマにすれば、

12,5000,0000,0000

になり、一番ウシロのコンマは万の単位、次は億、そして兆なので、0を数えるのではなくコンマをウシロから万、億、兆と数えるだけですぐに12兆5000億だと判ります。

日本国政府に告ぐ。

今すぐに数の表記を4ケタごとのコンマに改めるよう法案を通し、銀行や郵便局に置かれた用紙から伝票に至るまでを改正するよう通達してくだされ。

「数霊」と「言霊」の関係／言葉から数への変換

言葉から数への変換は次ページの表を使います。

母音が「ア・オ・ウ・エ・イ」になっていますが、日本はいつも二本立てですので神道では「ア・イ・ウ・エ・オ」と「ア・オ・ウ・エ・イ」を使い分けています。

言霊から数霊へ

ア－1	オ－2	ウ－3	エ－4	イ－5
カ－6	コ－7	ク－8	ケ－9	キ－10
サ－11	ソ－12	ス－13	セ－14	シ－15
タ－16	ト－17	ツ－18	テ－19	チ－20
ナ－21	ノ－22	ヌ－23	ネ－24	ニ－25
ハ－26	ホ－27	フ－28	ヘ－29	ヒ－30
マ－31	モ－32	ム－33	メ－34	ミ－35
ヤ－36	ヨ－37	ユ－38	延－39	以－40
ラ－41	ロ－42	ル－43	レ－44	リ－45
ワ－46	ヲ－47	宇－48	恵－49	韋－50
ガ－51	ゴ－52	グ－53	ゲ－54	ギ－55
ザ－56	ゾ－57	ズ－58	ゼ－59	ジ－60
ダ－61	ド－62	ヅ－63	デ－64	ヂ－65
バ－66	ボ－67	ブ－68	ベ－69	ビ－70
パ－71	ポ－72	プ－73	ペ－74	ピ－75
阿－76	於－77	宥－78	衣－79	伊－80
須－81				
ン┬1 　└10				

A－1	B－2	C－3	D－4	E－5
F－6	G－7	H－8	I－9	J－10
K－11	L－12	M－13	N－14	O－15
P－16	Q－17	R－18	S－19	T－20
U－21	V－22	W－23	X－24	Y－25
Z－26				

一般的な「ア・イ・ウ・エ・オ」は太陽暦のようなものでして、通常はこちらでよろしいでしょうが、神事や祭りなどでは旧暦を重んじるように、数霊でも旧暦的な「ア・オ・ウ・エ・イ」を用いています。

こちらのほうが発音する際の口の開け方に一連の流れがあるため、むしろ「ア・イ・ウ・エ・オ」よりもスムーズであり、かつ自然体です。

「イ」は「オ」となりて　苔のむすまで。

それでは言葉を数に変換してみます。数霊は古くから神道の中で育まれ、そして伝わってきたため、〝神道〟を数にしてみましょう。

右ページの表により、

シ＝15　ン＝1　ト＝17　ウ＝3

で、合計すると「36」になります。みなさんが大好きなミロクですね。

ミロクの世は〝平安〟の世。

ヘ＝29　イ＝5　ア＝1　ン＝1

やはり「36」になります。

数霊にも「陰と陽」「裏と表」「闇と光」のハタラキがあり、〝天災〟という災いを数にすれば、

テ＝19　ン＝1　サ＝11　イ＝5

で、やはり「36」になります。ということは〝天才〟も「36」になりますが。

〝今〟の瞬間を〝素直〟に生き、ミロクの世が〝繁栄〟していきますよう……。

イ＝5　マ＝31　合計「36」

ス＝13　ナ＝21　オ＝2　合計「36」

ハ＝26　ン＝1　エ＝4　イ＝5　合計「36」

このようにして「数霊」と「言霊」の関係が成り立っていますが、「36」は世間的にありがたがられている数なので、普段はその意味を捉えにくい数も意識してみましょう。

言葉からの変換を用いない数霊の解釈はとても窮屈で、しかもそれを活かす術《すべ》もなかなか見つけにくいものです。

ですが、言葉と数を入れ替えることにより数の解釈は大きく広がり、そして自分自身と結び付ける接点を見つけることが容易《たやす》くなってきます。

〝人〟は〝霊止《ひと》〟と書きまして、〝玉《たま》し霊〟が止まっているのが〝ヒト〟なので、〝秘戸(秘められた戸)〟が開くことにより神性というものが表に現れてきます。

ヒ＝30　ト＝17　合わせて「47」

「47」はイメージ的に「48」よりも地味で、4月7日が誕生日の人以外はあまり意識しない数です。

が、日本は都道府県を「47」に分けていますし、言霊においても〝イロハニホヘトチリヌルヲ……〟は47声から成り立ち、ヒフミ祝詞《のりと》〝ヒフミヨイムナヤコトモチロラネ……〟も同じく47声です。

つまり、**日本の場合「47」は〝すべてが揃った〟状態を表す数**でもあるわけです。

人々が〝玉《タマ》(し霊《シヒ》)〟輝かせ
自分らしい〝色〟にて〝命〟の〝花〟咲く
新たな〝夜明け〟に〝御神酒《オミキ》〟で弥栄《イヤサカ》。

タ＝16　マ＝31
イ＝5　ロ＝42
イ＝5　ノ＝22　チ＝20
ハ＝26　ナ＝21
ヨ＝37　ア＝1　ケ＝9
オ＝2　ミ＝35　キ＝10

というわけで、どれもこれも「47」になります。

戦艦大和が撃沈されたのも、キリストがゴルゴダの丘で処刑されたことになっているのも4月7日ですが、「47」をこうして見るとなかなか美しいでしょ。

言霊数《ことだますう》が「47」になる都市は〝大津（オホツ）〟※〝那覇〟など（※大津はオオツで数えた場合「22」）。

日本国を表す数霊はたくさんあり「二」や「八」もその内ですが、〝ニホン〟＝「53」や〝ニッポン〟※＝「116」にも面白さがたくさん含まれています。

（※小さい〝ッ〟〝ャ〟〝ュ〟〝ョ〟は表記方法として小さく書きますが、音霊としてはその音も発音していると考え、数はそのまま使用しています）

「53」は〝稲穂〟の言霊数が同じであるように日本らしい数でして、〝平成〟も同じ「53」でした。

ですが令和になった今、もっとも注目している「53」は〝日光〟です。栃木県の日光とも無関係ではありませんが、ここでの日光は陽の光のことです。

太陽から放たれる日光＝コロナと考えた場合、まさに今が旬の数になりますので。

正確には日光＝コロナではなく、太陽をとり巻いている希薄なガスがコロナであり、皆《かい》既日食《きにっしょく》でその姿を見ることができますが、本書では日光とコロナを結び付け、第2章以降のテーマとします。

話を戻し、〝ニッポン〟＝「116」についてですが、とても力強く神秘的なハタラキを持っています。そして神道のニオイをプンプンさせた数でもあります。

というのも、神道においては頻繁に聞かれる〝宮殿〟や〝神楽祭《かぐらさい》〟が「116」になりますし、「剣《つるぎ》」も「産霊《むすび》」も「神漏美《かむろみ》」も同じで、これらから判断すると**「新たに生み出す力を祝福する霊験《れいげん》あらたかな数」**とも言えます。

また、日本は〝日之本《ひのもと》〟とも呼ばれ、それはあらゆる〝玉《たま》し霊《ひ》〟の故郷としての〝霊《ひ》の元《もと》〟でもあります。

〝日之本〟〝霊の元〟の言霊数は「101」になり、解釈としては「101」の解説ページ（304ページ参照）を読んでいただくとして、〝霊《ひ》〟についてをお話しします。

〝霊《ひ》〟の言霊は〝火〟〝日〟〝陽《ひ》〟と同じなので、どうしても太陽と結び付いてしまいますが、意味としては〝玉し霊〟や〝直霊《なおひ》〟のことです。

〝直霊〟とは人の霊魂のハタラキを「一霊四魂《いちれいしこん》」に分類したその中心部であり、神からの分けミタマを指しています。神からの分けミタマであるなら、言い換えると**〝直霊〟は神そのものであり、内なる神とは〝直霊〟のことであると考えても問題ありません。**

この〝直霊〟を数にしてみると、

ナ＝21　オ＝2　ヒ＝30　合計「53」

やはり「53」になり〝日光〟や太陽と結び付きが深い言霊数と言えます。

そして〝日本〟もまた「53」であることから、この国が〝日之本〟だとか〝霊の元〟と呼ばれるのを数霊が示してくれているわけです。

「41」と「81」——光の存在、神としての自覚を持つ

世界に共通した国番号というものがあり（巻末資料412ページ参照）、日本は81番が当てはめられています。

9方陣は1から81までの数によって成り立つ曼荼羅《まんだら》で、タテ・ヨコ・ナナメ、どの列も一列の和が369になるため「ミロク方陣」とも呼びます。数で表現したミロクの世がこれです。

このミロクの世の秩序はすべて九×九の理（すじみち）の中にあり、これは九九理《ククリ》、つまり白山菊理媛《ククリヒメ》のハタラキを示しており、九九《クク》＝81が日本の国番号であることはただの偶然ではありません。

人の〝玉し霊〟は神と呼ばれる「大自然を生んだエネルギー」からの分けミタマで、それは〝光〟そのものです。

なので〝光〟は、

９方陣

31	76	13	36	81	18	29	74	11
22	40	58	27	45	63	20	38	56
67	4	49	72	9	54	65	2	47
30	75	12	32	77	14	34	79	16
21	39	57	23	41	59	25	43	61
66	3	48	68	5	50	70	7	52
35	80	17	28	73	10	33	78	15
26	44	62	19	37	55	24	42	60
71	8	53	64	1	46	69	6	51

ヒ＝30　カ＝6　リ＝45

で「81」になり、

ニ＝25　ン＝1　ゲ＝54　ン＝1

も「81」になります。

つまり、このたびの地球人類立て替え立て直しにおいては、他のどこよりもまずは**日本が「81」＝〝光〟としての存在になる**ことが81番国家の使命だということを、数が見事に教えてくれています。

〝稲穂〟は「53」でしたが、稲穂から収穫された〝米〟は、

コ＝7　メ＝34

で「41」になり、ミロク方陣の中心「41」に同じです。

「41」は中心を意味する数であり、カラダの中心〝ヘソ〟は、ヘ＝29　ソ＝12で「41」になるように、日本人の主食である〝米〟も食の中心ということで「41」になるわけです。

〝玉し霊〟の中心〝直霊〟は「53」でしたが、〝直霊〟とは神そのもののこと。〝神〟は

カ＝6　ミ＝35でやはり「41」になり、その中心ということになります。その**「41」こそが自分自身であると認識することが神としての自覚であり、そのような意識を持つことが〝41になる〟ということ。**

光としての存在、神としての自覚を持たずして車のナンバーや電話番号を「４１８１」にしてみたところで、人生は変わりません。

〝81になる〟〝41になる〟ことでその人に数霊力というものがハタラクのです。

オリンピックと「41」の数霊のハタラキ

２０１６年夏、リオデジャネイロオリンピックでは日本人選手団が41個のメダルを獲得しました。メダルにばかりこだわりすぎの報道には少々うんざりしますが、「41」の出かたとしては喜ばしいですね。平時でしたらこの41個のメダルが２０２０年（２０２１年）の東京大会につながる、と言いたいところなんですが……。

２０１３年９月、日本時間で８日の早朝にアルゼンチンのブエノスアイレスで開かれていたＩＯＣ総会にて、２０２０年（２０２１年）夏のオリンピック開催地が東京に決定いたしました。

オリンピックの誘致に際し、当時の日本国の首相はこのように世界中を騙《だま》しました。

「（大会期間中は）晴れる日が多く、かつ温暖であるためアスリートが最高のパフォーマンスを発揮できる理想的な気候である」と。

日本人は誰一人として7月末から8月初旬に対してそんなことを思っていないため、訂正させていただきます。

「（大会期間中は）朝からうだるような暑さが続くので、アスリートはパフォーマンスをまったく発揮できない最悪の気候である」と。

ろ・く・で・な・し！

また、ブエノスアイレスでのプレゼンテーションで首相はこんな大ボラも吹きました。

「（福島第一）原発事故の汚染水はアンダーコントロールされている」って。さらに、「私が保証します。状況はコントロールされていて、汚染水は港湾内で完全にブロックされている」のだと。

被災者はハラワタが煮えくり返ったことでしょう。

ひ・と・で・な・し！

２０１１年3月の東日本大震災で受けた被害が甚大《じんだい》であり、かつ原子力発電所の処理には莫大《ばくだい》な予算と時間を要することが判っているため、その時点で誘致を取り下げるよう都に求めるのが政府としての本来の姿。

〝天の時〟を知らずしてエゴを通すと何が起きるのか。

誘致において尽力された当時の都知事猪瀬《いのせ》氏はウソみたいな手書きの５０００万円借用書で辞任に追い込まれ、次の都知事舛添《ますぞえ》氏も好き放題に都の予算で絵画を買い漁《あさ》ったり、8万円のチャイナ服問題やお正月の家族旅行を経費で落としちゃいました問題などで辞任。残念なおじちゃまたちでした。

その後、ＪＯＣ（日本オリンピック委員会）の竹田恆和《つねかず》会長に汚職疑惑が浮上。真相が判らないまま竹田会長は任期が終わるのを待ってＪＯＣ会長を退任。ＩＯＣ委員も辞任しました。

しかしそれらより大きな問題も続出し、なかでも大会エンブレムに盗作疑惑が勃発。エンブレムは未来までその大会を象徴する恒久的な存在ですが、それがこの有様。

また、大会において空間的中心点たるメインスタジアムも建設費が高額すぎるとの理由でエンブレムに続き白紙撤回に。当初の予算2520億円も問題ですが、実際には3000億円近く必要だとか。

オリンピックのメインスタジアムについては、2000年のシドニー大会、04年のアテネ、08年の北京、12年のロンドン、16年のリオデジャネイロの5大会で建設されたメインスタジアムの合計が2700億円とのレポートがあり、東京が3000億円近くとはふざけた話です。

オリンピックではありませんが、ガンバ大阪は法人サポーターから約99億円と個人サポーターから約6億円の寄付を集め、助成金35億円を加えた140億円で4万人が収容できるチームのメインスタジアム（パナソニックスタジアム吹田）を建てました。

オリンピックとは用途や規模が違いますが立派ですね、ガンバ大阪。

さらにケチは付き続け、夏季大会の花形競技であるマラソンを札幌でやってくれませんか問題。理由は東京が暑すぎるからとのことで、今さら何を言い出すのか。実に面白い。

復興五輪を謳《うた》っているのだから、ナゼ東北でやらないのでしょう。

そもそも7月末の開幕を承諾したこと自体がアスリートファーストではなく、アメリカが支払う放映権料ファーストになっています。

2020年の幕が明けたと同時に世界中は新型コロナウイルスに翻弄《ほんろう》され、ギリシャへ聖火を迎えに行くこともできなければ、聖火が届いた宮城県東松島市では式典でブルーインパルスが空に描いた五輪が強風によって掻き消され、五輪がご臨終になってしまいました。「五輪終」と書くべきか。

石巻市でも聖火が2度も消え、祝福されている要素がひとつも見つかりません。

聖火ランナーに至っては準備していた人たちを走らせず、ランタンを車に乗せて聖火を巡回させると言い出す始末。そんなことをしたところで誰が喜ぶのでしょうか。

挙げ句の果てに翌年まで延期になり、年が明けたら今度は森会長の発言が世界中で大問題になり、さらには後任の会長を勝手に決めちゃうもんだから、またまた混乱に陥りましたが、もういいや。書くの飽きた。

どうしてこれほどまでにケチが付くのか。

それは**「天の時　地の利　人の和」**が整っていないためです。

大自然のハタラキでもある「天の時　地の利　人の和」が整っていないことを感じ取ることもできず、世界中を騙して力ずくで奪い取った開催なので、大自然がそれに待ったをかけた。優先すべきは大災害の復興と原子力発電所の事故処理だと大自然が警告してくれたのでしょう。

日本はオリンピックの歴史の中で40年おきに悲劇が繰り返されていて、1940年冬季の札幌大会と夏季の東京大会は日中戦争で中止に。1980年夏季のモスクワ大会は東西冷戦の真っ只中だったためボイコット。

そして2020年夏季の東京大会は延期に。まさに「天の時」が整っていないとの知らせのようでもあります。

ちなみに東京大会は中止（1940年）、開催（1964年）、延期（2020年）を達成した世界でも唯一の都市で、そういった意味ではおめでたいのかもしれません。

「41」に戻ります。

9方陣の中心には「41」が君臨しているように、日本の国土の中央には国道41号線が名古屋から富山まで南北を貫いています。**国土においても「41」が真ん中にあるわけです。**

現在この国道41号線は「ノーベル街道」と呼ばれています。平成の31年間だけでも自然科学分野（物理学賞、化学賞、医学・生理学賞）の受賞者18人のうち、３分の２以上の13名が国道41号線沿いに何らかの縁があるからです。

中でも物理学賞を受賞された小柴昌俊《こしばまさとし》教授（２００２年）のカミオカンデや、梶田隆章《かじたたかあき》教授（２０１５年）のスーパーカミオカンデが鎮座する岐阜県飛驒《ひだ》市の神岡町《かみおかちょう》は国道41号と寄り添うようにして広がる町で、スーパーカミオカンデは高さも41メートルです。

ところでカミオカンデ（ＫＡＭＩＯＫＡＮＤＥ）の〝カミオカ〟は地名の神岡ですが、〝ンデ〟って何だ、〝ンデ〟って。

この〝ンデ〟（ＮＤＥ）とは初代カミオカンデの場合、

核子（Ｎｕｃｌｅｏｎ）

崩壊（Ｄｅｃａｙ）

実験（Ｅｘｐｅｒｉｍｅｎｔ）

の頭文字であり、スーパーカミオカンデは、

ニュートリノ（Ｎｅｕｔｒｉｎｏ）

検出（Ｄｅｔｅｃｔｉｏｎ）

実験（Ｅｘｐｅｒｉｍｅｎｔ）、を表しております。

今は（２０２1年現在）３代目となるハイパーカミオカンデの建設計画が進行中なので、近い将来にはまた新たなノーベル賞受賞者が神（「41」）岡から誕生することでしょう。

日本での最高気温が41度に達したのは２０１３年８月12日、高知県四万十《しまんと》市でのことで、その記録は、41・０度でした。

そして２０１８年７月23日、埼玉県熊谷《くまがや》市で41・１度まで達して記録更新。８月には岐阜県下呂《げろ》市や美濃《みの》市でも41・０度を達成。

２０２０年になると８月17日に静岡県浜松市でも41・１度に達し、「41」度が頻繁に聞かれるようになりました。

一方で最低気温になりますと、１９０２年（明治35）１月25日に北海道旭川市で記録されたマイナス41・０度です。

少数点以下を重要視しなければ、日本では最高気温も最低気温も41度でして、〝神の国〟と呼ばれる所以《ゆえん》はこんなところにも表れており、素晴らしき数霊力です。

意識を宇宙へと馳《は》せてみます。

太陽系外で地球からもっとも近くにある星はケンタウルス座のα《アルファ》星で、その距離は約4・3光年なんですが、光は1年間に約9兆4600億km進むため、単位を光年からkmに変換すると、その距離は約41兆kmです。

月はいつも同じ面を地球に向けながら自転と公転を続けていますが、厳密にはわずかにブレがあるため、地球から見られる月の表面は全体の59%です。

ということは、隠れたままの月の裏側は41%になり、地球からは見ることができない神の領域ということなのでしょうか。

地球の裏側話題。ジャマイカです。

陸上競技のスーパースター、ウサイン・ボルト選手は100メートルを41歩で走ります。

ヨーロッパへまいりましょう。

日本の国番号は81ですが、41が国番号の国はスイスで、日の丸とスイスの国旗を重ね合わせると、丸に十文字が紅白で浮かび、最上級のおめでたさです。

帰国して、北陸へ行きます。

北陸3県といえば富山県・石川県・福井県ですが、２０１５年3月に長野新幹線が北陸まで延長され、富山経由で石川県の金沢までが開通しました。

福井までの開通はしばらく先になるため福井県人は怒っていましたが、「天の時　地の利　人の和」が整っていたのでしょうか。新幹線が金沢まで開通した直後に始まった春の選抜高校野球大会（甲子園）で福井県の敦賀気比《つるがけひ》高校が北陸勢としては初の全国制覇をなし遂げました。決勝戦がおこなわれたのは4月1日、「41」の日でした。

ついでにですが、

フ＝28　ク＝8　イ＝5

合計でも「41」になり、数霊の妙味です。

数で遊ぶのは楽しいですが、数霊のハタラキは時として人類への警告ともなります。

福井県に紫紺の優勝旗が持ち帰られたその年、困った「41」が出現しました。

厚生労働省によれば２０１５年度に全国の医療機関に支払われた医療費が41兆円を超えたそうで、この金額は尋常ではありません。

問題は患者側にも医療機関側にもあり、もう必要以上に医者へ行くことも、不必要な薬を出すこともいい加減にやめないことには、この国の財政は破綻《はたん》します、いや、その前に医療制度の崩壊が先かもしれません。治りもしないのにシップ薬を出し、下げる必要もないのに降圧剤を与え、毎年毎年いったい何千億円の不必要な予算を使ってきたことか。

地方の眼科なんて診療開始と同時に待ち合い室が老人サロンになっています。いつから日本人は先人たちから伝わる智恵を忘れ、これほど愚かになってしまったのでしょう。

厚生労働省、製薬会社、思いやりのない医師、無知な国民らにより今の医療制度が崩壊の危機に直面する日は近いかもしれません。

ホ＝27　ウ＝3　カ＝6　イ＝5

崩壊も「41」になり、医療費41兆円超えは悔い改めの警告なのでしょう。２０１５年度のことです。

しかしそれに気付く様子もなく、なお調子に乗り続けたため、５年後には強制的に変革を迫られる事態が発生しました。コロナ騒動です。次章からはコロナ騒動についてを中心に話を進めてまいります。

第2章

令和の幕開け

令和時代の幕開け

２０１９年４月末で上皇陛下が退位され、５月１日から令和へと移行しました。新元号になるのだから日付けとしてもキリがいい元日からだとか、日本の年度制に合わせて４月１日からだとより明確なんですが、さすがに元日からだと国民に負担がかかりすぎるため見送られました。

また、年度始めの４月１日の場合、数霊的には「41」なのでとても都合がいいのですが、世の中は入社や入学・進学で慌《あわただ》しく、国会においても３月は予算編成があり、結局は５月１日に決まりましたが、４月１日を避《さ》けたのは他にも理由があったようです。

西暦の場合、千の位や百の位を略しても一般的には意味が通じます。２０１９年だと二千（２０）を略し、19年というように。

もし令和の幕明けが４月１日だった場合、19年４月１日からなので「１９４１」になります。何かが思い浮かびませんか？

「1941」は太平洋戦争開戦の年です。

皇太子が天皇に即位され、新しい元号が始まるその日が「1941」で、多くの国民が先の大戦を思い浮かべるようでは困ります。なので19年4月1日を令和時代の幕明けとするには相応《ふさわ》しくないと考えられたのでしょう。

しかも19年4月1日は旧暦だと2月26日になります。そう、これも「二・二六事件」を連想してしまいます。

大げさだと思われるかもしれませんが、必ずしもそうではありません。

2011年3月11日、東日本大震災のあの日、関東でも大きな地震が発生し、東京では九段会館で専門学校の卒業式がおこなわれていましたが、会館の天井が落下して2人が死亡、26人が負傷する事故が起きてしまいました（参照：朝日新聞）。

昭和、11年の二・二六事件ではその九段会館、当時は軍人会館と呼ばれていましたが、そこには戒厳司令部が置かれました。つまりは二・二六事件の対策本部です。

昭和11年の二・二六事件。（20）11年の震災で2人と26人。それが九段会館で結びついているので、数霊を大切にされる今上天皇が気にされないわけがありません。

今上天皇は皇太子時代、御成婚の日取りとして1993年6月9日を選ばれています。

おそらくは日本国内がミロクの世となるよう願いを込められてのことで、そのように数霊力を信じられている陛下は、令和の幕明けが戦争やクーデターを思い起こすような日を避けられたのでしょう。

令和のテーマは、一人一人が自分らしさを発芽させること

令和を数に変換すると、

レ＝44　イ＝5　ワ＝46　合計「95」

になり、「95」の数霊解説には〝成長の数霊〟と出ています（298ページ参照）。また、キーワードとしていくつか紹介されてますが、ここでは〝発芽〟を取り上げてみます。

発芽といっても植物の種《たね》が芽を出すことではなく、一人一人が自分らしさを発芽させることで、令和はそれがテーマの時代でもあるということ。

これまでの日本社会は〝世間体《せけんてい》〟〝世間の目〟といった、他人からどう思われるかということを気にしすぎるがため、自分自身の在《あ》り方を制限してしまう風潮がありました。

昭和が終わり平成の時代になったころから若い人たちの中には、それら悪《あ》しき風潮を打

ち破って自分らしい生き方をする人が増えてきましたが、全体としてはまだ少数派です。自分の感性よりも世間一般の価値感を優先し、自身がどのような種であるかの認識もないため、いくつになっても発芽できずにいる人がいかに多いことか。

令和という時代は自らを発芽させることに意識を向け、応援しているアーティストやスポーツ選手に期待を寄せていたその思いを自分自身に向けてみる。期待する相手は自分自身。それが発芽の第一歩です。面白いことに〝一歩〟というのも、

イ＝5　ツ＝18　ポ＝72

同じく「95」になります。

「自分がやるべきこと」――――これは義務でもあり、与えられた使命とも受け取ることができます。ですが使命については、それが何なのかを探してみても書物の中に答えはありません。

たとえそれが使命ではないことでも第一歩を踏み出して行動することで、本来の使命へと糺《ただ》されます。そして紆余曲折《うよきょくせつ》を経て納得のいく使命というものが見えてくるはずです。

なので大切なのは「自分がやるべきこと」よりも「自分がやりたいこと」を優先してみ

る。

「自分がやりたいこと」に義務は生じません。自由です。

人によっては義務からの逃げになるかもしれませんが、それでも第一歩を踏み出して歩み続ければ、必ず先に答えが見えてくるはずです。

とはいえ、あまり遠回りするのも不安でしょうし、納得できる使命が見つかる前に人生が終わってしまうかもしれません。

そこで「自分がやりたいこと」よりもさらに優先すべきこと。それが「自分だからこそできること」。

これは与えられた才能です。持って生まれた才能といってもいいです。この才能とは、

サ＝11　イ＝5　ノ＝22　ウ＝3

合計すると「41」です。

「41」は〝神〟を表していましたね。つまり**〝才能〟というのは、内に秘められた〝神〟**ということ。その〝神〟なる力を発芽させることが、令和の時代に課せられたテーマというわけです。

もし内に秘めた才能が、過去生において自分が何かに挑戦したことで得られた感性だと

したら、それは過去の自分が今の自分に与えてくれた最高の贈り物。

そして今の自分が何かに挑戦することで得られる感性を、来生の自分へ持ち越すことができるとするならば、今の自分から未来の自分へ届ける最高の贈り物。

未来を数にすると、

ミ＝35　ラ＝41　イ＝5

これは「81」になり、「81」は〝光〟でしたね。つまり**今の自分から未来の自分へ光を届ける**ということになります。過去の自分が今の自分へ〝才能〟という「41」を届けてくれたように。

したがって、才能を活かしつつ「自分だからこそできること」に挑戦するということは
「過去の自分への恩返し」であり、

「未来の自分への贈り物」なのです。

「95」の数霊解説にはキーワードとして〝父母〟と〝新生児〟が入っています。

父母はもちろん「ふぼ」と読みますが、かつては「かぞ・いろは」と呼んでいた時代がありました。父が「かぞ」で、母が「いろは」です。

「かぞ」とは数（数える）のことで、つまりそれは数霊。

一方、「いろは」は〝いろはにほへと……〟のことなので言霊。

父と母が揃ってこそ新生児が誕生するように、**日本では数霊と言霊が揃うことで生命を活かす智恵を生むわけです。**


子を想う親の愛に限りなし。父の想いは山より高く、母の想いは海よりも深いと表現されるように、出し惜しみなく無条件で与えられるものです……と言いたいところですが、本当にそうでしょうか。

実はひとつだけ条件を付けています。

夫婦や友人の場合、愛を与えたらそれ相応の見返りを求めてしまい、そうなると愛ではなく取り引きです。

愛とは一方向のものであり、決して見返りなど必要ないので、それができるのは子に対する親の想いだけ、と思っているとこれが大間違いです。

ほぼ無条件で出し惜しみなく与えているように思える愛ですが、子供にひとつだけ条件を付けているのです。

それは「私があなたを限りなく愛していることだけは判ってほしい」ということ。

判ってさえもらえれば、あとは本当に一方向の愛が与えられるものですが、判ってほしいとの条件を付けていることに親自身が気付いていないのでややこしいことになります。

そして子をこう責めます。

「親の気持ちも知らずに」と。

ちょっとアホかと思います。

子供には親の経験がないんだから、親の気持ちが判らなくて当然。自分だって子供のころは親の気持ちなんて判ってなかったくせに。

それよりも、親こそ子供だった経験が絶対にあるんだから、なぜ子供の気持ちを判ってあげることを先にしないのでしょう。

自分が子供のころ、親にはこうあってほしいと望んでいたものがあるはずです。こんなお父さんでいてほしい。こんなお母さんになってほしい、と。

ところが親になった途端、自分が子供のころに望んでいた親の姿など忘れてしまい、子供にこうあってほしいと望む。そしてそれが受け入れられないと「親の気持ちを判ってくれない」と嘆きます。判ってあげていないのは親の側でしょ。

我が子がどのような種であり、それを、どうやって発芽をさせてあげるのか。親として最重要課題です。

ところが、そこに〝世間体〟〝世間の目〟を親が持ち込むので困ります。しかも始末に負えないのは、本気で子供のためになっているのだと親が思い違いをしているということ。

我が子がタンポポの種ならば、タンポポの花が気持ちよく咲ける環境を整えてあげるのが親の務め。スミレの種と知れば、踏みつぶされないよう見守り、安心して小さな花を咲かせてあげる。それこそ親に与えられた義務であり使命です。

ところがです。子の想いも判らず親がニセの愛、これを〝不情愛〟といいますが、隣《となり》の家の子がバラの花を咲かせると、我が子にもバラの花として咲くよう習い事を押し付け、向かいの家の子がランの花だと知ると、我が子も名門校へ押し込んで無理矢理ランの花を咲かせようとする。子供のためではなく親のエゴであり、親自身も立派で高価な花になったつもりになる。不情愛は捨てなさい。本気で子供の「判ってほしい」に意識を向けていれば、やがて不情愛は情愛へと変わっていくことでしょう。

ただし、それにはまず親が発芽することでして、親が発芽してないので身代わりとして子供に活躍（開花）させ、それで自分も開花したつもりになりたいのです。

しかし、そんな親は自身さえも発芽させた経験がなく世間の価値観に流されているため、我が子を犠牲にして芽をつぶしてきました。

ところが２０２０年、自身を発芽させるための大チャンスが訪れました。それがコロナ騒動です。

日本がミロクの世の幕を開ける光となれ

コロナウイルス。世界基準ではCOVID《コヴィッド》－19と呼ばれていますが、日本では新型コロナウイルスで通っているため、そのままコロナでまいります。

COVID－19とはCoronavirus disease 2019（2019年に発生した新型ウイルス感染症）なので、実はそのほうが適切ではあるんですけども。

大本《おおもと》の出口王仁三郎《でぐちおにさぶろう》は「５６７」を〝ミロク〟と読みました。それは王仁三郎が56歳7ケ月のときの出来事に由来するものですが、仏界でも弥勒菩薩《みろくぼさつ》は釈迦《しゃか》入滅の56億7千万年後に出現して人類を救済するとされていることとも無縁ではないと思われます。

そのようなことから現在でも大本では「５６７」を〝ミロク〟と読んでおり、毎年５月

5日には「みろく大祭」がおこなわれています。

この「567」はそのまま読むと〝コロナ〟です。「567」にはいったいどのような意味があるのでしょう。

王仁三郎が令和の時代を予言して、コロナウイルスを〝ミロク〟と崇めているわけではありませんが、コロナウイルスに人類が惑わされているこの時期こそ、ミロクの世の幕明けとするチャンスなのかもしれません。

二二八八れ十二ほん八れ
⦿の九二のま九十の⦿のちからを
あら八す四十七れる

富士は晴れたり日本晴れ
神の国のまことの神の力を
あらわす世となれる

大本の岡本天明が神がかりとなり、自動書記にて残した「日月《ひつく》神示」の冒頭です。

この「日月神示」の読み方は他にもあり、最大で8通りまで読めるそうなんですが、同時に天明はこのようなことも残しています。

要約すると、**過去に人類は世の中の〝立て替え立て直し〟に6度も失敗しており、7度目が最後のチャンスである。もし7度目にも〝立て替え立て直し〟が成されなければ8度目は人民様（人類）ではできぬぞよ。神がおこなうのぞ。神の〝立て替え立て直し〟は天地がひっくり返るぞよ**、と。

つまり、人類がこれまで犯したあやまちや歪みを糺《ただ》して世の中の〝立て替え立て直し〟をしなさいよ。7度目が最後のチャンスですよということで、もし7度目のチャンスでも人類の在り方が糺されなければ、8度目は神（大自然）が直接おこなうため、人類の努力では無理とのこと。ポールシフトでも起こるのでしょうか。それとも放射能汚染により地上に住めなくなり、放射線量が自然に下がるまでの自浄作用のことを神が直接おこなうと表現しているのか。

それはさておき、問題は「7度目のチャンスとはいつのことか」ということ。

「567」を因数分解すると3の4乗×7になりますが、81×7でもあります。

567＝81×7

「81」の解釈はいくつもできますが、「567」を〝コロナ〟と読めば、「81」は太陽との関連から〝光〟でも良いかと思います。

また、「81」を国番号と考えれば、それはズバリ日本のことで、「7」こそが7度目のチャンスだとすると、

567＝81×7

から読み取れるのは、

「世界中がコロナウイルスに翻弄《ほんろう》されている今こそが7度目の〝立て替え立て直し〟の時期であり、まずは日本がミロクの世の幕を開けるための光となれよ」

といった内容になります。

コロナは闇か、それとも光か

コロナ騒動ではマイナスの面ばかり取り上げられます。ですがコロナ騒動の中で起きていることは、本当に悪しきことばかりなのでしょうか。

物事は立場が違えば捉え方も逆転します。

左右の手のひらを強く擦り合わせ、熱くなったら包み込むようにして膝に触れてみてください。暖かいですか。それとも冷たいでしょうか。

暖かいのは膝が手のひらを感じているからで、もし冷たければそれは手のひらが膝を感じているわけで、双方とも同時に起きていることですが、受け取る側の立場が違うために結果は真逆になります。

スポーツ観戦でも同じで、日本のサムライジャパンとフランス代表がサッカーで戦ったとしましょう。日本人ならサムライジャパンが勝てば大喜びしますが、フランス人はがっかりしたり腹を立てたりするでしょうし、結果が逆の場合も一方は喜び、もう一方はがっかりします。

ですが、スポーツなどの競技だと相手の気持ちも想像できるため、膝の例のように〝暖かい〟側の気持ちも〝冷たい〟側の想いも理解することはできます。

では、こんな場合はどうでしょう。

ドキュメンタリー番組でシャケを追っていたとします。産卵のため必死で生まれ故郷の川まで辿《たど》り着きました。多くの仲間はここまで来られずに力尽きましたが、彼女は困難を乗り越えて故郷の川へ帰ることができました。さぁ、いよいよ産卵が始まります。

と、そんなとき。いきなり水面から毛むくじゃらな熊の爪が現れて、産卵中のシャケを掻っさらっていってしまったら、番組を観ていた人はどう思うでしょう。

シャケが哀れで、熊を恨み、大自然の厳しさをまざまざと見せつけられることでしょう。

これは悲劇です。そうですね。

ところが、熊の親子を追うドキュメンタリー番組だとしたらどうでしょう。

この親子はもう何日もエサにありつけていません。子熊は昨日よりも明らかに弱ってきています。もう歩くことさえままならず、このまま今日もエサが見つからなければ、明日はこの原野で小熊の姿を見ることができないかもしれません。

そんな状況の中、親熊が一目散《いちもくさん》に走り出しました。その先に川があったのです。

そして親熊は産卵中のシャケに爪を立ててはじき飛ばし、シャケをくわえて子熊のもとへ戻って行きました。めでたしめでたし。

これは悲劇ではありません、熊側から見ていた人にとっては。ですが間違いなく悲劇も同時に起きています。

しかし人間は一方の立場からそれを眺めただけで〝善〟だの〝悪〟だのと判断していま

す。手のひらと膝の例にしても〝暖かい〟と〝冷たい〟のどちらかを〝善〟とし、もう一方を〝悪〟とするなら、ひとつの出来事で〝善〟と〝悪〟が同時に起きています。問題は自分の置かれた立場においての損得勘定で〝善〟か〝悪〟かを判断していることです。

コロナ騒動の報道についても同じで、ニュースから聞こえてくるのは人間にとって〝悪〟の面ばかりです。

報道番組はキャスターもコメンテーターも半分ぐらいはつまらない人か思慮に欠ける人なのでコメントに価値がないのも仕方ありませんが、残りの半分ぐらいの本当は賢い人たちも立場上、政府の対応を批難して国民のご機嫌を取る程度のことしか言いません。

ローカル局のニュースになるともう悲惨で、キャスターはいかに悲壮感を漂わせて本日の新規感染者数を伝えるかが正義と思っているようなので救いようがないです。

若いキャスターでいいので誰か、

「車の数も少なく飛行機も飛ばないので、地球の環境にとっては素晴《すば》らしいことですよね」とか、

「海外からの観光客が激減したので高級な牛肉の需要が減って生産者さんは大変でしょうけど、牛さんにとっては屠殺されるのが延びて喜んでるかもしれませんね」

ぐらいのことを言ってくれないだろうか。まぁ無理でしょうけど。

人が移動しなければエネルギー消費は減ります。リモートワークやオンライン授業が増えることで排出される車の排気ガスも減り、ガソリンや軽油の消費も少なくなります。鉄道も利用者が減れば運行数が少なくなるでしょうから電力消費も減ります。また、人は外出しなければ金銭的に消費が減り、その分は収入が少なくなっても問題は起きないのではないでしょうか。

航空会社は各社が苦境に立たされていますが、地球は大喜びしているかもしれません。個人的には飛行機に乗るのが大好きなんですが、ジェットエンジンから排出される熱やその他の成分は、地球環境を確実に汚しています。離着陸時にはエンジンからの排出物が地表付近の大気を汚染していますし、上空ではその排出物がオゾン層や気候に悪影響を与えていると考えられます。

世界中で一日にどれほどの飛行機が離発着をおこなっているのか正確な数は判りませんが、コロナ騒動以前だと7～8月の金曜日がもっとも多く、旅客機・貨物機合わせて1万6000機以上が同時に空を飛んでおり、恐ろしい数です。少ないのは1～2月なんですが、それでも約1万3000機が同時に飛行しており、地球としてみればたまったもんじゃありません。

日本に限って見ても一日に約2700便。うち国際線は2割程度で8割が国内線になるんですが、ピーク時には羽田――千歳（札幌）間が64往復の128便でもっとも多く、次は羽田――福岡便の60往復で120便でした。コロナ騒動以前のピーク時には。

それだけの便が毎回毎回ジェットエンジンから排出物を大気に撒《ま》き散らしているとなると、現代人は早急に対策を講じなければ地球が持ちません。そしてそれは航空会社だけの問題ではなく、利用する人、恩恵を受ける人、すべてに責任があります。

飛行機が飛ばなくなれば不便ですし、多くの人が失業するかもしれません。

しかし今、コロナ騒動で起きていることは個人個人にとって〝悪〟であっても、地球環境にとっては〝善〟であり、人類が地球上で永く暮らしていくためには絶対に必要なことだとすれば、将来的には人類にとっても〝善〟であるのに、ナゼそちらに意識を向けないのでしょう。

地方の過疎化が進み、東京への一極集中が問題視される中、コロナ騒動で東京都の人口が減りました。政府ができないことをコロナウイルスがやらかしたんです。

コロナウイルスの感染者を受け入れている医療機関は本当にご苦労なさっていますが、感染を恐れて病院へ行かなくなった人の何割かは元々行く必要がなかったでしょうから、そういった人が病院通いを自粛すれば、医療費が年間で何兆円かは浮くでしょう。

西洋医学、東洋医学、おばあちゃんの智恵。それぞれ優れたところも至らぬところもあるため、国民が賢くなってそれらを使い分けることも世の〝立て替え立て直し〟に必要な要素のはずです。

〝立て替え立て直し〟で7度目のチャンス。それは〝今〟です。海外においては何が課題なのかは判りませんが、少なくとも日本では。〝今〟＝「36」もミロクですし。

『国番号「81」の日本に暮らす人々が、太陽の表面に湧きあがる炎光（コロナ）のごとき光＝「81」を世界に発し、7度目の〝立て替え立て直し〟を成し遂げる。それがミロク（567）の世の幕明けとなるならば、必ずや未来は希望に満ちる』

とすべきではないでしょうか。〝未来〟も「81」でしたね。

「567」に関する海外の話題

海外にも「５６７」に関する話題はたくさんありまして、その一部をご紹介します。

旧約聖書に登場する聖人たちの年齢は恐ろしく長寿で、例えばアブラハムは１７５歳、イサクが１８０歳、ヤコブ１４７歳、そしてヨセフは１１０歳となっています。

まるで古事記や日本書紀に出てくる古代の天皇と同じです。古事記では初代神武《じんむ》が１３７歳、第6代孝安《こうあん》が１２３歳、第10代崇神《すじん》が１６８歳で、第11代垂仁《すいにん》は１５３歳などなど。

日本書紀も同じく初代神武は１２７歳、第6代孝安が１３７歳で、崇神は１２０歳、垂仁は１４０歳になっており、もちろんこれは史実ではありません。歴史に対しての政治的策略により、このような年齢になってしまいました。

どうしてこんなに長寿にしたのかは後ほど説明しますが、まずは旧約聖書の登場人物について。

アブラハム、イサク、ヤコブ、そしてヨセフの年齢を眺めていると面白い法則が隠れていることに気付きます。

アブラハム、１７５歳＝5×5×7（＝《イコール》5の2乗×7）
イサク　１８０歳＝6×6×5（＝6の2乗×5）
ヤコブ　１４７歳＝7×7×3（＝7の2乗×3）

ここで注目していただきたいのはアブラハムに5の2乗（5×5）が、イサクには6の2乗（6×6）が、ヤコブには7の2乗（7×7）が含まれていて、それって「567」ですよね。

しかもです。ヨセフは110歳でした。

110＝25＋36＋49

になりまして、つまりヨセフの年齢は、

110＝5の2乗＋6の2乗＋7の2乗で、これは偶然なのでしょうか。それとも意図的に数霊力が込められているのでしょうか。

アブラハム、イサク、ヤコブ、そしてヨセフ。彼らの年齢とミロク（567）菩薩には何かしらの関連があるとすれば……。

と書くと陰謀論者はすぐに、

「コロナ（567）騒動の背後にはユダヤの陰謀があった」

などと言い出すでしょうけど、ありません。イスラエルや欧米のユダヤ人は「567」を〝コロナ〟と読めませんし。

ついでにですが、イエス・キリストをキリスト教徒だと勘違いしている人がたくさんいらっしゃいますが、イエスはユダヤ教徒です。

ユダヤ教に愛想を尽かして新たな教えを広め、それが後にキリスト教になったので、イエスが生きていたころはまだキリスト教は存在しておりません。悪《あ》しからず。


欧米ついでにひとつだけ。

日本で記録された最高気温は41・1度でしたが、海外においては1913年7月10日にアメリカ合衆国のカリフォルニア州デスヴァレーでの56・7度です。

出た。それってコロナ（567）ですから。さすが〝死の谷〟の名前だけあって、コロナに感染せずとも暑すぎて死にますね。

デスヴァレーでは2020年8月16日にも54・4度が観測（非公式）されております。
※近年まで世界の最高気温は、1921年にイラクで観測された58・8度でしたが、どうやら誤りだったということになりました。実はアメリカがイラクから最高記録を奪っただけなのかもしれませんが。
※それとこれも非公式なものですが、アフリカのジブチで71・5度の記録があるようですが、ほとんど信じられていません。

数霊的に注目する２０４１年

先ほど古事記・日本書紀の天皇の長寿について触れたので、ここで解説しておきます。

日本の歴史の中で、初代神武天皇が即位したのは紀元前６６０年になっています。

紀元前６６０年ごろは縄文時代の晩期と弥生時代が重なっていた時期なので、天皇が即位して全国を統一したなどということはありません。

また、為政者のトップを〝天皇〟と称したのは神武即位から１３００年以上先、第40代天武《てんむ》天皇が始まりとされるため、本来なら天武以前は〝大王《おおきみ》〟とすべきですが、本書では〝天皇〟表記でまいります。


神武即位を紀元前６６０年としたのにはいくつか考えられることがあり、ひとつは西暦６００年にある人物が日本列島に渡って来たであろうことと関連します。

その人物とは西突厥《にしとっけつ》の部族王であった達頭《タルドゥ》。西突厥とは現在のカザフスタンあたりを中心とした中央アジアで６世紀末から７世紀にかけて栄えた国です。

その達頭ですが、ササン朝ペルシアではシャフリバザールの名で残り、隋では多利思比《たりしひ》孤《こ》、そして日本での名前の中でもっとも知られている名が聖徳太子です。

達頭は５９９年、高句麗《こうくり》に滞在してから現在の朝鮮半島を南下して日本列島へ至ったようですが、本書は数霊の本なので詳しくは省きます。

歴史上では消されてしまってますが、達頭の影響力と血筋はその後の日本において絶大であり、それで達頭が来日（来倭）した６００年を基準に歴史が創作されました。

十干《じっかん》の甲《きのえ》・乙《きのと》・丙《ひのえ》・丁《ひのと》・戊《つちのえ》・己《つちのと》・庚《かのえ》・辛《かのと》・壬《みずのえ》・癸《みずのと》

十二支の子《ね》・丑《うし》・寅《とら》・卯《う》・辰《たつ》・巳《み》・午《うま》・未《ひつじ》・申《さる》・酉《とり》・戌《いぬ》・亥《い》

これらの組み合わせは60通りです。１２０通りではありません。それで、干支60年をひと巡りすると還暦のお祝いで、61年目には元に戻ります。

達頭の時代、**この干支60年を21巡りした１２６０年を大きな周期とする**考えがあったようで、ナゼ21巡りなのかは明らかにされていませんが、達頭の来日を特別な〝天のさだめ〟とするならば、１２６０年前にも何か特別なことがなければならず、それで西暦６００年の１２６０年前、つまり紀元前６６０年を神武即位としてあるのでしょう。

そして歴史を古く見せているため、古代の天皇は不自然に寿命が長くしてあるんですが、そうしないと辻褄《つじつま》が合いませんので。

それでは実際に神武が即位したのは、いつなのかですが、神武には複数の実在モデルがおりまして、その一人は高句麗の東川王《とうせんおう》です。

東川王が九州へ亡命して来たのはおそらく２４７年。その翌年には卑弥呼を暗殺したようで、そうなると神武こと東川王が九州の一部を支配したのは２４８年になります。

ですが神武のモデルは東川王だけにとどまらず、ニギハヤヒの末娘に婿入りした人物を神武とするならば、それは２４１年のことと考えられます。

２４１年の干支は辛酉（シンユウ・かのととり）ですが、神武が即位したことにされている紀元前６６０年も辛酉です。

ということは、紀元前６６０年から干支60年を15巡り（９００年）して、また辛酉に戻ったのが２４１年ということになります。

数霊的に考えるならこちらも面白く、**干支15巡りの９００年を大きな周期**と考えてみれば、２４１年から15巡りで辛酉に戻るのは１１４１年、その次が**２０４１年**。間もなくですね。そして表には「41」がはっきりと。

紀元前６６０年（辛酉《かのととり》）
←干支15巡りは西暦２４０年
・・
２４１年（辛酉）
←干支15巡りは西暦１１４０年
・・
１１４１年（辛酉）
←干支15巡りは西暦２０４０年
・・
２０４１年（辛酉）

この周期ですと２０４１年の次は２９４１年になるため、今生きている人はほとんどが亡くなっているでしょうから、注目は２０４１年ということです。

ちなみに１１４１年（永治《えいじ》元年）は第75代崇徳天皇が訳あって退位し、次の近衛《このえ》天皇に皇位を譲った年ですが、神武即位ほどのインパクトはないため詳しくは記しません。

それよりも２０４１年です。

紀元前６６０年からだと２０４０年で45巡りが終わり、２０４１年から46巡り目に入りますが、ここに出てきた「15」巡りとか「45」巡りといった数。9方陣（38ページ）のもとになっている3方陣に表れます。

4	9	2
3	5	7
8	1	6

3方陣はタテ・ヨコ・ナナメにそれぞれが3マスずつなので3方陣と呼びますが、どの列も3つの数の和は「15」になります。そして1〜9まですべてを足すと「45」になり、干支15巡りとか45巡りと出てくる数が重なりますね。

2041年を「日之本《ひのもと》の夜明け」に

さて、やっと本題です。

古代史を持ち出したのには訳があり、日本は国家の歴史が大きく歪められており、嘆かわしいことに多くの国民が古事記や日本書紀の内容を史実と信じて疑いません。それによって本来なら国家の礎《いしずえ》を築いたとして神社に祀られるべき先人たちが歴史から消されたままになっています。いったいどれほどの先人が闇に葬《ほうむ》られてきたのでしょう。

古事記・日本書紀から何かを学ぶことは大切でしょうが、史実と信じてしまうことは歴史から葬られた先人たちをより封印することになります。

しかもです。過去と未来は「今」を軸にして鏡写しになる性質があります。

個人においてもそうなんですが、国家の歴史が歪んだままだと、進むべき未来も歪みます。そして歪みを糺《ただ》した分だけ、未来も正しい方向へと進みます。

未来（「81」）を輝かしいものにするため、2040年までには歴史を糺し、封じられた先人たちの歩みを歴史上に復活させることで、**2041年を「日之本《ひのもと》の夜明け」**にすることができるのではないでしょうか。

その「夜明け」を**「ミロクの世の幕明け」**としてもかまいません。

9方陣はタテ・ヨコ・ナナメ、どの列の和も「369」になることから「ミロク方陣」と呼ぶことはお伝えしましたが、そのミロク方陣最大の数が「81」であり、「81」は〝光〟

であり、〝未来〟でもあり、日本の国番号であることから考えても、今こそが糺すための「天の時」です。

9方陣のもとになった3方陣からも古代史とリンクする数が浮かび上がり、それが2041年の「夜明け・幕明け」を示してくれているのなら、コロナ騒動を利用してこれまでの価値観を見直す大きなチャンスです。いえ、見直すというより、再構築する。

西洋占星術では2020年12月22日から「風」の時代に入ったとかで、「コロナ風邪」がそのタイミングを知らせてくれているのなら、気付いた人はもっと笑うべきです。面白すぎますよね。

だってそうでしょ。「風」の時代の入り口で「コロナ風邪」。「コロナ風邪」は「567風邪」なので、そうなると「ミロク風邪」なのかもしれませんし。

ちなみに「567」も「369」も、6が3つ並んだ「666」も〝ミロク〟と読みますが、

5＋6＋7＝18

3＋6＋9＝18
6＋6＋6＝18

のようにどれもが「18」になり、「18」は水との関わりが深い数であり、海岸へ寄せては返す波の数も1分間で18回とされています。

ただし波の数は状況により変化するでしょうけど、地球の呼吸数とも脈拍とも考えられていて、「18」を2倍した「36」が人の体温で、これも〝ミロク〟です。さらに2倍すると人の脈拍数になります。

このように数霊は人間と地球のリズムをも表しているため、今後は「18」と〝水〟の関係性に注目するのも面白いと思います。

先ほど〝立て替え立て直し〟までの期間を2041年に設定しましたが、陰謀論的には2026年を出してくるようです。

いつも陰謀論は富士山の噴火や巨大地震、ドルの暴落、北朝鮮からの核攻撃といったものを数年先に決めて不安を煽《あお》ってきます。そして予測が外れると、また数年先の新たな不安を持ち出す。毎回それをくり返していますので、あまりお気になされることなくもっと楽しく建設的にまいりましょう。

第3章

〝感謝〟から始まる数霊の旅

〝感謝〟の反対は〝恩知らず〟

最近は活躍したスポーツ選手やアーティストがインタビューの際、必ずといっていいほど口にする言葉があり、それが〝感謝〟です。

育ててくれた両親や指導者への感謝。まわりで支えてくださった人への感謝。応援してくれたファンへの感謝。

何かを成し遂げた際、自分だけの力では絶対にここまで来ることができなかったことを涙し、感謝の想いを伝えることは素晴らしいことですし、インタビューをされるような立場でない一般の人々も〝感謝〟という言葉を多用するようになりました。

ですが、言葉で発したその〝感謝〟には、中身が伴《ともな》っているのでしょうか。中身というのは、本当に心の底から感謝しているのかということ。

心の喜びは、笑顔として表れます。

そして玉《たま》し霊《ひ》の喜びは、涙となって表れます。

言葉で発したその〝感謝〟。中身の伴わない言葉だけになってはいやしないかどうか、自身の価値観を再構築するために振り返る必要があります。

〝感謝〟の反対は何でしょう。〝ヤシンカ〟ってボケてもダメですよ。

〝感謝〟の反対は〝恩知らず〟です。

ところで、私は恩知らずではないです、と思われたかもしれません。何に対しても〝ありがとう〟を忘れない人ならば、そう思うのも当然でしょう。

それでは話を進め、〝恩知らず〟というのは日常生活の中で、どのようなことかと言えば、それは〝当たり前〟と思っているすべての事がらです。

朝起きて、目が見えるのも手足が動くのも当たり前。洗面所で蛇口から水が出るのもトイレで水が流れるのも当たり前。コーヒーが飲めるのも朝食をいただけるのも当たり前。そう思っていたならば、恩知らずの部類に入ります。

では反対の〝感謝〟しているということとは、どのようなものか。〝恩知らず〟が〝当たり前〟と思う意識ならば、**〝感謝〟は〝喜び〟の感情となって表れます。**

朝起きて、目が見えることも手足が動くことも、そして水が流れることも食事ができることも、いちいち喜びとできる人こそが感謝の人で、当たり前と思っているうちは、いくら言い訳したところで、恩知らずな人に分類されます。

カ＝6　ン＝1　シ＝15　ヤ＝36

〝感謝〟は「58」になり、〝弥栄（イヤサカ）〟と同じになります。

〝弥栄《いやさか》〟とは、みんなでますます栄えていきましょうといったおめでたい言葉で、神道では神事や行事の後の直会《なおらい》に、〝乾杯〟でなく〝弥栄〟の掛け声で御神酒《おみき》をいただきます。

〝弥栄〟の語源というのがはっきりしておらず、一説には古代のユダヤ人が神に呼びかけるときに使っていた〝イヤッサカ〟とも言われています。ユダヤ教ではむやみに神の名前を唱えることを禁じられており、神に呼びかける場合は〝おぉ、神よ〟といった意味で〝イヤッサカ〟が使われたそうです。

そんなユダヤ人が古くに日本へ渡って来たのでしょうか。〝イヤッサカ〟がやがては〝イヤサカ〟あるいは〝ヤサカ〟になり、京都でスサノヲを祀る八坂神社も〝イヤッサカ〟がもとになっているようです。おそらく八坂の名で祀られる神は最高の位とされていたのでしょう。

そういった意味において、信濃《しなの》国の一之宮、諏訪大社《すわたいしゃ》の主祭神である建御名方神《たけみなかたのかみ》は、古事記で負け犬のように描かれてますが、妻神の名前は八坂刀売神《やさかとめのかみ》。

タケミカヅチに追われて諏訪まで逃げて来た建御名方神の妻神に〝八坂〟の名が付けられていること自体、建御名方神が実は偉大な存在であったことが想像され、古事記がいかに歪んだ歴史を語っているか、このようなことからも窺い知れるというものです。

〝感謝〟に戻ります。

臨済宗の山本玄峰《やまもとげんぽう》先生は、ほうきでホコリを掃除する人に向かい、こんなことを言って悟しました。

「そのホコリ、もとの姿は衣服やふとん（座ぶとん）であったものが、人を護ってくれた結果、そのような姿になった。そんな雑に掃いてはいけません」と。

つまり、ホコリにさえ感謝しなければいけない理由はあるということ。この話を聞いたとき、自分がしている感謝はうわべだけのものだと思い知らされました。

週2回、生ゴミの回収があります。

生ゴミは臭く汚いのでさっさと所定の場に出してしまいたいですし、放り投げる人もいます。

しかしその袋の中身、リンゴやミカンの皮だとか野菜のヘタ、卵の殻などお世話になったものばかりです。

リンゴの皮を剝《む》くのは面倒ですが、皮を剝いてあるリンゴが売っていても買いません。皮が実を包んでくれているから家庭でおいしく食べられるのですから。

野菜だってヘタがなければ根から栄養を吸収できず育ちません。卵だって殻に入ってないと困ります。その他のものでもそうでしょう。ティッシュにしろメモに使った紙クズにしろ、すべてお世話になったものばかりです。

それは資源（プラスチック）ゴミでも同じで、カップ麵の容器やスナック菓子の袋、食材を包んであったラップまですべて助けてもらっているものばかりです。

それを臭い汚いといって放り投げているようでは恩知らずの極み。それに気付くことができたのも山本玄峰先生の「ホコリに感謝」の教えを知ることができたからであり、今ではゴミ袋を出す際に、

「お世話になりました。

ありがとうございました」

と頭を下げるようになりました。それぐらいはしておかないと、あらゆることに〝当たり前〟と思ってしまうからです。

コロナ騒動で当たり前にできてたことが当たり前でなくなり、それができることに喜びを持てるようになったのなら、それが〝恩知らず〟な自分から〝感謝〟の自分へと変わった瞬間です。


言葉だけでなく、喜びを伴った感謝というものはどこまで掘り下げても行き着くところがありません。

目の前にカレーライスがあったとしましょう。「いただきます」と手を合わせますが、どこまで深く恩を判っているのでしょう。

「いただきます」は食事ができることへの感謝ですか。それとも調理してくれた人への感謝でしょうか。お米や野菜を育ててくれた農家さんへの感謝？

そのあたりまでは誰もが思い浮かべるかもしれませんね。

けれども、お米や野菜を育ててくれた農家さんには感謝するけど、それを収穫するための農機具を作ったメーカーには感謝していないし、市場からスーパーへ運んだトラックのことも思い浮かべません。

トラックが通る道路ができるまでにどれだけの人手と時間がかかったことか。道路ができても燃料がなければトラックは動きません。

燃料は中東などからタンカーで原油を運んで来るわけですが、サウジアラビアやイラクで原油を掘った人、タンカーなどの造船会社、船員、日本へ着いてから原油の精製に携わった人たち、数え上げたらキリがありません。

米を炊《た》くには水が要《い》ります。浄水場の建設や運営、水道管を作った人、道路に埋めた人、家庭の蛇口を作るメーカー、取り付けた業者。コップ一杯の水であってもいったいどれだけの人の労力を経ているのでしょう。

食材だけではありません。カレーライスを盛りつけたお皿もそう、スプーンだってそう。誰か一人が作ったのではなく、知られざる多くの過程があって手元に届いてますし、さらに言えば食卓や椅子だって山から木を切り出し、加工し、組み立てる。それを家具屋が仕入れてやっと消費者が手にするわけで、もう本当にキリがないのでやめます。

あっ、まだカレーに使ったスパイスがインドから届いてなかった。ターメリックを育てた人も、コリアンダーを輸出している人のことも忘れてはいないけど、もういいや。ありがとうございました。

ひと皿のカレーライスができあがるまでに数千人数万人の力を借りています。ですがそれらの人すべてにお礼を言うことなどできません。なので「いただきます」で済ませてしまうんですが、ひと口に〝感謝〟と言ってもその深さには限りがないということ。

恩知らずだったことに気付くと「申し訳ない」との思いが溢れ出てきます。

その「申し訳ない」が涙となり、涙を流した分だけ玉し霊が清まります。

「申し訳ない」の涙はお清めで、清まるほどに玉し霊は輝くんですね。

キ＝10　ヨ＝37　メ＝34

〝清め〟は「81」になりました。玉し霊が〝光〟を取り戻したということです。

「46」と「63」は不吉な数なのか？

話は変わり、先ほど諏訪大社の建御名方神に少し触れましたが、歪められた歴史が今なお紀される気配がないものは全国各地に点在しており、スピリチュアル系の人たちが大好きな白山信仰にもそれは見られます。

白山の言霊数は、

ハ＝26　ク＝8　サ＝11　ン＝1

で「46」になり、「46」はそのまま〝シロ〟とも読めるため、〝白山〟＝「46」はスッキリした変換です。

余談ですが〝白山〟の名を持つ山は日本に限ったものではなく、ヨーロッパアルプスの最高峰でフランス・イタリア国境にそびえるモンブラン（イタリア語名はモンテ・ビアンコ）は〝白山〟を意味します。他にもネパール西部、ヒマラヤ山脈のダウラギリも〝白山〟の名を持つ代表的な山です。

「46」なんですが、白山信仰についての前にお断りしておくことがあります。

というのも、10年ほど前から「46」は不吉な数なのでしょうか、といった質問が多く寄せられるようになりました。

その理由は察しが付いています。

◉1995年1月17日、阪神淡路大震災の発生時刻が午前5時46分。

◉2001年9月11日、ニューヨークの同時多発テロで世界貿易センターのノースタワーに旅客機が激突した時刻は午前8時46分。

◉2011年3月11日、東日本大震災の発生時刻は午後2時46分。

と、これらから「46」は不吉な数なのかと考えたのでしょう。

結論から言いますと、そんなことはありません。姓名判断や宗教的概念など狭い世界には数の吉凶が存在していますが、そういった枠から抜け出した規制のない世界には数に吉凶などありませんから。

こんなお話しをしてみましょう。

2018年6月3日、中米グアテマラのフエゴ火山が大噴火して、麓に広がるエルロデオ村で死者200名以上の大きな被害が出ました。

6月3日といえば、1991年の6月3日に雲仙普賢岳《うんぜんふげんだけ》が噴火し、発生した火砕流により42名が亡くなっています。

また、2014年9月27日に噴火した木曽の御嶽山《おんたけさん》では死者・不明者が63名でした。

個人的に木曽の御嶽山は白山と並んでもっとも好きな山で、どちらも山頂の社へ参拝しているため、御嶽山の噴火は衝撃でした。

さて、これらの噴火には6月3日とか63名など、「63」が共通して見られます。

そして驚くことに、

カ＝6　ザ＝56　ン＝1

〝火山〟の言霊数は「63」になるんです。たしかにショックを受けますね。ですが「63」の解説ページ（266ページ参照）をご覧になれば判るように、「63」も素晴らしい数霊力を有しています。

なので不吉なことが重なったからといって、数自体を悪く思うのでなく、そこにどういった意味付けをして何を学び取るか、それが数霊を活かす術《すべ》となります。そもそも筆者は1963年生まれですし。

航空機事故が多い7月17日

せっかくなのでもうひとつお話ししておきます。今度は日付けについてです。

2014年7月17日、オランダのアムステルダム発クアラルンプール行きマレーシア航空の旅客機がウクライナ上空で撃墜され、乗員乗客２９８名が亡くなる悲惨な事件が起きました。親ロシア派が地対空ミサイルを発射して旅客機を撃ち落としたんです。

それで7月17日の出来事を遡《さかのぼ》って調べてみたところ１９９０年以降だけでも、

◎１９９６年7月17日、ニューヨーク発パリ経由イタリア行きのＴＷＡ機が空中爆発して２３０名が死亡。

◎１９９７年7月17日、インドネシアで旅客機が堕落して33名が死亡。

◎１９９９年7月17日、ＪＦＫ（ケネディ大統領）ジュニアが操縦する小型機が行方不明に。

◎２００７年7月17日、ブラジルのサンパウロで旅客機が着陸に失敗して約２００名が死亡。

といった具合で、ナゼか7月17日は航空機事故が多いです。

それ以外も１９９８年はパプアニューギニアを大地震による大津波が襲い６０００名以上もの人が亡くなったとか、２００６年はインドネシアのジャワ島でマグニチュード７・７の地震が発生し、津波により死者６６０名。同日、中国南部でも暴風雨により３１１名死亡。どれも7月17日の出来事ですが、これらは7月17日以外にも発生しているため、航空機事故だけに注目したんですが、旧約聖書に出てくるノアの方舟が漂着したとされる日が7月17日です。

旧約聖書にはどの山に漂着したかは書かれていませんが、多くの人がトルコのアララト山だと信じています。

トルコと中国の合同チームが方舟を本物だと断定したとのニュースもあり、自分でも実際に現地まで確認しに行ったところ、アララト山の麓に巨大な船形の地形があり、たしかにそれらしく見えました。あれは信じる人がいても不思議ではないです。

また、1994年7月17日にはシューメーカー・レヴィ第9彗星が木星に衝突。その後も分裂した彗星の衝突は22日まで続きました。彗星が惑星に衝突する頻度は千年に一度ほどのことで、7月17日は上空・天空との関わりが深い日なのかもしれませんが、航空機事故との関係性はまだ解釈できておりません。

今、7月17日が誕生日の人は悲しい思いをされているかもしれませんが、7月17日が悪い日では絶対にありません。7月17日も素晴らしい日です。いえ、平成時代以降はある意味、とても重要な日でもあります、日本国にとっては。

それは7月17日は1月17日の年対称日に当たるからで、1月17日――7月17日ラインは何か大きな節目となっているようです。年対称日については後ほどお話しいたします（140ページ参照）。

千円札の湖面に映った山は、富士山ではなかった？

旧約聖書がシオンならば、日本はギオンです。京都の祇園祭で最大の見どころでもある山鉾巡行が7月17日です。また、この日は剣山（徳島県）でもお祭りがあり、かつてから古代イスラエルとの関係が取りざたされていますが、何らかの古《いにしえ》よりのつながりがあるのかもしれません。「方舟・祇園祭・剣山」が「シオン・ギオン・アーク」で結ばれていると考えるだけでワクワクしてきますが、それ以上のことは推測の域を出ないため、控えておきます。

2011年、ドイツでおこなわれていた女子のサッカーワールドカップで、なでしこジャパンが世界一に輝いたんですが、7月17日のことでした。

7月17日が決して悪い日ではないことがお判りいただけたと思いますが、どうしても解《げ》せないのが千円札です。千円札を見ればすぐに判るんですが、富士山が描かれています。

よろしいですか。よーく見てください。湖に映った富士山を。

それ、絶対に富士山ではありません。

たとえ湖に波が立っていようとも、湖面に映った山は間違いなく富士山ではない他の山です。これがアララト山です。

千円札のこの不可思議に気付いている人の多くが、湖に映った山をシナイ山だと勘違いされているようですが、100％あり得ません。エジプトのシナイ山はもっと岩がゴツゴツとした山で、富士山型の単独峰とは容姿がまったく異なりますので。

ただ問題なのは、千円札に描かれたアララト山が、トルコ側から見たアララトではなく、アルメニア側からの姿かもしれないということ。現地で千円札を取り出して見比べてみましたが、どちらとも考えられ、結局は答えが出ないままでした。

ちなみに、アララトは言霊数で、
ア＝1　ラ＝41　ラ＝41　ト＝17
合わせてちょうど「100」になります。

富士山の場合、

フ＝28　ジ＝60

〝フジ〟だと「88」ですが、富士山ですと、

フ＝28　ジ＝60　サ＝11　ン＝1

ぴったり「100」になります。

富士山に対してアララト山ではなく〝アララト〟ですが、千円札の〝富士山〟＝「100」は、湖に映った姿がアララト（山）に変わっても〝アララト〟＝「100」でした。

数霊も面白いですが、ナゼ日本の紙幣にアララト山が描かれているのかということが気になりますね。それは判りません。こんなときこそ陰謀論に詳しい人に聞いてみてください。熱く語ると思います。

そうそう、エルサレムの中心地で城壁に囲まれた旧市街は4つのエリアに分かれており、ユダヤ人地区（ジューイッシュ・クウォーター）、イスラム教徒地区（ムスリム・クウォーター）、キリスト教徒地区（クリスチャン・クォーター）、そしてナゼかアルメニア人地区になっています。この旧市街は毎日歩き回っても面白いんですが、アルメニア人地区だ

けは閑散としていて、観光客には唯一つまらないエリアでした。

アルメニアは301年に、世界で初めてキリスト教を国教と定めた国なので、エルサレムの旧市街でもそれなりの力を保持しているのかもしれませんが、だからといって日本の千円札にアルメニア側のアララト山が描かれるのは何ひとつ納得できないので、総理大臣か日銀総裁にはぜひとも説明会見をお願いしたく存じます。

「99」白山信仰の神について

やっと白山に戻れます。

白山信仰においては九頭龍《くずりゅう》と十一面観音と菊理媛《くくりひめ》はセットになっています。ナゼ九頭龍・十一面観音、そして菊理媛が白山信仰の代表格なのかを多くの研究者が追究してきました。しかし、そこには大きな落とし穴があり……。

今に伝わる白山信仰といえば、福井県勝山市の白山平泉寺《へいせんじ》です。ここの境内は素晴らしく、他の社寺とは異なる独特の雰囲気を醸し出しており、鳥居にしても明治政府に従わなかった証拠に、気の良い鳥居が人々を迎えてくれます。そういった意味においては伊勢を始めとして熱田《あつた》神宮や北海道神宮の鳥居は、明治政府の権力を感じるので気持ちの良いものではありません。

平泉寺における白山信仰は、〝越の大徳〟(のちの泰澄《たいちょう》)が、白山で祈祷していると女神が現れ、この女神が「妙理大菩薩」と名乗ったことが始まりで、その池とは現在の白山平泉寺の境内にある池だと考えられているんですが、717年の4月1日のことと伝わります。717年。7月17日と同じで「717」ですし、4月1日は「41」で、数霊的には面白い流れです。

それで現れた女神ですが「妙理大菩薩」と名乗っていることからして、とても仏教的なニオイがします。

しかし白山信仰の原点たる神はシラヤマ神(おシラさま)であり、仏教が伝来する以前から存在していたはずですし、そもそも白山を〝ハクサン〟と呼び始めたのは江戸時代になってからのことで、1670年ごろが始まりです。それまでは〝シラヤマ〟でした。

その〝シラヤマ〟の神が「おシラさま」なんですが、「シラ」に〝白〟の文字を当てはめたことから徐々に信仰が歪み始めました。

泰澄が白山の山頂で感得した初めの神仏は九頭龍ですが、九頭龍を受け入れることなく追い返すと、次に出現したのが十一面観音でした。神仏を選別するこの話は、役行者《えんのぎょうじゃ》のそれを真似たのかもしれませんが、ここまでに登場した神仏は妙理大菩薩、九頭龍、そして十一面観音です。

ところが最初に現れた妙理大菩薩がいつの時代からかイザナミになったり、あるいは菊理媛《くくりひめ》と合体させられたため、現在の白山信仰は九頭龍と十一面観音と菊理媛がセットになりました。菊理媛の正体が高句麗媛との見解もありますが、ここでは取り上げないことにします。

さて、「おシラさま」の〝白〟、白山信仰の〝白〟。この〝白〟を「99」とするのはご存じだと思います。

「百」から「一」を引いて「白」。

「100」から「1」を引けば「99」。

それで〝白〟＝「99」なんですが、九頭龍の「九」と十一面観音の「十一」。これを掛け合わせても同じく、

「9」×「11」＝「99」

さらにこの「99」を白山信仰の神として決定的なものにするため「九九の理（ことわり）」であるククリ媛、そう菊理媛を結び付けた修行僧がいたようです。

その修行僧が誰なのか、今となっては知る由《よし》もありませんが、名を数霊行者としておきましょう。彼の目論《もくろ》みにより完成したのは、

白（99）山信仰は

九（9）頭龍×十一（11）面観音＝「99」で、

菊（九九）理媛も「99」

でした。そして菊理媛は九九理媛で九×九は「81」になるので、「81」を菊理媛の数霊としたんですね。お見事。

ただし白山信仰に菊理媛が加えられたのは九頭龍や十一面観音が出現したころよりもずっと後の時代になってからなので、菊理媛が御祭神として祀られている社は、白山神社全体から見れば少数派です。

さて、ここまで意図的に白山比咩《しらやまひめ》の名を出しませんでした。捉え方によっては白山比咩と菊理媛をイコールとする向きもありますが、やや疑問が残ります。

というのも原初のシラヤマ神である「おシラさま」が白山比咩だとすれば、その性質上からしてむしろ瀬織津姫《せおりつひめ》とするほうが相応しく思います。もし姫神にこだわらなければ久那戸神《くなとのかみ》か。どちらも縄文時代から信仰の対象とされた神ですので。

そして瀬織津姫や久那戸神の名が付けられた信仰対象を縄文時代まで遡るとすれば、諏訪では現代でも生き続けているミシャグチ（ミシャグジ）神とも結び付けることができます。ミシャグチ神も縄文時代の神ですから。

もし白山信仰における原初の神に触れたければ、福井県勝山市の白山平泉寺と岐阜県郡上市白鳥町石徹白《いとしろ》の白山中居《ちゅうきょ》神社に参拝されるとよろしいでしょう。特に中居神社は太古の神が今も鎮座されているため、その息吹を感じることができます。

その白山中居神社をぴったり真東へ進むと、古代諏訪信仰の中心地だった諏訪大社の前宮《まえみや》へと行き着きます。

「152」は〝光「81」〟と〝闇「71」〟の数

勝山市の白山平泉寺と郡上市の白山中居神社を結ぶ国道158号線沿いには九頭竜湖が

広がっており、泰澄が感得した九頭龍はこの湖に棲《す》んでいると考えられています。

ク＝8　ズ＝58　リ＝45　ユ＝38　ウ＝3

〝九頭龍〟は「152」になります。〝九頭龍〟の〝九〟をそのまま「9」で考えた場合は「153」になりますが、ここでは「152」として話を進めます。

「152」は〝光「81」〟＋〝闇「71」〟の数であり、光だけでは眩しくて何も見えず、闇だけでは暗くて何も見えない。三次元の肉体を持った世界では、光と闇のバランスで視界に入るものが見えるわけですが、一人一人の内面も光と闇のバランス、それは愛とエゴに置き換えれば判りやすいですが、九頭龍はそんな人間の葛藤をよく理解している神仏なのかもしれません。

神話に登場するヤマトタケルも実は人間臭く描かれていて、光と闇の狭間《はざま》で苦しんだ一人のようです。

ナゼここでヤマトタケルか。

ヤ＝36　マ＝31　ト＝17　タ＝16　ケ＝9　ル＝43

〝ヤマトタケル〟が「152」だからです。

そういえば2011年の11月、長崎市でヤマトタケルが誕生し、新聞などで話題になりました。

市内の産婦人科で3人の赤ちゃんが生まれましたが、3つ子でもないし親同士も知り合いではありません。

ですが3人の赤ちゃんに付けられた名前が、「ヤマトくん」「タケルくん」「ミコトちゃん」

3人並べるとヤマトタケル（の）ミコトになり、さらにおめでたい。実際の名前は漢字表記でして、古事記の倭建命《ヤマトタケルノミコト》や日本書紀での日本武尊《ヤマトタケルノミコト》とは違いますが。

さてヤマトタケルですが、これまではなかなか正体がつかめず、古事記や日本書紀に描かれているヤマトタケルは複数の人物を一人にまとめてあるのではないか、あるいは兵士の集団を個人として扱ってあるのではないかと考えていました。

しかし、やっとその正体が判明しそうです。これは古代史研究家の小林惠子《こばやしやすこ》説によるものでして、若かりしころの彼女は三笠宮殿下の計らいで皇居内の旧書陵部《しょりょうぶ》へ出入りすることを許可され、書陵部内の古文書とご自身の手元にあった古代中国の資料を徹底的に調べあげて出された答えなので、信憑性《しんぴょうせい》は十二分にあります。

ヤマトタケルは父（ということになっている）景行天皇から日本各地の平定を命じられ、西（九州や山陰）へ行っては熊襲《くまそ》タケルや出雲タケルを騙し討ちで征伐したことになっています。

戦法としては卑怯極まりなく、史実だとしても天皇の皇子をそのように描くでしょうか。ヤマトタケルを貶《おとし》めるための悪意さえ感じます。ということは、ヤマトタケルの血筋は大陸（中国または朝鮮半島）から渡って来た簒奪者《さんだつしゃ》だったのでしょう。

西から帰ったヤマトタケルは、休む間もなくすぐに東（関東や東北）への遠征を命じられたため父をひどく恨んでいます。そして倭姫《やまとひめ》に泣きついて、このように訴えています。

「父はボクが死んでしまえばいいと思っているのでしょうか」と。

これらの話から実在を疑っていたヤマトタケルですが、いたんです。そのモデルになっている人物が。その名を慕容《ぼよう》シュン（儁《シュン》）と申します。

慕容シュンは前燕《ぜんえん》国の第3代国王として、中国の歴史に名が刻まれています。

シュンの父は慕容コウ（皝《コウ》）なる人物で前燕国の第2代国王ですが、跡継ぎには長男のシュンではなくスイ（垂《スイ》）という息子を望んでいました。

それで国王のコウは長男のシュンに日本列島各地の支配を無理やり命じたのですが、実は国王コウも日本列島を支配下に置くため何度か来日しているんです。しかし各地に抵抗勢力があったため、望みは叶いませんでした。

それで国王コウはシュンに日本列島平定を命じたことが、古事記や日本書紀にはヤマトタケルが父である景行天皇から無理難題を押し付けられ、西へ東へと戦いの旅に出たことになっているんです。

国王コウにとっては、もし日本列島の支配をシュンが成し遂げてくれれば願ったり叶ったりだし、万が一、シュンが死んでしまったならお気に入りの息子スイを次の国王にできるわけです。

そんなことから長男シュンは父のコウを恨んでおり、

「王はボクなんか死んでもいいと思っているに違いないんだ」

と考えており、まるでヤマトタケルです。いや、ヤマトタケルですけど。

こういった点において古事記や日本書紀は人物名や状況を変え、なおかつ日本国内の話として歴史を伝えているとも言えます。

古事記や日本書紀では景行天皇もヤマトタケルと同じようなコースを巡行していますが、それも父のコウがまず列島を巡り、その後にシュンが同じようなコースを辿っているからでしょう。父子の順番は逆になっていますが。

なので歴史上で景行天皇の時代というのは、慕容シュンが日本で活動していた時期のことです。

シュンは長男なので、日本へ出発する以前に立太子をしています。つまり皇太子になったわけです。立太子したのは西暦335年です。

ところが翌336年からほぼ10年間、中国の歴史からシュンの名前が消えてしまっているんです。

ちょうどその時期、日本列島で大活躍したのがヤマトタケルです。そしてヤマトタケルは30歳で死んだことになっており、白鳥となって飛び立って行きました。

いいえ、飛び立って行ったのではなく、帰ったんです。中国大陸の前燕国へ。

帰ったのは345～346年ごろのことで、その後ヤマトタケルは、いや慕容シュンは前燕国の第3代国王として君臨し、360年に没してます。

ヤマトタケルや聖徳太子だけでなく、天智天皇や天武天皇の正体までほぼ解明している小林惠子説ですが、多数ある著書はけっこう難解なので、それらを判りやすくまとめ「糺日本書紀《ただすのにほんしょき》」として発表できればと考えています。知人を介してですがご本人から許可もいただけたので、過去を糺し、輝ける〝未来「81」〟になるよう願いつつ書くつもりです。

龍「86」の存在について

九頭龍でした。

クズ龍の〝クズ〟には〝九頭〟の文字が当ててありますが、実は〝国栖《くず》〟龍であった可能性も否定できません。国栖とは判りやすく言えば原住民のことです。

国栖だけでなく土蜘蛛《つちくも》、ヱブス、手長・足長。こう呼ばれて蔑《さげす》まれてきた人々は、後に武器を携えて日本へ渡って来た者にとっては「まつろわぬ者ども」だったわけです。

国栖と呼ばれた人々が水の神として祀っていたのが〝ミズチ〟であり、そのミズチとは龍のことです。国栖が祀っていた龍なので国栖龍。しかしそれは見下された名前なので、いつのころからか九頭龍に改められたのかもしれません。

また、神話においてスサノヲが退治する八岐大蛇《やまたのおろち》。頭尾がそれぞれ八つに分かれていることからそう呼ばれていますが、これもスサノヲから見た「まつろわぬ者たち」を大蛇として描き、スサノヲ＝正義、八岐大蛇＝悪という構図になっています。なので「まつろわぬ者たち」から奪い取った剣（アメノムラクモノツルギ）も、スサノヲは正義なので許されていますが、法治国家だと強奪した罪により罰せられます。

それで八岐大蛇なんですが、考え方によっては九頭龍と同じかもしれないんです。手のひらをパッと広げてみると、岐（股）は4つあり、指は5本です。八岐大蛇も股が八つなら頭は九つかもしれず、ヤマタが〝八枝〟ならば頭は八つですが、〝八岐〟ですから股が八つの〝八股〟と同義になるわけです。

しかし重要なのはそんなことでなく、国栖も八岐大蛇も土蜘蛛も、山林を切り開いたり荒れた田を耕して日本の礎を築いた先人たちなので、子孫の現代人はそこに目を向け、歴史上では長きにわたって虐《しいた》げられたままになっている人々の想いを汲む。それが歴史を糺すということです。古事記や日本書紀をそのまま史実として信じるな、と強く訴えているのはそのためです。

諏訪へ行くと龍の親玉が姿を見せてくれます。真冬に現れる「御神渡り《おみわたり》」がそれです。縄文時代の中期、今から5000年ほど前のことになりますが、諏訪湖から八ヶ岳にかけての一帯は日本全国で人口がもっとも多く、当時の人は「御神渡り」に畏怖《いふ》の念を抱いていたことでしょう。

ただし、当時はまだ中国から龍の概念が輸入されていなかったと考えられるため、蛇の姿として崇めていたのだと思います。

5000年前の縄文中期というのは、神話として描かれている弥生時代よりも3000年ほど昔のことです。つまりアマテラスやスサノヲよりもずっと古くに日本で暮らしていた人たちですので、神社で祀る神とは本来ならば彼らです。

リ＝45　ユ＝38　ウ＝3

〝龍〟は「86」になります。

龍神といえども青龍・白龍・黒龍にはそれぞれハタラキの違いがあり、金龍もそうですが、ここではその違いを問わずに考えます。

龍で思い出すのは、２０１１年11月にブータンのワンチュク国王夫妻が来日されたときのこと。

日本は国土そのものが龍の姿をしており、昇り龍（北海道が頭）とくだり龍（九州が頭）の二体が絡み合っていますが、ブータンは国旗に大きく白龍が描かれています。

また、ブータンでは自国を〝ドゥルック・ユル〟と呼び、それは龍の国を意味しますし、国民については龍の民を意味する〝ドルック・パ〟と呼んでいます。

国の成り立ちについても、龍が雷のような声を発して建国の地を示したとのことで、国家も「雲龍の国」というほど龍づくし、龍のフルコースのような国です。ブータンの人々は玉し霊レベルで日本人と深い縁がありそうですね。

そんな龍の国ブータンの国王が来日された際、日本の子供たちからこのような質問を受けました。

「龍は本当にいるのですか？」と。

するとワンチュク国王はこう答えました。

「龍は一人一人の心の中に棲んでいます。そして、経験を食べて育っていきます」と。

素晴らしいです。龍の存在の本質を突いています。

先ほど、青龍・白龍・黒龍にハタラキの違いがあり、金龍もそうだとお伝えしましたが、龍の外側を視《み》ていませんか。神社に鎮座する姿であったり大空を飛ぶ姿であったりと。

ですがワンチュク国王は、色の違いによってハタラキが異なる龍とは、人の心に棲み、経験を食べて育っていくその人自身の成長度合いのことであると伝えてくださいました。龍が育てば人も成長し、人が成長するから龍も育つ。

写真に龍が写ったと喜んでみたところで、自身に内在する龍が育っていなければ虚《むな》しさが残るだけ、ということでした。

龍を自身の外側に視《み》るとすれば……それは自分とは分離した存在としての龍ですが、龍は雨を司るハタラキがあります。

雨は人間だけでなくすべての生命体にとって絶対に必要なものですが、雨を降らせてくれる龍の恩も忘れ、人は雨にひどく悪態を吐《つ》いていることを認識しているでしょうか。

「うわぁ、最悪。ヒドい天気だ」

「明日は悪天候だってさ。雨が降りやがる」

龍からしてみれば必要だから降らせているのにこんな言い方されて、あなたなら次も降らせてあげますか？

雨よりもお金が降って来たほうが嬉しいのなら、5百円玉を降らせてもらいますか、縦に。頭を直撃したら無傷では済まないでしょう。

それでも龍は雨を降らせてくれます。それは母が子を想う思いと同じで、だから、
ボ＝67　セ＝14　イ＝5
〝母性〟も「86」になりますし、水は女性性のハタラキですので、龍の心は女性の感性のほうが受け取りやすいかもしれません。

天からの雨は（母のように寛大な）龍の御心です。

それを「天雨龍心」と申します。

「86」についてで笑える出来事がありまして、2020年12月に中国政府がエベレストの標高を8848．86メートルと発表しました。

エベレストの名は測量技術者ジョージ・エベレストの功績が称えられたことによるものであり、それ以前からチベットでは〝チョモランマ〟、ネパールでは〝サガルマータ〟の名が付けられています。ここではチョモランマで呼びます。

ご存じ、世界最高峰のチョモランマの標高は８８４８メートルです。でした。

１９９９年にアメリカの全米地理学協会がＧＰＳシステムを使って調べたところ、標高は８８５０メートルとの結果になりました。その後、地図によってはチョモランマが８８５０メートルと表記されたものもありましたが、一般的には今でも８８４８メートルです。

それを中国政府が改めて８８４８．８６メートルと発表したのには訳があり、中国の国番号が「86」だからです。

チョモランマはチベットにあります。そのチベットは中国の一部であることを強調するために、わざわざ中国政府はそんな数字を持ち出したのですが、問題はどれだけの人がそれに気付くか、ですよね。それに山が今よりも86センチ高かろうが低かろうが登山家だって困りゃしないと思うんですが、さすが中国政府。やることが徹底しています。

中国とアメリカの子供じみた報復合戦を見ていると、アホらしくてそろそろ地球人類を卒業したくなりますが、数霊は彼らが同類であることも教えてくれます。
中国の国番号は「86」でした。一方でアメリカの言霊数は、
ア＝1　メ＝34　リ＝45　カ＝6
〝アメリカ〟は「86」で、どちらも「86」を持っているんですが、この「86」は〝龍〟とか〝母性〟と考えなくてもいいです。
ド＝62　ク＝8　サ＝11　イ＝5
ぴったりでしょ。〝独裁〟が「86」だなんて。
ということで、そろそろ旅を終えましょうか。

第4章

船出のとき、来たる

コロナ騒動と「70」の世界

〝コロナ〟の言霊数は「70」になります。

コ＝7　ロ＝42　ナ＝21

これまで数霊関連の書籍はフィクションシリーズを含め10冊以上出しましたが、「70」を題材として取り上げるのは今回が初めてかもしれません。コロナのお蔭です。「70」も向き合ってみると魅力がたくさんあり、いえ、すべての数に魅力があるため、自分の名前が「70」になるからといって悲観しないでください。悪い数など存在しないとここまで何度も布石を打ってきたのは、〝コロナ〟＝「70」のためでもありますので。

コロナ騒動の中心地は何といっても東京で、歴史上初めて「憧れの東京」が「嫌われの東京」になってしまいました。

ト＝17　ウ＝3　キ＝10　ヨ＝37　ウ＝3

〝東京〟って「70」なんです。

ところが、新型コロナの感染者がある時までは一人も確認されなかった最後の県となった〝岩手〟も、

イ＝5 ワ＝46 テ＝19

同じく「70」になり、2021年の年明けに鳥取県で感染者が亡くなったため、死者を出していない最後の都道府県となる島根県も、

シ＝15 マ＝31 ネ＝24

やはり「70」が出てきます。

これは数霊が光も闇も表す典型的な例で、すべての数が双方の性質を含んでいます。

例えるなら「41」。これまで「41」は光の面ばかりお伝えしてきましたが、アルファベットにも数を当てはめてみると、

U＝21 S＝19 A＝1

〝USA〟は「41」になりますが、アメリカ＝〝神（41）〟とは考えたくないですね。アメリカは米国と書くためか、たしかに〝米〟も「41」ですが、〝崩壊〟もまた「41」でした。〝USA〟の「41」には〝崩壊〟がお似合いです。世界中に崩壊の種を撒き散らしているんですから。

コロナ騒動では人と人との触れ合いが徹底して否定されました。

ですが人にとって楽しいこと嬉しいことって、ほとんどが〝密〟を伴《ともな》っています。お祭りや盆踊り、花火大会や各種イベント、音楽のライブやスポーツ観戦。それに仲間との食事会やカラオケ。〝密〟を伴うというよりも〝密〟だから楽しいのでしょう。

お祭りやスポーツ観戦など、隣《となり》は知らない人でも、同じ目的で今ここにいるのだから、それだけで親しみを覚えるし、新しい出会いにワクワクするものですが、それらが禁止されるとどうなるか。

タッチコミュニケーション。スキンシップ。人は人との触れ合いを本能的に求めています。触れ合うことで不安が解消されたり安心感を得られたりするのですから。

また、病気や怪我での治療行為を〝手当て〟と呼ぶのは、患部に直接手を当てることがそもそもの原点です。お腹の調子が悪いとき、腰が痛いとき、胸が苦しいとき、自然と患部を押さえたりさすったりします。それを母が子に、子が老いた親に、大切な友人にすることは本当に安らぎを得られます。

社会生活において大人同士がむやみに触れ合うことは少ないですし、場合によってはセクハラになりますが、実は仲間や目的を同じくする人たちと〝密〟になることが、結果としてストレスの軽減になったり、生きることの喜びにつながっているんです。

そういった触れ合いが急激になくなると、人は気付かないうちにギスギスしたりイライラ感がつのって攻撃的になりますし、不安から逃れたいがために安易な陰謀論を信じてしまったりします。私の苦しみは奴等のせいなんだと。

ナゼこのようなことになってしまったのでしょう。いや、それは政府のコロナ対策の遅れによってですが、そうではなく、このようになってしまったのだから、何に気付き何を学ぶかです。

今となっては大好きな仲間とハグもできません。

ホ＝27　ウ＝3　ヨ＝37　ウ＝3
〝抱擁〟が「70」だからハグもできないのか。納得。

孤立「70」と変容「70」

コロナ騒動社会の中で、日本人が身につけないといけないことの第1位は、一人一人が精神的に独立すること。

これだけ人との距離を保たなければならないことから課題を見つけるとすれば、孤立を恐れない精神力を養うことです。

人に頼らない、人と群れない。それがテーマになりますが、精神が独立してないので孤立が怖いんです。

コ＝7　リ＝45　ツ＝18

〝孤立〟は「70」。コロナ騒動の中においては適切なテーマだと思います。

精神が成熟してくると、孤立はそれほど恐れるものではありません。

日本には「孤独死」という言葉があります。

しかし、人々がイメージするほど孤独死とはさみしく惨めなものでしょうか。

必ずしもそうではありません。

成熟した精神、つまり精神的に独立していれば孤独を楽しめますし、その術をいくつも持っている人もいます。むしろそんな人は意味もなく群れることを煩《わずら》わしく思い、自ら孤立した立場を選ぶことでしょう。

それに孤独死の場合、死ぬ瞬間を誰にも見られずに済むので、死ぬことに集中できますし。人間だけですから。生まれるにしろ死ぬにしろ大騒ぎして、そればかりか死を商売にまでして。死ぬのにどうしてそんなにお金がかかるんですかってこと。動物たちは笑ってると思いますよ。アホかお前ら、って。

そういった意味においては、コロナ騒動のお蔭で大袈裟な葬式をしなくてもよくなったことは実にありがたいと思います。

まぁそれはいいとして、群れるのは必要なときだけ。あとはいかに孤独を楽しむか。孤独の楽しさを知った者は、孤立した状況を人生に活かすようになります。

「人に頼る」「人と群れる」だった自分から、独立した自分へと変容を遂げる。

へ＝29　ン＝1　ヨ＝37　ウ＝3

この「70」こそ、〝コロナ「70」〟騒動を利用した内なる龍の成長ともなるわけです。

ワンチュク国王もお喜びになることでしょう。

「113」――生命の船出

コロナ騒動における課題の第2位は、発芽した個々の生命の船出です。別に死ぬのではありません。生きるための船出です。

フ＝28　ナ＝21　デ＝64

〝船出〟は「113」になります。

この数は1月13日か11月3日が誕生日の人以外からはあまり注目されないかもしれないですね。「道玄坂113」とかのアイドルもいませんし。

近年で「113」が全国的なニュースになったのは2016年11月、国際純正・応用化学連合が発表した原子番号113番の元素名が「ニホニウム（Nh）」に決定したときのことでしょうか。認定についてはアメリカとロシアと日本が競っていましたが、軍配は日本に上がり、めでたしめでたしです。

ニホニウムの命名決定が発表されると、テレビのニュースや新聞では〝日本初〟と報道していましたが、実は1908年に現在の東京大学の小川正孝教授が新元素を発見し、1909年の元素周期表には43番元素として「ニッポニウム（NP）」の名前が入っていました。

ところが当時としては今のような技術がなく、43番元素だと思われていたニッポニウムですが、詳しく調べたら75番に当てはまる元素だと判明したんです。

43番と75番ではずいぶんと違いがあるように思われますが、周期表では縦の列で性質がよく似ており、〝族〟と呼ばれる仲間になります。なので75番元素は43番元素のすぐ下に入っていますね（416～417ページ）。

結果として43番のニッポニウムは周期表から外されました。そして75番元素はドイツ人科学者の発表が認められたため、それ以来は周期表から日本由来の名前が消えていたわけです。

もし当時の日本に実験を正確におこなう技術力があれば、今でも75番元素はニッポニウムの名で呼ばれていることでしょう。

せっかく元素の話になったので、言霊との面白い関係をひとつ。

イロハニホヘトチリヌルヲ……

イロハから始まるこの伊呂波歌。出だしの〝イロハ〟は数で〝168〟とも書けます。

周期表で原子番号の1番・6番・8番を見ると、それぞれが水素・炭素・酸素ですね。

人体を構成する元素は水素と炭素と酸素だけで93％を占め、4番目に多いのは窒素で3％、次はカルシウムで1・5％、その次はリンで1％です。

つまり人体のほとんどが1番・6番・8番で、言霊の始まりも〝168（イロハ）〟というのは実に神がかり的です。

開花へのポイント

〝船出〟に戻ります。

コロナ騒動の中、マスク・検温・消毒にアクリル板やビニールシート。いい加減うんざりしませんか。

医療従事者はもちろんのこと、観光関連から飲食店や卸しの業者、その他にも多くの職種で先が見通せない不安が続いています。

だったらこの機会を利用して、本当にやってみたいこと、やってみたい生き方に挑戦してみてはいかがでしょう。これからの世の中、ガマンや辛抱の連続をこらえて頑張ったところで、それが幸せな人生になるとは限りません。

自分勝手・身勝手と自由を履き違えさえしなければ、もっとご自身を解放してあげてもいいと思います。

カ＝6　イ＝5　ホ＝27　ウ＝3

〝解放〟は「41」です。発芽した種を開花させるための解放です。ご自身で自分色の花を咲かせてあげてください。

今まで咲かせてきた花は、人から評価されるための上品そうな花でした。その花、咲かせ続けるのって苦しくないですか？

それにその花、ご自身の種が発芽して咲いた花ではないので造花ですもんね。

発芽した本物の種を咲かせるための挑戦においてまったく不必要なもの、気にかける必要がないもの。それが「世間体」と「人の噂」です。この2つは世の中にはびこるアホくさ2トップですから。

何かに挑戦している人への悪口って、ほとんどが妬《ねた》みです。自分が挑戦してないから口《く》惜《や》しいだけです。そしてその挑戦が失敗するよう望んでいる悲しい人なんです。

それで、**何かに挑戦するにあたり、絶対的に必要なものが「決意」と「覚悟」です。**

決意と覚悟がないことには、自分を信じきることができません。

自分を信じきってないとスピリチュアル系の人の場合、困難に直面すると、

「きっと神様が、もうやめなさいって言ってるんだわ」

と、すぐに諦めてしまい、困難を乗り越える努力を拒否します。それでは望み叶わず開花も無理でしょう。

決意と覚悟を決めたなら、開花させるための手助けとなるのが、

◎明るい執着
◎爽やかな執念
◎謙虚な図々しさ

です。これを使いこなすことで開花は間近に迫って来るでしょう。

ここで疑問を持たれた人が大勢いらっしゃるかもしれないので説明しておきます。

〝執着〟を全面的に「悪」だとお考えですか。

たしかに人の苦しみはすべてが執着によると言っても過言ではありません。自身を苦しめる執着ならば、できる限り早く手放したほうが良いに決まってます。

ですが、例えばスポーツ選手や職人さんが偉業を成し遂げ、多くの人を感動させたとしましょう。彼らは執着があってこそ偉業を成せたのであって、困難に直面してすぐに諦めているようでは、何ひとつ成せないでしょう。

自らを奮《ふる》い立たせ、多くの人に感動を与えられる建設的で前向きな執着を「明るい執着」と呼びます。

2019年にノーベル化学賞を受賞された吉野彰《よしのあきら》教授も、

「大切なのは柔軟な頭と執着」

だとおっしゃってます。そして執着したことをやり遂げる執念。それをおどろおどろしくやるのではなく爽やかにやる。

それと、本気で何かに挑むときに遠慮は要《い》りません。遠慮しているうちは余裕があるか本気じゃないかのどちらかです。夜中に我が子が苦しみだしたら、夜中なのに申し訳ないと救急車を呼ぶことを遠慮しますか。

本気になっているとき、人に遠慮は要りません。自身が開花してから世の中に返せばいいのですから。ただし、傲慢《ごうまん》な態度では力を貸していただけないので、図々しさも謙虚に。

それが先ほどの3つです。

配慮「113」と尊び合い「113」

もうひとつ大切なことがあります。

それは、自分を信じたならば、自分を疑えということ。矛盾しているようですが、とても大切なことです。

自分を信じるということは、言い換えると自惚《うぬぼ》れることにもなってきます。

自分を信じるあまり振り返ることもいっさいしなくなると、少しの歪《ゆが》みが気が付いたときには取り返しのつかない大きな歪みになってしまいます。

なので、自分を信じたときこそ自分を疑い、わずかな歪みを微調整することが大切なわけで、自分を信じることと自分を疑うことの関係性において矛盾はありません。

そのようなときは、おみくじで〝凶〟が出てくれると大変ありがたいです。

一般的におみくじは大吉が出ることを善《よ》しとしていますし、大吉が出るまでくじを引く人もいます。おめでたい人ですね。

もしあなたがおみくじを引いて「大吉」が出たら、そのときの自分自身を振り返りますでしょうか。いえ、しません。ただそのままで良しとして、何ら反省も気付きもありません。

ですが〝凶〟が出たらどうでしょう。恩知らずになっていやしなかったか、傲慢な態度を取っていたのだろうかと振り返り、反省すべきところを反省し、詫《わ》びるところは詫びる。それが微調整になります。

ということは、おみくじの〝凶〟は、その後を確実な〝大吉〟にするための〝凶〟で、〝大吉〟は堕ちて行く可能性を秘めた〝凶〟でもあるので、もし〝大凶〟が出たら、本当におめでとうございます。

また、疑うのは自身のあり方だけではありません。今まで正しいと思ってきたことでも本当に正しいのかを疑う。人の話もそう。本書に書かれてることもそう。巷《ちまた》にあふれた陰謀論もそう。もっともらしく科学的な見地から述べられている陰謀論やインチキ科学もマジメに検証してみると、少なくとも90％以上はデタラメだと判ります。すぐに信じる人は検証しようとさえ思わない人でしょう。

何に対してでもそうですが、本気で信じきりたいのなら、あらゆる角度から疑うこと。

それは信じたいがために納得するまで疑うのであって、否定することを目的としているのではありません。

信じきるために大きく疑う。それを「大疑大悟《たいぎたいご》」と言います。

「大疑は大悟の基《もと》」のほうが一般的かもしれません。大きく疑いをもって挑めば、やがては大きく悟ることができるということですね。

2018年にノーベル医学・生理学賞を受賞された本庶佑《ほんじょたすく》教授は学生に、

「教科書を疑え」

と求めてます。教科書でさえも疑う対象になるのであれば、揺れ動く我が心や思考に至っては然《さ》もありなん、です。

ここまでをまとめます。

自身が発芽したら、次は開花するための挑戦ですが、それには「決意」と「覚悟」をもって挑むこと。

開花へのポイントは「明るい執着」と「爽やかな執念」、そして「謙虚な図々しさ」。

自分への「大疑大悟」も忘れずに。信じた道をまっすぐ進むには日々の微調整が必要ということ。おみくじで大吉が出たら要注意。

さて、船出をしてからずいぶんと歳月が流れました。みなさん美しく魅力的な花を咲かすことができたのではないでしょうか。

ですが自分色の花が咲くと、想像していた以上に自由を与えられることがあります。あるいは花に魅力を感じた人から誉め称えられたりおだてられたりと。そうなってくると待っているのは大きな落とし穴です。

自信を持つことは大切ですが、その自信から謙虚さが抜けるとそれは自惚《うぬぼ》れです。図々しくとも謙虚であること。

それともうひとつ。

先ほども少し触れましたが、自分勝手・身勝手と自由であることの違いについてです。〝自由〟を求めるにあたっても権利と義務が発生します。つまり、自由を求める権利は誰にでも与えられていますが、自由でいたければ接する人の自由も保障するという義務。自由であってもまわりへの配慮を怠《おこた》らないということですね。

ハ＝26　イ＝5　リ＝45　ヨ＝37

はい、「113」です。

そしてお互いが相手の自由を尊重すること。それが〝尊び合い（尊び愛）〟です。

ト＝17　ウ＝3　ト＝17　ビ＝70　ア＝1　イ＝5

「113」です。なかなか粋《いき》な数ですね。

ところが、自分は自由だとの権利ばかりを主張するだけで義務を怠っていると〝自分勝手・身勝手〟と呼ばれます。まわりからすれば迷惑極まりないですし、咲いた花も枯れることでしょう。〝気〟が枯れることが〝穢《けが》れ（気枯れ）〟です。

誕生日と「年対称日」で数霊力を取り入れる

それでは航海を続けましょう。

大海原を行く航海では星の運行を知ることがとても重要になります。漆黒の天空に大自然が描いた星々の姿は季節ごとに物語が移り変わり、地球そのものも大宇宙を航海していることに気付かせてくれます。

人生の旅路においても大自然と呼吸を合わせることが大切で、そうすることによって節目節目に大自然がいろいろなことを気付かせてくれます。呼吸を合わせるといっても相手は大自然の運行なので、マスクやフェイスシールドは必要ありません。検温もしなくて大丈夫です。

地球が太陽のまわりをグルリと一周する中で、人がもっとも強く意識するのはご自身の誕生日ではないでしょうか。

ですが、地球の運行上、一箇所だけを強く意識するのはバランスが悪いため、その反対側も意識するようにします。大自然と年単位で呼吸を合わせるのにはこれが第一歩になりまして、その日を「年対称日」と呼びます。

例えば、5月22日が誕生日の場合、年対称日は11月22日になります。11月22日は0・5歳分の誕生日でもあります。

ただしこの年対称日は誕生日の日にちを合わせるようにしているため、物理的な180度の正反対ではありません。

誕生日ときっちり180度での年対称日は、毎月の日数が異なるため日にちにズレが生じてしまいます。誕生日は22日なのに年対称日が21日だとか23日といったように。

誕生日が22日ならば年対称日も22日じゃなければピンときませんし、後に出てくる「四半対称日」も誕生日と日にちを合わせるようにしています。

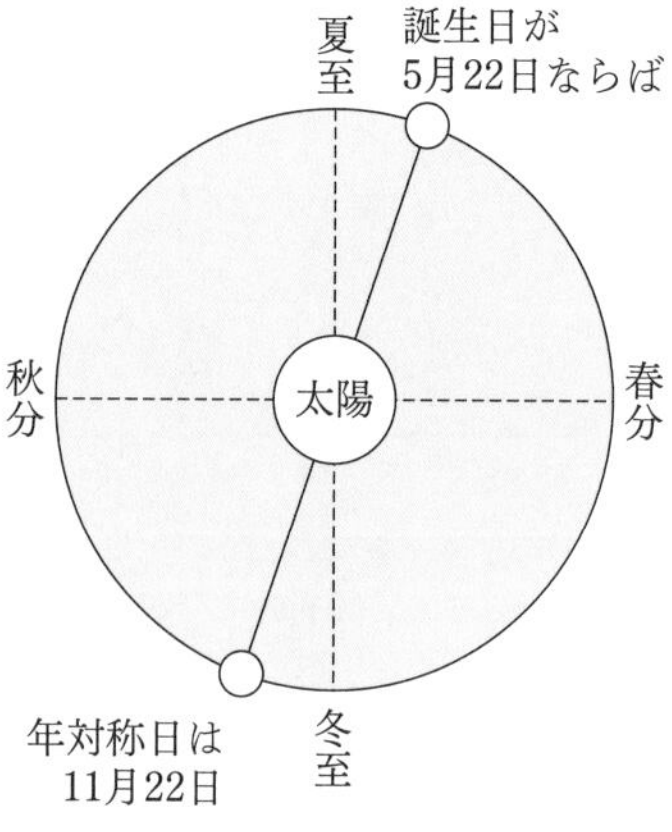

年対称日は０・５歳分の誕生日ですから、その日を意識することで太陽を周回する地球の向こうとこっち、バランスよくお祝いの日ができましたね。

そしてさらに誕生日と年対称日の中間地点2箇所でもお祝いをする。これで太陽のまわりを一周グルリとする３６０度の中で、ほぼ90度ずつで地球の位置を意識することができますし、よりバランスが取れた一年の航海になります。誕生日プレゼントも０・２５歳おきに買うことができ、ますます楽しくなりそうです。

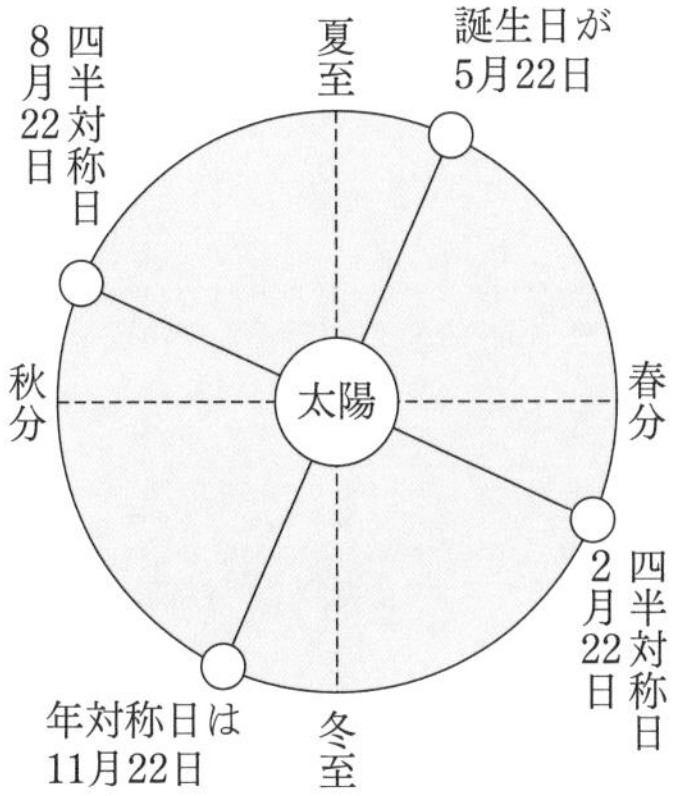

図のように5月22日が誕生日ですと、8月22日と2月22日が四半対称日になり、季節ごとにどれかがやってくるわけです。

するとこれまでよりも地球の運行が実感できるでしょうし、日々の生活に数霊力を取り入れやすくなります。

その方法については年対称日の活かし方と共に次章でお話しすることにして、もう少し地球の運行関連を。

年対称の関係にある9・11と3・11

第3章で取り上げた7月17日ですが、この日を基準日とすれば年対称日は1月17日になります。

この関係性はとても気になるので、四半対称日も含めて何か大きなメッセージがないかと今でも注視しています。

ですが、それよりさらに気になるのが次です。

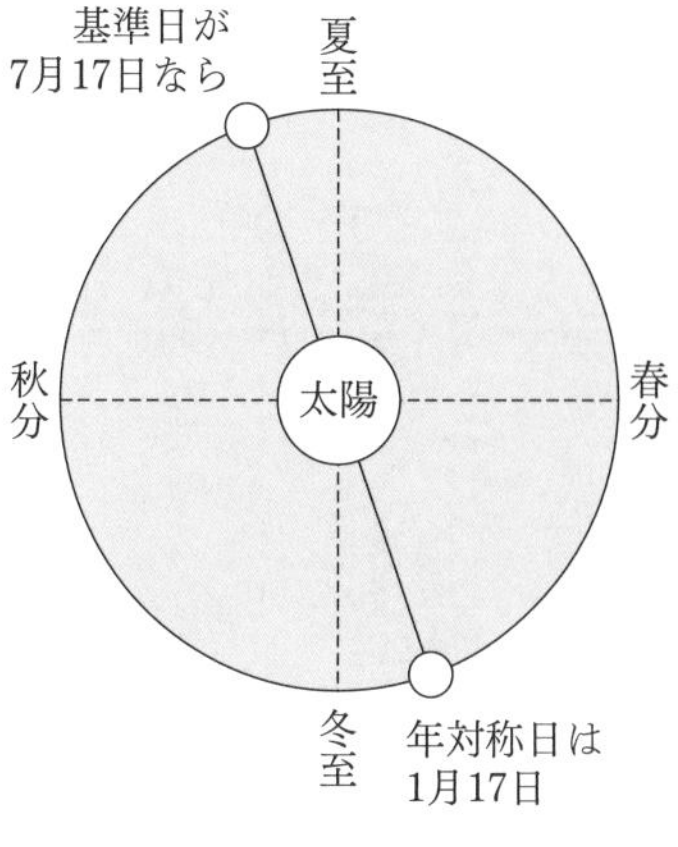

どちらかを基準日にしているわけではありませんが、アメリカ同時多発テロ事件の9月11日（2001年）と東日本大震災の3月11日（2011年）は年対称の関係にあります。起きることが悲劇とは限らないので悲観しているわけではありませんが、四半対称日の6月11日と12月11日はものすごく気にしている日付けです。

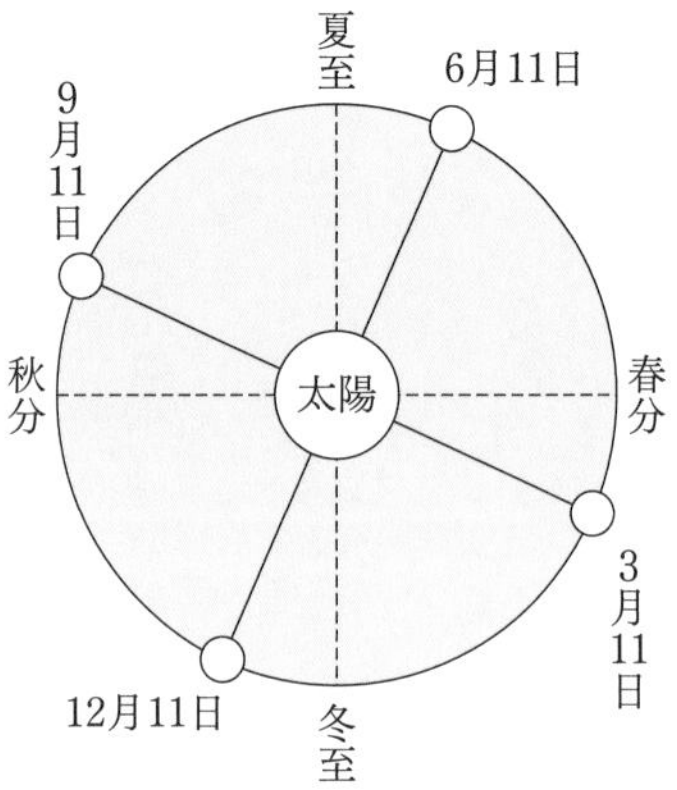

一人一人を光り輝かせる〝出航〟「81」

〝大自然〟の言霊数は、

ダ＝61　イ＝5　シ＝15　ゼ＝59　ン＝1

なので「141」になります。

「141」は「4」を中心にして左右（上下）どちらへ向かっても「41」です。

数は一次元的な表記なので左右（上下）にしか方向性はありませんが、これを三次元的な空間へと広げてみれば、中心からあらゆる方角が「41」になります。

この「41」を〝神〟と考えるのなら**〝大自然〟の「141」は、全方位が神の意志の中に存在していることを表しています。**

コロナ騒動は多くの人に苦難や不安をもたらしているでしょうが、報道されているような問題点から意識を外し、壮大なる宇宙空間と会話をしてみてください。実は誰一人として完全孤立している人などいませんから。

目の前の苦難は100年後1000年後にも地球で人類が暮らしていくために必要な是《ぜ》正《せい》です。

今ここでこれらの是正をしておかなければ、20年後30年後にはさらなる苦難に直面することになるでしょう。歪みが大きくなるほど、それを糺すための苦しみも大きくなりますので。

そんな苦しみを回避するためには人の意識はもちろんのこと、武器の開発や生産によって利益を得ている国家のあり方や、とにかく大量消費を促《うなが》すことで成り立っている経済社会に至るまで、大自然の意思に反した世界を糺す必要があります。

まやかしの政策では「立て替え立て直し」は成せません。

近年、レジ袋が有料化されました。

それ自体は問題ありませんが、海洋プラスチックゴミを減らすための政策であるはずなのに、レジ袋だけに手を付けて〝やってます感〟を演出しているようでは決して本気で取り組んでいるとは言えません。

というのも、海洋プラスチックゴミにおいてレジ袋が占める割合は、重量ベースだと全体の0・3％だけとの算出があります。容積で換算してもわずか0・4％です。

それって例えるならば、1000円の商品を頑張って値下げして996円にしました、というのと同じなんです。4円（0・4％）安くなっただけで、偉そうに値下げしたなんて言うな、アホッて思いませんか。

レジ袋の場合、軽くても面積は大きいので面積ベースだと全体の2％から3％ぐらいになるかもしれませんが、いずれにしても海洋プラスチックゴミが大きく減るわけではありません。

もし本気でそれらのゴミを減らすのであれば、漁業用の網を除いてはペットボトルと弁当やお惣菜のケースを無くさなければいけません。しかしそれらを無くすには相当に大きな労力・時間・資金が必要なので、レジ袋だけに手を付けて誤魔化《ごまか》しているのが実状なのでしょう。しかもコロナ騒動によって持ち帰りやデリバリーが増え、容器の使用量はさらに増えました。

ですが、それでも2041年までをメドに人類の新たな生活スタイルを築くことが全体の課題であり、個人においては自分色の花を気持ち良く咲かせることではないでしょうか。

２０２０年12月、ある「１４１」がまた偉業を成し遂げました。〝はやぶさ2〟です。

ハ＝26　ヤ＝36　ブ＝68　サ＝11
〝はやぶさ〟は「１４１」になるんです。

初代のはやぶさは２００３年5月に打ち上げられ、途中で行方が判らなくなるなどの困難に直面しつつも、２０１０年6月13日に地球へ帰還しました。60億kmもの道のりを旅してです。

60億kmの距離とは地球から太陽へ20往復、月までですと７８００往復、箱根駅伝だと約３５００万往復もしなければならず、まぁまぁ疲れると思います。

そして2代目の〝はやぶさ２〟も２０１４年12月に打ち上げられて以来丸6年、52億kmの旅を終えて２０２０年12月6日に帰って来ました。

ですが2代目にはまだ任務があり、小惑星リュウグウで採取した岩石の入ったカプセルを地球に向けて放出すると、再び宇宙へと飛び立って行きました。

なんというスケールの大きな生きざまなのでしょう。

「１４１」の数霊が持つハタラキをまざまざと見せつけてくれています。

人は〝はやぶさ〟のように宇宙を旅することはできませんが、想いを馳《は》せることはいつでもできます。そしていつも宇宙は一人一人の船出を応援してくれるはずです。

まだ船出ができていなければ、思い切って〝出航〟してみましょう。

シ＝15 ユ＝38 ツ＝18 コ＝7 ウ＝3

「81」になりました。〝光〟ですね。

〝船出〟とは〝出航〟あるいは〝出港〟することですが、その行動自体が一人一人を〝光〟り輝かせるということです。

みなさまの船出が人生の素晴らしき航海となりますように。

第5章

宇宙のリズムに合わせる「地球暦」

自分自身に起こることや決断すべき時期が見えてくる地球暦

マヤの長老の一人であるフンバツ・メン氏をもって「真なるマヤン（マヤの）カレンダーが、メイド・イン・ジャパンから現れた」とまで言わしめた〝地球暦〟。最後はこれを使います。この暦は人が生きる上での人生マップにもなる優れた暦です。

実際の地球暦は１６２ページの円盤カレンダー上に、曜日や二十四節気、月の満ち欠けに太陽系内惑星の位置などあらゆる情報が組み込まれていますが、ここではそれを簡素化し、最小限の情報にまで絞り込んだものになっています。

この暦は1年かけて地球が太陽のまわりをグルリと一周している様子がひと目で判るため、主な出来事を毎年ここに書き込んでいけば、自分の人生は毎年この角度の時期にこんなことが起こっているとか、何か新しいことを始めるのはだいたいこの角度の範囲が最適だとかが一目瞭然《いちもくりょうぜん》です。

書き込む際には出来事のアタマに「96」とか「08」と記しておけば、それが１９９６年の何月何日か、２００８年の何月何日かもすぐに判ります。

そして、大切なのが〝度〟。

春分を起点として０度にしてありますが、春分は全世界で真東から太陽が昇るとの理由からです。

現在使用されている一般的な太陽暦カレンダーの元日は、地球と太陽、あるいは地球と月の位置関係をまったく無視した、実にふしだらな日に元日がやってきます。

もし新年の初日の出を拝みたいのなら、冬至か冬至の翌日、あるいは春分にそうするべきでして、感謝することは結構ですが、何らかの天文学的あるいは信仰的な意味合いを求めるなら、太陽暦の元日はまったく意味がありません。知っておいたほうが大自然と呼吸を合わせられます。


地球暦を毎年使うことにより、自分自身に起こることや決断すべき時期などの傾向が目に見えてきます。すると対策も練りやすくなります。

地球暦の製作者、杉山開知氏曰く、

「現代人は今日が何月何日かを知っているが、今日は自分にとってどんな日かを知らない。古代の人は今日が何月何日かなんて知らなくても、今日は何をすべき日かを知っていた。それは暦というものを理解していたからです」

そこで鍵となるのが、春分を0度として今日は地球が何度の位置にいるかを知ることで、弧を描きつつ太陽のまわりを回る地球の〝弧〟を〝読む〟ことが暦なわけです。

毎度、今度、再度、何度目、新年度、インド……最後のは冗談ですが、確かに時間的表現には〝度〟が多く使われています。

地球暦の使い方

それではまず、地球暦を使ってご自分の誕生日が何度のところにあるかを調べてみてください（162〜165ページ）。

字が小さくて見にくいので、全円を春分側と秋分側に分割しました。

全円は360度で1年が365日のため、正確には1日が0・9863度になりますが、そんなのは面倒なので1日1度の移動と考えることにします。

次に、誕生日から90度進んでみます。方向は時計と反対回りです。

これは地球の北極側上空から見た場合であって、南極側上空からだと時計回りになりますが、北＝上で慣れているためにそうします。

で、90度進んだあたりは何月何日ごろでしょうか。

そこが母の体内であなたが受精した日です。

人によって誤差がありますが、おおよそはそのあたりのため、自分が発生した角度も知っておくとよいでしょう。

その位置から反時計回りに２７０度進んだところが誕生日です。

２７０度は実際のところ約２７４日です。

十月十日《とつきとおか》というのは〝10ヶ月と10日〟ではなく〝10ヶ月目の10日目〟でして、１ヶ月は月齢での１朔望月なので29・５日。

すると〝10ヶ月目の10日目〟は２７５日目になり、まぁわりと正確でしょ。

さて、今度は誕生日からほぼ１８０度先の年対称日を見つけてください。誕生日が10月17日なら年対称日は４月17日。１月17日生まれなら７月17日がそれに当たります。

月末生まれの人は判断に迷う場合がありますので、参考例を出しておきます。

〈誕生日〉		〈年対称日〉
1月31日	⇩	7月31日
2月28日	⇩	8月28日
2月29日	⇩	8月29日
3月31日	⇩	9月30日
4月30日	⇩	10月30日
5月31日	⇩	11月30日
6月30日	⇩	12月30日
7月31日	⇩	1月31日
8月28日	⇩	2月28日
8月29日	⇩	2月28日
8月30日	⇩	2月28日
8月31日	⇩	2月28日

9月30日→3月30日
10月31日→4月30日
11月30日→5月30日
12月31日→6月30日

これは参考例のため、しっくりくる年対称日があれば、数日ズラしていただいてもかまいません。例えば11月30日の年対称日を月末に合わせて5月31日にするといったように。

では誕生日と年対称日にしるしをつけておいてください。年対称日は自分にとって0・5歳の誕生日で、生まれた日の地球の位置から太陽をはさんでほぼ正反対の日です。

人は自分の誕生日だとその日を強く意識しますが、それだけではバランスが悪いです。

なので0・5歳の誕生日も同じように意識すれば太陽のまわり一周のバランスが取れます。

はい。それで、誕生日と年対称日はそれぞれ新たに生まれ変わる日として「0」と考えますと、365日から2日引いて残りは363日です。

ということは、誕生日から年対称日までと、年対称日から次の誕生日までの平均は、
363日÷2＝181・5日

になります。が、０・５日の日はありませんので、切り捨てることで１８１日。

そう、誕生日から年対称日まで１８１日。

折り返して年対称日から誕生日までも１８１日ということで、なぜ数霊が「１８１」まではなのか、やっと話すことができました。


ただし、実際には切り捨てた０・５日がどちらかに含まれるため、片側は１８１日ですが、もう片側は１８２日になります。

それと、ここが暦の難しいところですが、毎月の日数が異なるため、誕生日によっては片側が１８０日で、反対側が１８３日になります。

が、１８１日以上はすべて１８１日目として数えましょう。

それと、１８０日しかない場合は、次の「０」としている誕生日または年対称日が１８１日目を兼ねます。

「181」は完了の日。「0」はリセットの日で、それが重なっていてもまったく問題はありませんので。

もしそれがお気に召さないようでしたら年対称日を１日ズラし、１８１日と１８２日になるよう調整してみてください。

ここからが大切なところです。

誕生日から年対称日までの（ほぼ）181日間は、受精した日が含まれますので、**〝ムスビ〟**と呼びます。

精子と卵子が結ばれたためムスビなのですが、天地万物を産み成す霊妙な力のことを〝産霊《ムスビ》〟と呼ぶため、こちらの文字を当てて呼ぶことにします。

そして結ばれてから90度先が年対称日になりますが、胎児はこの間にモノスゴイ成長を遂げます。いえ、まだ数cmであり数gのため、ほんの小さなカラダですが、わずか0・05mmの精子と0・1mmの卵子の大きさ重さから考えると、何千倍何万倍の成長です。それに比べ、生まれてからの肉体的成長は身長がせいぜい3～4倍、体重も一般的には20倍程度です。

人はこの時期、つまり**受精してから年対称日までの90度は、毎年大きく飛躍したり新たな挑戦に適していると古神道では伝えていますが、肉体の急激な成長を伴ってのことです。**

誕生日から年対称日までで180度。この〝産霊〟はまさに母＝女性性のハタラキあってのことです。それは数霊にも現れていて、

〝産霊（結び）〟＝「116」

〝女性〟＝「116」

産霊側180度は月のハタラキであり、水のハタラキと呼んでもいいですね。金と銀で表すなら産霊側は銀のハタラキになります。

「産霊」のときは内面へ意識を向けて、「霊楽」のときは外へ開放する

それでは太陽、火、金のハタラキであり男性性側の180度にまいります。

こちら側は、いよいよ誕生に向けてツボミを開花させていくため〝**ヒラキ**〟と呼びますが、ただ開くだけでなく、玉し霊が大いに楽しむ門出に向かっているので〝霊楽〟と書いて〝ヒラキ〟と読みます。

こちらもピッタリ数霊が示してくれまして、

〝霊楽（開き）〟＝「81」

〝男性〟＝「81」

と、気持ちいいほどキレイに決まってくれました。

ムスビ（ムスヒ）とは、何も無かったところに素となる霊が現れることで、ヒラキは現れた霊が〝ラ〟＝「41」を中心にして、意思気（意識）として生まれることです。

そういった生成化育の神秘さを1年単位で日々知らせてくれるのが地球暦というわけで、この暦は人を成長させます。

それでは例を参考に、ご自分の〝産霊〟と〝霊楽〟の日数を、数霊暦に書き込んでみてください（164〜165ページ）。

誕生日と年対称日は「0」を入れ、翌日から1、2、3、4、5……の数字を181まで順に入れてみます。

180までしかなければ、次の日の「0」を181に書き換えていただいても結構ですし、そのままでも大丈夫です。181以上はすべて181で。

これで、今日が何月何日であっても、自分にとっては〝産霊〟の63日目とか、〝霊楽〟

の128日目といったことがすぐに確認できるはずです。もし今日が12月31日ならば、10月17日生まれの人にとっては〝産霊〟の75日目、といったようにです。

そして、第7章でその数の〝数霊アクション〟を探せば、それが今日の自分のテーマのヒントになるというわけです。

注意すべきところはただひとつ。

それは、同じ75日目であっても〝産霊〟なのか〝霊楽〟なのかで、意識の向けどころが変わるということです。

〝産霊〟であれば、それはできる限り内面へ意識を向けること。

そして〝霊楽〟ならば、内側からどんどん外へ開放すること。

内容によっては必ずしもそうならないこともありましょうが、基本的には〝産霊〟が内側へ、〝霊楽〟は外側へ、ということです。

そして忘れてはいけないのが、地球号は太陽に対して今日は何度の位置にいるかを意識すること。それに馴染《なじ》んでくると、こんな会話があちこちで交《か》わされるようになるかもしれません。

「ねぇねぇ、今度さぁ、旅行へ行こうよ」

「いいけど、今度って何度のこと？」

「210度ぐらい。ちょうど紅葉も見頃だろうし」

「いいねぇ。けど195度過ぎぐらいから仕事が忙しくなりそうでさぁ、ひょっとしたら220度ぐらいまで休みが取れないかもしれないんだよね」

「判った。じゃあ220度にしよう」

というわけで、旅行の日程のメドが立つというわけです。

もうそうなれば感覚としては体内に地球暦が入っちゃっているので、古代の人のように今日は自分にとって何をすべき日であるかが判るはず。

無駄がなく、有意義に日々を過ごし、退屈もせず、遊ぶときには遊び、休む時期には気兼ねなく休むことができる暦が地球暦なのです。


（地球暦図案制作協力、杉山開知氏）

こちら側は霊楽《ヒラキ》

【例1】

4月17日が年対称日

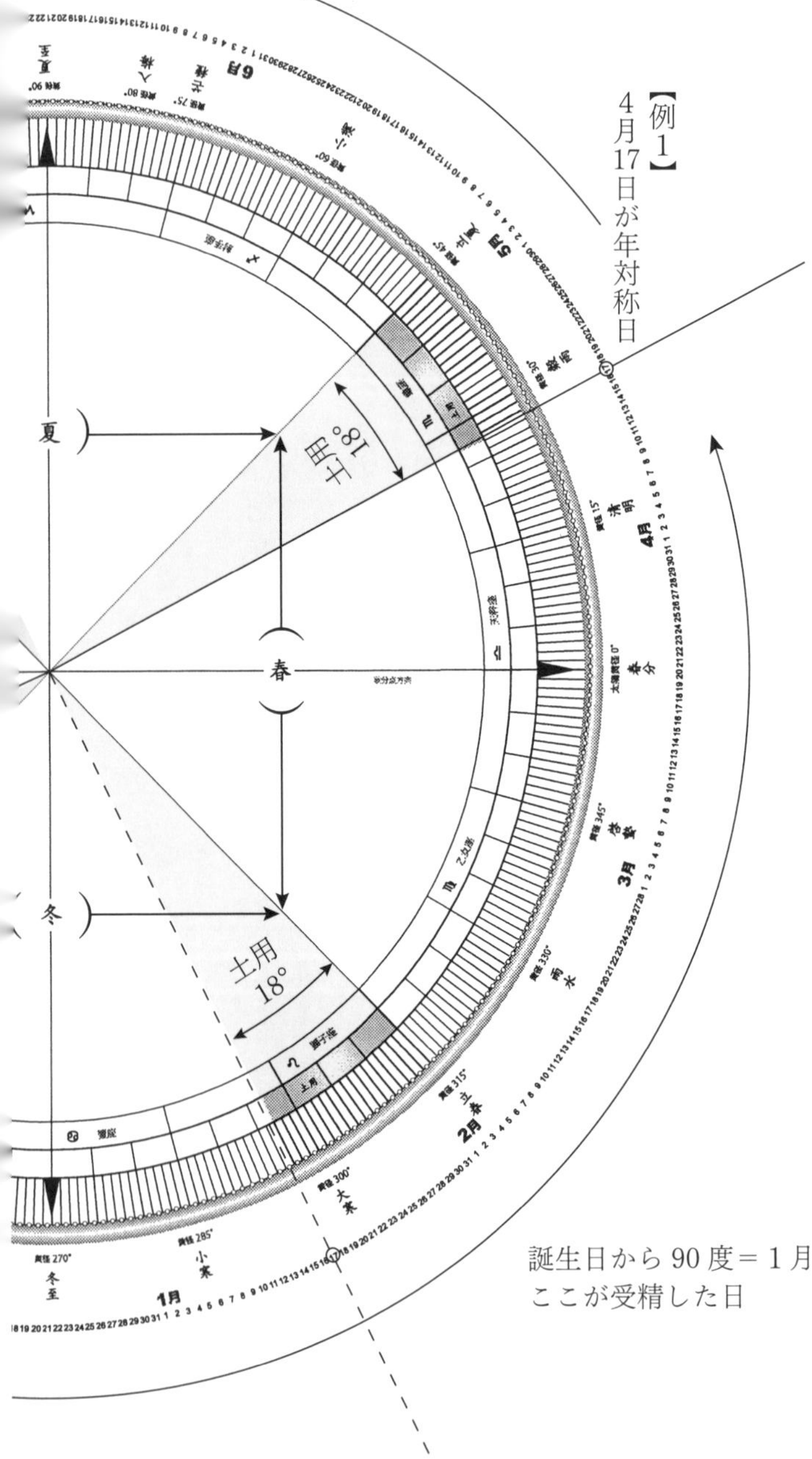

誕生日から90度＝1月17日
ここが受精した日

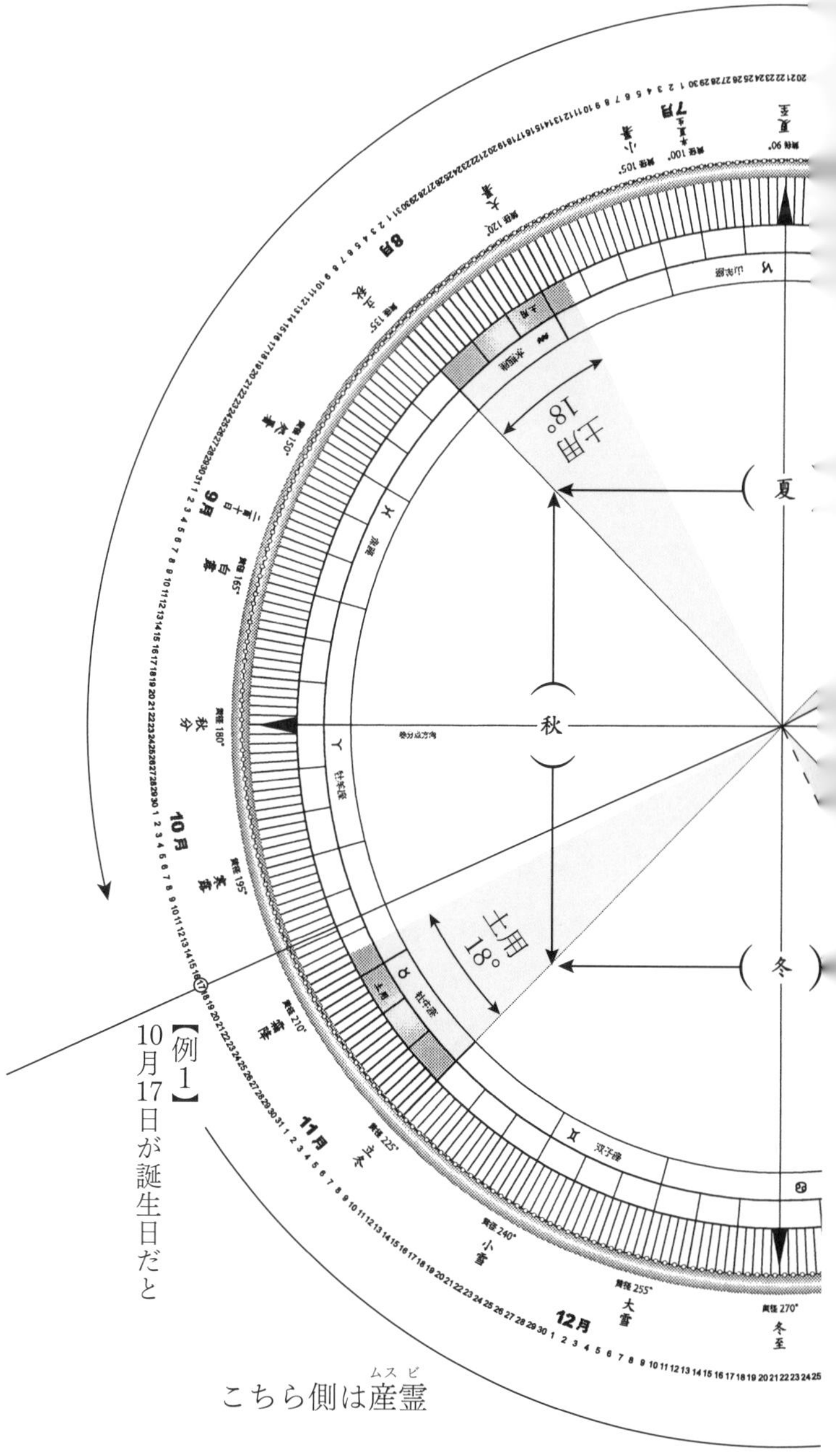
夏至
小暑
7月
大暑
8月
立秋
処暑
9月
白露
秋分
10月
寒露
霜降
11月
立冬
小雪
12月
大雪
冬至
土用 18°
夏
秋
冬
土用 18°
【例1】10月17日が誕生日だと

こちら側は産霊《ムスビ》

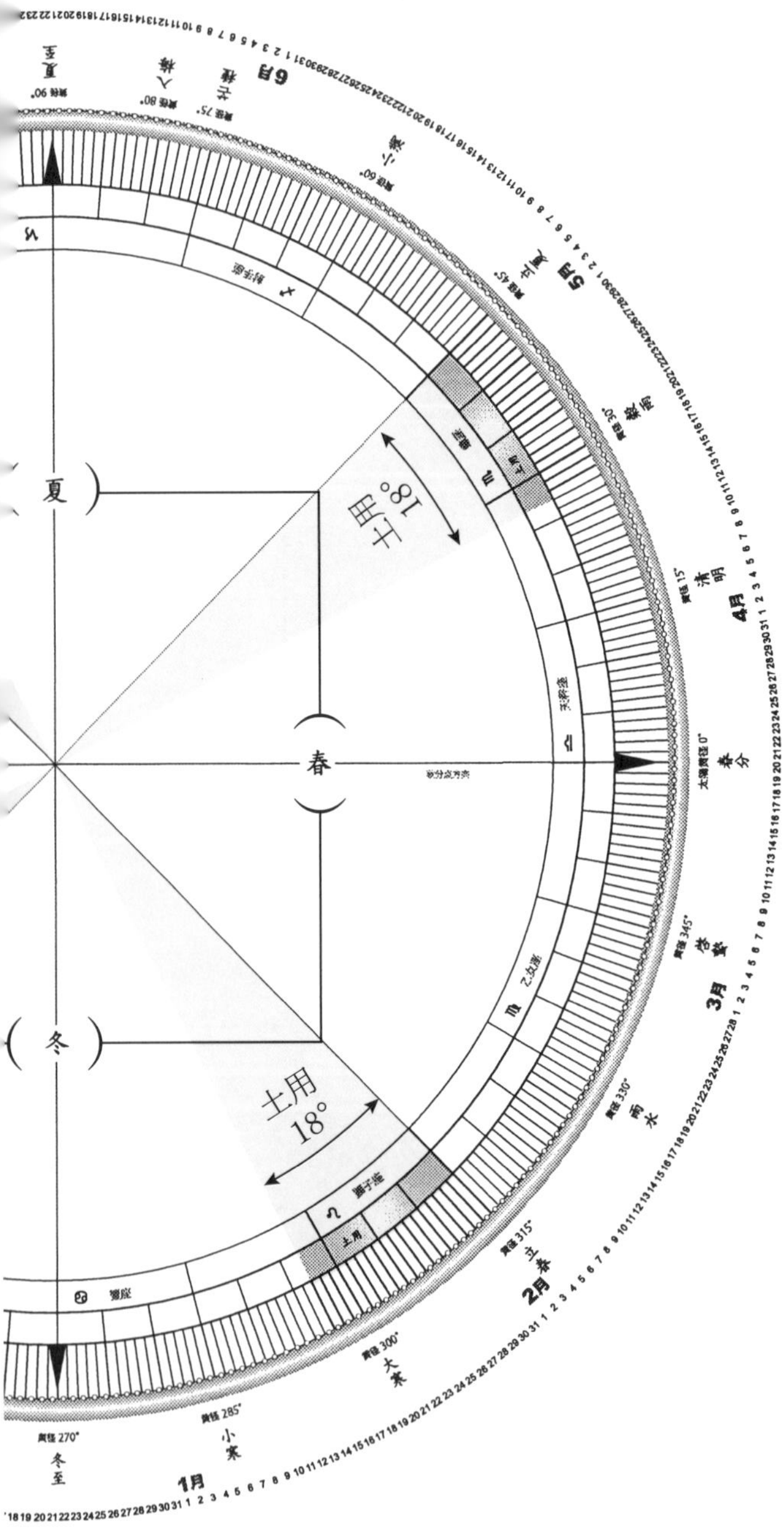

夏至 黄径90°
入梅 黄径80°
芒種 黄径75°
小満 黄径60°
立夏 黄径45°
穀雨 黄径30°
清明 黄径15°
太陽黄径0° 春分
啓蟄 黄径345°
雨水 黄径330°
立春 黄径315°
大寒 黄径300°
小寒 黄径285°
冬至 黄径270°
1月
2月
3月
4月
5月
6月
夏
春
冬
土用 18°
土用 18°
天秤座
乙女座
獅子座
土用

読者本人用「地球暦」

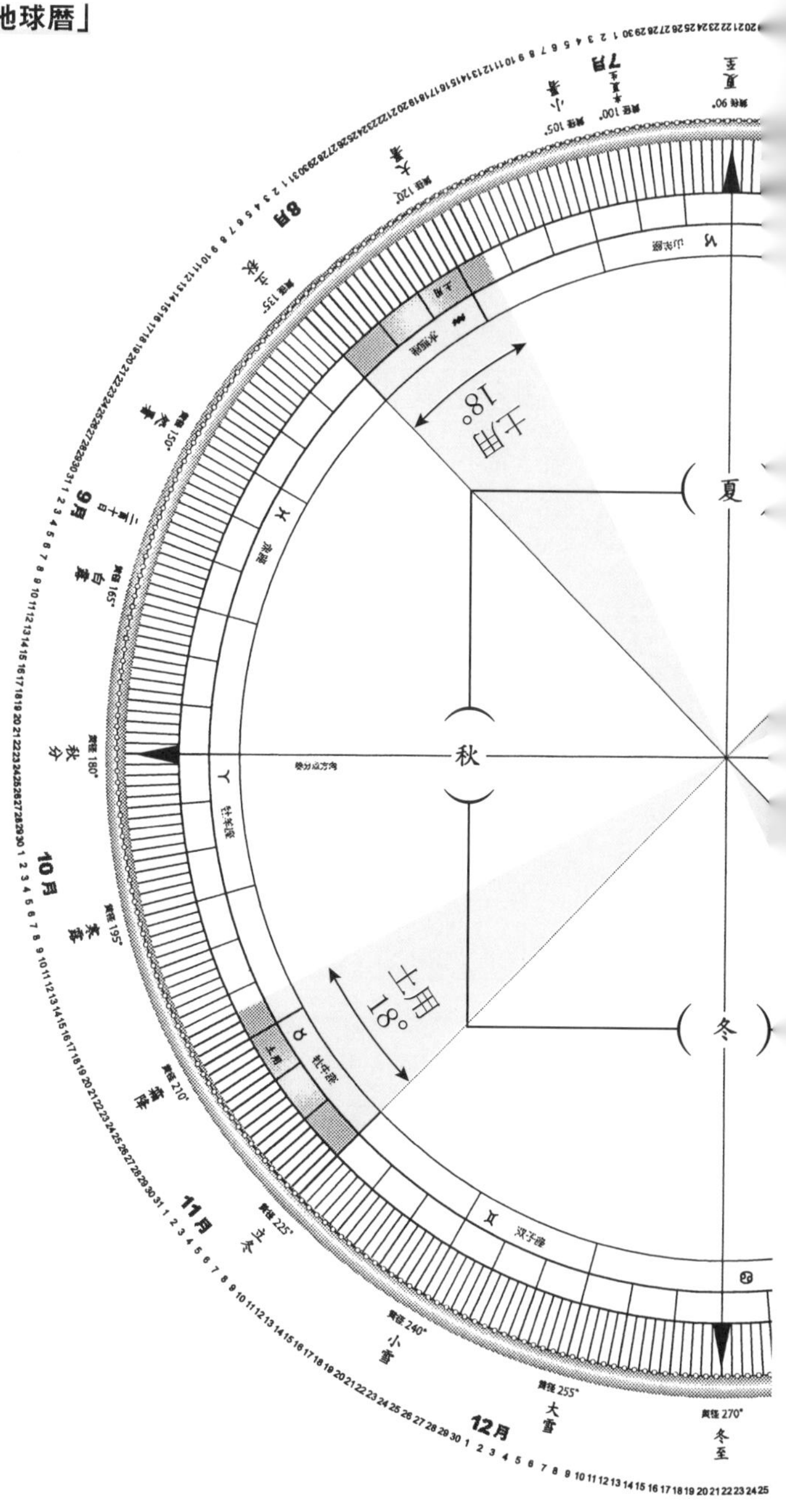

7月
8月
9月
10月
11月
12月
黄径90°
夏至
黄径105°
小暑
黄径120°
大暑
黄径135°
立秋
黄径150°
処暑
黄径165°
白露
黄径180°
秋分
黄径195°
寒露
黄径210°
霜降
黄径225°
立冬
黄径240°
小雪
黄径255°
大雪
黄径270°
冬至
土用
18°
夏
秋
冬

7月

1	2	3	4	5	6	7	8	9	10	11	12	13	14	15	
75	76	77	78	79	80	81	82	83	84	85	86	87	88	89	
16	17	18	19	20	21	22	23	24	25	26	27	28	29	30	31
90	91	92	93	94	95	96	97	98	99	100	101	102	103	104	105

8月

1	2	3	4	5	6	7	8	9	10	11	12	13	14	15	
106	107	108	109	110	111	112	113	114	115	116	117	118	119	120	
16	17	18	19	20	21	22	23	24	25	26	27	28	29	30	31
121	122	123	124	125	126	127	128	129	130	131	132	133	134	135	136

9月

1	2	3	4	5	6	7	8	9	10	11	12	13	14	15	
137	138	139	140	141	142	143	144	145	146	147	148	149	150	151	
16	17	18	19	20	21	22	23	24	25	26	27	28	29	30	
152	153	154	155	156	157	158	159	160	161	162	163	164	165	166	

10月

1	2	3	4	5	6	7	8	9	10	11	12	13	14	15	
167	168	169	170	171	172	173	174	175	176	177	178	179	180	181	
16	17	18	19	20	21	22	23	24	25	26	27	28	29	30	31
181	0	1	2	3	4	5	6	7	8	9	10	11	12	13	14

誕生日

(182日目ですが181で)

11月

1	2	3	4	5	6	7	8	9	10	11	12	13	14	15	
15	16	17	18	19	20	21	22	23	24	25	26	27	28	29	
16	17	18	19	20	21	22	23	24	25	26	27	28	29	30	
30	31	32	33	34	35	36	37	38	39	40	41	42	43	44	

12月

1	2	3	4	5	6	7	8	9	10	11	12	13	14	15	
45	46	47	48	49	50	51	52	53	54	55	56	57	58	59	
16	17	18	19	20	21	22	23	24	25	26	27	28	29	30	31
60	61	62	63	64	65	66	67	68	69	70	71	72	73	74	75

例題サンプル「数霊暦」

1月　例）誕生日が10月17日の場合

1	2	3	4	5	6	7	8	9	10	11	12	13	14	15	
76	77	78	79	80	81	82	83	84	85	86	87	88	89	90	
16	17	18	19	20	21	22	23	24	25	26	27	28	29	30	31
91	92	93	94	95	96	97	98	99	100	101	102	103	104	105	106

2月

1	2	3	4	5	6	7	8	9	10	11	12	13	14	15	
107	108	109	110	111	112	113	114	115	116	117	118	119	120	121	
16	17	18	19	20	21	22	23	24	25	26	27	28	(29)		
122	123	124	125	126	127	128	129	130	131	132	133	134	(↑)		

2月29日は2月29日が誕生日の人のみ書き込む。

3月

1	2	3	4	5	6	7	8	9	10	11	12	13	14	15	
135	136	137	138	139	140	141	142	143	144	145	146	147	148	149	
16	17	18	19	20	21	22	23	24	25	26	27	28	29	30	31
150	151	152	153	154	155	156	157	158	159	160	161	162	163	164	165

4月

1	2	3	4	5	6	7	8	9	10	11	12	13	14	15	
166	167	168	169	170	171	172	173	174	175	176	177	178	179	180	
16	17	18	19	20	21	22	23	24	25	26	27	28	29	30	
181	0	1	2	3	4	5	6	7	8	9	10	11	12	13	

↑ 年対称日

5月

1	2	3	4	5	6	7	8	9	10	11	12	13	14	15	
14	15	16	17	18	19	20	21	22	23	24	25	26	27	28	
16	17	18	19	20	21	22	23	24	25	26	27	28	29	30	31
29	30	31	32	33	34	35	36	37	38	39	40	41	42	43	44

6月

1	2	3	4	5	6	7	8	9	10	11	12	13	14	15	
45	46	47	48	49	50	51	52	53	54	55	56	57	58	59	
16	17	18	19	20	21	22	23	24	25	26	27	28	29	30	
60	61	62	63	64	65	66	67	68	69	70	71	72	73	74	

7月

1	2	3	4	5	6	7	8	9	10	11	12	13	14	15	
16	17	18	19	20	21	22	23	24	25	26	27	28	29	30	31

8月

1	2	3	4	5	6	7	8	9	10	11	12	13	14	15	
16	17	18	19	20	21	22	23	24	25	26	27	28	29	30	31

9月

1	2	3	4	5	6	7	8	9	10	11	12	13	14	15	
16	17	18	19	20	21	22	23	24	25	26	27	28	29	30	

10月

1	2	3	4	5	6	7	8	9	10	11	12	13	14	15	
16	17	18	19	20	21	22	23	24	25	26	27	28	29	30	31

11月

1	2	3	4	5	6	7	8	9	10	11	12	13	14	15	
16	17	18	19	20	21	22	23	24	25	26	27	28	29	30	

12月

1	2	3	4	5	6	7	8	9	10	11	12	13	14	15	
16	17	18	19	20	21	22	23	24	25	26	27	28	29	30	31

読者本人用「数霊暦」

1月

1	2	3	4	5	6	7	8	9	10	11	12	13	14	15	
16	17	18	19	20	21	22	23	24	25	26	27	28	29	30	31

2月

1	2	3	4	5	6	7	8	9	10	11	12	13	14	15	
16	17	18	19	20	21	22	23	24	25	26	27	28	(29)		

3月

1	2	3	4	5	6	7	8	9	10	11	12	13	14	15	
16	17	18	19	20	21	22	23	24	25	26	27	28	29	30	31

4月

1	2	3	4	5	6	7	8	9	10	11	12	13	14	15	
16	17	18	19	20	21	22	23	24	25	26	27	28	29	30	

5月

1	2	3	4	5	6	7	8	9	10	11	12	13	14	15	
16	17	18	19	20	21	22	23	24	25	26	27	28	29	30	31

6月

1	2	3	4	5	6	7	8	9	10	11	12	13	14	15	
16	17	18	19	20	21	22	23	24	25	26	27	28	29	30	

第6章

言霊から数霊、そして色霊・形霊・音霊へ

はせくらみゆき

数とは何か？

この章では、言霊《ことだま》と数霊《かずだま》が織りなす相補的な世界観を中心に、そこからの発展形である、色霊《いろだま》・形霊《かただま》・音霊《おとだま》についても言及していきたいと思います。

なお、本章の執筆は、はせくらが担当しています。

内容は、長年にわたる趣味として現在に至るまで続けてきた、大和《やまと》言葉の研究や科学系の学び、そして直観から得た情報をベースにして綴《つづ》っています。

とりわけ直観情報に関しては、現在の科学や学問として、証明されていないものも多々あるため、疑問に感じることもあるかもしれませんが、どうぞ、あなた自身の内なる叡智《えいち》（直観）に直接問いかけながら、ご自身の内でも検証をしつつ、読み進めていただくことをお勧めします。

ではさっそく本題に入りたいと思います。

まず、「数」について。数とはそもそも一体何だろうか？　ということです。
そんな疑問をずーっと抱きつつ、日々、数字を見ながら過ごしていたのですが、あるときハッと気がついたことがあります。

それは、数とは人間が発明したものではなく、発見されたものであった、ということです。つまり、自然界の織りなす様《さま》を見て、そこにある様態を個数として数えることで「数」という概念を発見していったのであろうということです。

ですので、人がいようがいまいが、「数」は歴然と存在していたのです。

言い換えれば、メイド・イン・ユニバースといってもよいかもしれません。

もっとも、数字そのものは地球産ですが、数字自体は、地球全土で共有することのできる共通言語（概念）です。あっという間に言葉の壁を越えてしまっているところが、数が持つ底力であろうかと思います。

この二点がもつ重要性、

①数は宇宙における共通概念である。

②数を表す概念である数字は、地球人全員にとっての共通認識として定着している。

ということ――を、あらためて自覚していくことで、「数」というエネルギーが持つ、本質的な意味と性質が浮かび上がってくるものと思われます。

数字や音が、色や形になって見えていた子ども時代

ここから少し、主題から逸《そ》れ、個人的な話をしたいと思います。

ものごころついたときから私は、数字や音が、色や形に変換して浮かび上がってくるという内的視野の中で暮らしていました。

今でいう「共感覚」（ある一つの刺激に対して、通常の感覚だけではなく、異なる種類の感覚も自動的に生じる知覚現象）の資質を持っていたということになるのでしょうが、幼い私にとっては、もちろんのこと知るはずもなく、皆も同じような世界で暮らしているものとばかり思っていたのです。

けれども、あるときにどうやらそうではないことがわかり、軽いショックを受けました。

以来、これは人に言ってはいけないことなんだと子どもなりに理解して、その感覚になると、あえて観《み》ないように意識しました。

とはいえ、ボーッとしていると、さまざまな音や車のナンバープレートなどが、じわじわと色や形の質感を持って浮かび上がってきます。

それは彩度の高いカラフルな世界で、ひと時も、同じままで留まることはない、揺らめく光の色でした。

私はつい見とれてしまって、その世界をずーっと見ていたくなります。そして、気持ちが高揚してくると、いてもたってもいられなくなり、クレヨンをとりだしては、お絵かきをするのでした。

今思えば、絵を描くことで、心の整理をつけていたのだと思います。

そんな中でも、数字（数）はとりわけ魅力的な存在でした。

なぜなら、キャラクターがはっきりしていて、とても個性的だったからです。

たとえるなら、それぞれの数字――特に1～9までは、「クラスではっきりモノを言う子たち」であり、「得意分野が突出しているスーパースターたち」の集まりでした。

10以降をかたまりで見た場合は、それらの要素がミックスされて複雑になり（柔らかいキャラクターとなり）、数が増えれば増えるほど、たくさんの色や仕草が重なって、知恵もののおじいさんのように映ります。

「数」ってすごい。絶対、この人たち生きているよ。

とひそかに思いつつ大きくなりました。とはいえ、やがて、数学の授業が難しくなったころ、それまでの想いは跡形もなく消え、むしろ忌《い》まわしいとさえ思うときもある、ただの無味乾燥な記号へと化しました。

宇宙の叡智そのものである数霊と出会う

再び、幼いころに感じた感覚が強く蘇《よみがえ》ったのは、四半世紀以上の時を経てからです。

このシリーズの共著者である深田剛史さんと出会い、「数霊」についての興味深いお話を伺ったときでした。

数についての捉え方の講義を受けながら、あれ？ この感覚、どこか知っているぞ……

なんだかとても懐かしい……と思った途端、幼少時の感覚が再び戻ってきました。まるですっかり忘れさられていた冷凍保存パックが、解凍されたかのごとく。

さて、**数霊とは、数が持つエネルギーのことでもあります。**

言霊と対応していて、それが見事なほどに一致している世界です。

もちろん、占い的にも使えるし、心を調えるツールとしても使えそうです。

そうした数霊が映し出す世界観を知ったとき、私は心底嬉しくて、再び「生きている」数に向かい合ってみました。

かつて抱いた感覚は、ボーッとしていたときに感じていたものでしたが、もうすでに、昔の御代から数が持つエネルギーは、きちんと「数霊」となって、美しく整理されて世に出回っているという事実に強い感動を覚えました。

それで友人たちに、「ねーねー、数霊って知っている？　すごいよねー」と伝えても、当時は、ほぼ、知っている人は皆無で、

「え？　カズタマ？　何それ？　コトダマなら聞いたことあるわよ」と言われ、少しがっ

かりしました。

私自身は宗教や信仰的なものに疎《うと》く、何も知らなかったのですが、どうやら「数霊」という世界は、神道における秘儀的な位置づけにあたることから、あまり世間には出回ってはいないのだ、ということを知ることになりました。

こんなに素晴《すば》らしい叡智なのに、もったいないなぁと素直に思いました。

なぜなら**「数」の本質は、宇宙の叡智そのものであり、**私たちが純粋な心で、その力の一部を受け取り、活用することができたら、もっと世界が素晴らしく輝いていくことになるのになぁと感じたからです。

とはいえ、我欲、我執で使うことを、天はまず許さないだろうから、まず、できることは動いてみて、それで流れがストップしたら、そのときはそのときであきらめようと思いました。

最初の数霊本ができるまで

それで、さっそく知り合いの編集者に連絡を取ってみたのでした。心の中で「どうぞ天の御心に沿いますように」と祈りながら。

すると直後からトントン拍子に話が進み、２００９年に初版となる数霊の本『数霊に秘められた宇宙の叡智――かずたま占い』（５次元文庫、徳間書店）が出版されることとなりました。

イメージとしては、持ち運びやすい文庫本で出てほしいなぁと願っていたのですが、本当にそうなったので正直、驚きました。なぜなら、通常は四六判（単行本の大きさ）が売れた後で、数年後に文庫本として出るという流れだったからです。

そのこともあって、天は許可を出してくださったのかな、と思いました。


さて、数霊本の中で、私は、数霊が持つキーワードをもとにして、解説を加えていく係でした。もともと古典や和歌が好きだった私は、言霊をもとに肉付けしていく作業が、楽しくて仕方ありませんでした。

一方、深田さんは長年の研究のもとに、骨格と全体像、数霊そのものについての内容を、深いながらもユーモアを交えて記してくださいます。打ち合わせでは、いつも笑いすぎてお腹が痛くなるほどでした。
真理を追究すればするほど、軽やかに朗らかになっていくよということを、彼の人間性と共に、本を創るプロセスを通して学んだように思います。

余談ですが、本のスタイルができあがったとき、出版社より「かずたま占い」との文字も入れされていただきますが、いいですか？　との連絡が来ました。

そのとき、正直なところ「あれ～、深田さんと私は占いの本を出すんだったっけ？」と少し違和感を覚えましたが、気を取り直して「占い」という言葉の語源を調べてみると、占いとはもともと「うら合う」から来ており、「うら＝心の内、深奥」と「合う」、つまり我が内の心の深奥と合わせていくことで、現実をよりよくするということが、占いというものの真意でもあったのだと思い、そのタイトルのまま進むこととなりました。

数霊のメッセージは高次元からの応援

今回は、第4弾の数霊シリーズであり、初版の2009年から数えると、ちょうど13年目となります。

13の数霊：流れに沿いて　気高くは　温もり満ちて　芯を貫け

流れに沿うということ。気高く誇り高く、芯を貫いていくという姿勢。13の数霊のエネルギーを受けて、一つの完了形と、確たる新たなる始まりを予感させます。

このように、**数を通して、隠れたメッセージに気付くことで、認識の幅が広がり、より洞察力深く進むことができるようになります。**また、数霊のメッセージを、高次元からの応援として捉えてみるのもありだと思います。

……となると、日々、数に囲まれている私たちは、本当は常に、高次元とつながっているはずなのですが、日常の中では、なかなか知覚することはできませんものね。

けれども、数霊としての一覧表があれば、隠れたメッセージに気付きやすくなるので、その都度《つど》、最適解を見つけ、心安らかに充実して暮らしていくお手伝いができるのではないかと考えたのです。それが、本書を書籍化させていただいた理由でもあります。

数霊は、言霊と変換できる

では、ここから数霊についてどんどん踏み込んでいくことにいたしましょう。

まず、数霊の面白さは、言霊とワンセットでできていることが注目に値するところです。まさしく父の「かぞ」―数と母の「いろは」―言（言葉）の、仲睦《なかむつ》まじいコラボレーションです。この二者は、相補関係にあり、共に互いの役割を支え合い、活かし合いながら、両輪となって進んでいきます。

その性質を言葉であらわすと、言葉と数は共に、宇宙（世界・大自然）におけるロゴス（法・論理）であるといえます。その中において、よりロゴスを極めていったものが「数」となり、ロゴスにパトス（情緒）的要素を加えていったものが、「言」（言葉）として発展していったのではないかと考えています。

比喩的にいうならば、無駄を削ぎ落として〝かっこいい〟を極めると「数」になり、

〝ふっくらと優しく〟コーディングすると「言葉」になる、というかんじでしょうか。

どちらも、ソースは大自然であり宇宙。

その実体は、宇宙の最小単位である量子が織りなす、「ふるまい」の様子であり、それぞれが持つ固有振動（バイブレーション）であるとも言い換えることができるでしょう。

言霊学から見た数霊の世界は？

次に、私の専門分野である言霊の観点から、数霊の変換表を具体的に見ていきたいと思います。

まずは言葉の並びが、「あいうえお」ではなく、「あおうえい」で示されている、かの言霊的解説から。

深田さんも伝えておられるように、口腔の形に添った自然な音の並びである「あおうえい」の並びを、言霊学的な言葉に置き換えると、「天津菅麻音図《あまつすがそおんず》」と呼ばれる配列になります。

ちなみに、音図《おんず》というのは、音の並び方が示された五十音図のことであり、実際は、「あいうえお」だけではなく「あいえおう」や「いえあおう」など、五種類の音図が存在しており、それに伴い、横の列（かさた……ら）の順番も異なっていきます。

その中で、私たちが普段親しんでいる「あいうえお」と横列の「かさたなはまやら」の各行の音の並びは、「天津《あまつ》金《かな》木《ぎ》音図《おんず》」という名で呼ばれるものです。この音図は、「〜したい」と欲する想いの念が中心となって、成立する音図ともいわれています。

天津菅麻音図

ワ									ア
ヲ									オ
ウ									ウ
ヱ									エ
ヰ	八父韻								イ

※八父韻（はちふいん）とは、順番が決まっていない、イとヰの間にある、八つの音のことです。

天津金木音図

ワ	ラ	ヤ	マ	ハ	ナ	タ	サ	カ	ア
ヰ	リ	イ	ミ	ヒ	ニ	チ	シ	キ	イ
ウ	ル	ユ	ム	フ	ヌ	ツ	ス	ク	ウ
ヱ	レ	エ	メ	ヘ	ネ	テ	セ	ケ	エ
ヲ	ロ	ヨ	モ	ホ	ノ	ト	ソ	コ	オ

それに対して、「あおうえい」である「天津菅麻音図」のほうは、生まれたままの始まりの音図ともいわれており、たくさんの音が生まれる前にできた、元はじめの並び方（音図）として捉えられています。

実は、ここから先には膨大なストーリーがあるのですが、音図について詳しく説明することは本書の目的ではないため、割愛させていただきます。

けれども本書では、「天津菅麻音図」における大事なポイントを簡潔にお伝えしたいと思います。詳しいことは、今後、出版予定の本で説明いたします。

『「あおうえい」という音の並びは、本来あるがままの、生まれたてで元一つのエネルギーをそのまま示している。ゆえに、この順番にそって言霊を発し、数霊として置き換えていくことで、エネルギーが整い、純化していくのである』……です。

ちなみに、「清々しい」とか「元一つ」という表現は、どのような状態をさすのかというと、私たちの根源――魂のふるさとともいえる、カ（6）＋ミ（35）＝41（カミ）と一つになっている状態、ということを指します。

あなたの内にある神聖な叡智をビジュアル化したアート９方陣

ここで38ページにある９方陣（ミロク方陣）を再び眺めてみてください。

中央にカミ――41が鎮座しているのがお分かりになるかと思います。

すべてはこの中心から始まり、四方八方に拡がっては再び中心へと戻っていく、そのトーラス構造が、９方陣の中に示されています。

よければ、９方陣を平面ではなく、球体である立体面として感じてみてください。

そうすると、リンゴの種部分にあたる41から拡がっていながら、元は一つの種から始まっているという感覚がつかめるかと思います。


今回、私は、この方陣が示している世界を可視化してみることにいたしました（カバーの裏にあります）。

つまり、言霊の知識を持って、数霊を、色霊と形霊にして変換してみることにしたのです（初めて共感覚を役立てるときが来たと思いました……笑）。

とはいえ、すぐさま完成したわけではなく、何度も失敗しながら、心の眼《め》で捉えた世界をスケッチしては練り直していくという作業をして、令和3年、春分の日にとうとう完成しました。

深い瞑想の中で受け取った**「数」が放つエネルギーは、実にパワフルで多次元的、しかもそれはものすごい速さで振動する叡智のかたまり**——一つひとつが超高速のスーパーコンピューターのように感じられました。

また、各数字のイメージは、立体的であったため、絵という平面空間におとしこむときは、その様子の特徴的な部分を、一旦、心のカメラでスクリーンショットをとるようなきもちで、平面化してみました。

なお、第7章の数霊辞典にある形霊のほうは、その映像をさらにシンボライズさせて、エネルギーの流れを形態であらわしてみたものです（形霊および、9方陣の形象は、あくまで、はせくら個人の心象風景として感得したものであり、これだけが正しいとか、絶対であるという意識はまったくありません。ぜひあなたも、瞑想を通して、数霊の美しくもパワフルなエネルギーを感得してみてください)。

よろしければ、アート9方陣を、リラックスした気持ちで眺めていただけたら嬉しく思います。

そうすることで、理屈や説明を超えたところでの、何か感じ入るもの、ハートの奥と共鳴していく感覚を感じられるかもしれません。

このアート9方陣を通して描かれている世界は、あなたの内にある、神聖なる叡智がもたらしたものをビジュアル化してみたものであり、それはほかならぬ、あなたという意識が放つ宇宙曼荼羅《まんだら》としての姿でもあります。

また、元の姿である9方陣は数霊世界の曼陀羅であり、日本の神々世界に置き換えると、八咫鏡《やたのかがみ》にも相当する、宇宙の美と秩序の結晶体なのです。

369(ミロク)の世界

それでは再び、数の9方陣にもどって、よく眺めてみることにしましょう。

深田さんも示してくださっているように、この方陣の和は、縦・横・斜め、どこを足しても369（ミロク）になりますね。言い換えれば、弥勒の法衣に包まれて、すべての数霊が、またすべての言霊が、護られていると捉えることができます。

ではなぜここで369が出てくるのか、私なりの考察を書きたいと思います。

まず、すべてを一桁にして考えてみます。つまり、0123456789と進んだ後の10の数は、1と0の2つに分けて、また始まっていく、という捉え方です。

次に、0（無、空）を真ん中に据えて、その周りにぐるりと1～9を配列します。すると右側に1234、左側に5678、真上に9が配置されることになりますね。

さて、ここでいきなり中国の思想家――老子翁に登場していただくのですが、老子曰く、「道は一を生じ、一は二を生じ、三は万物を生ず」と宣われました。

ということは、3までいって初めて、形をつくっていくもとの鋳型《いがた》が出来上がると、考えることができます。つまり、3は「エネルギー（波動性）、気、精神界」（不可視世界）の状態。

そして6は、3の二倍であることから、3のエネルギー、気、精神が三次元へと映し出され、物質となったさまを表すと捉えることができます。

なので、6は「物質（粒子性）、身、現象界」（可視世界）の状態。

仏教用語に置き換えると「空即是色《くうそくぜしき》」です。

最後の9は、物質世界がさらに極まって一つの完成形を見ている状態。

とはいえ、すべては流転していくため、極まりきったあとは、ついに極性が反転して、再び空の状態（エネルギー・不可視世界）へと戻っていくさまを表しているものと捉えることができます。

左ページの図（上段）で説明すると、9の音霊は球（きゅう）とも置き換えることができ、球体となって極まった後は、9（空）となり、再び中心にある0へと引きつけられ、新たに1から芽をだしていく、というイメージです。

ちなみに1から出たものは2を通り、3でエネルギー・気を完成させ、4、5で不可視の世界から可視世界へと徐々に物質世界のほうにおりてきて、6の物質・身の世界に現れていくと捉えます。また、6で物質世界に現れた後は、どんどんその姿態を充実させ7、8を通って9へと至り、また0へと戻っていくという循環を辿ります。

今度はこの369を太極図で観てみることにします（左図下段）。するとの3の場所が白。6の場所が黒。そして9は、それぞれの色の中にある小さな丸の部分と捉えることができると思います。

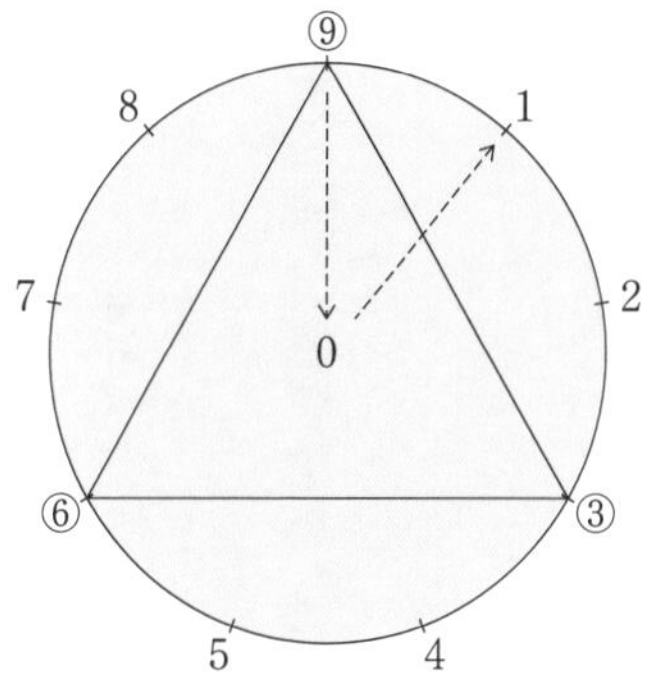

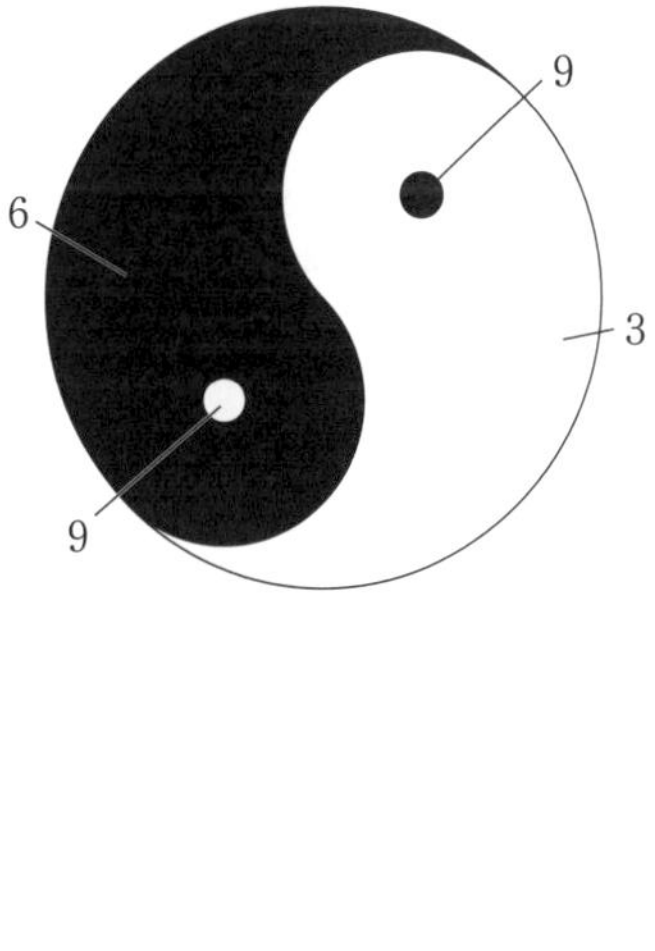

こうして宇宙は、永遠の明滅の中で、生成化育発展消滅を繰り返しながら、より調和の方向——大調和への旅を続けているのでしょうね。

言葉や数、色やかたち、音たちは、宇宙に遍満する量子だった！

さて、ここからは、さらりとではありますが、言霊・数霊・色霊・形霊・音霊との関係性について論じてみたいと思います。

まずは言霊から。

言霊という言葉は、一般的に「良い言葉を発すると、良いことが起こる」というように捉えられておりますが、それはあくまで表層的な見方であり、実際は、その範疇《はんちゅう》に収まりきれるものではありません。

では、**言霊とは何かと問われれば、言葉が持つエネルギーであるといえます**（数霊と同じ、シンプルな解ですね）。

このエネルギーとは、バイブレーションのことであり、言葉を構成する一音一音が放つ波の振動――固有振動であり、その実相は、高次元からもたらされたエネルギーを、可聴領域で捉えたものを音声に変換して表したものです。

日本語は、すべてに母音を有する開音節という言語体系を持っており、それが五十音図としてきっちり整理されて表現されています。

五十音図に表されている形質の実体は、宇宙に遍満するエネルギーの質や方向性、特徴を示していたものだったのです。

このことを物理学的にいうと、物質の最小単位と呼ばれる、量子（素粒子）のふるまいの様子である、と置き換えることができます。

せっかくなので、もう少しだけ深掘りしていきます。

まず、ア行である母音（数霊でいうと1から5までの数に対応）は、ゲージ粒子と関係性が深く、半母音であるワ行（数霊では46～50に対応）は、ニュートリノなどの素粒子と関係が深いのではないかとの仮説を立てています。

このことは、私（はせくら）と、素粒子物理を専門とする理論物理学者が、幾度も討論し合いながら出てきた仮説です。

どのように進めていったかというと、言霊学と量子物理を組み合わせながら、一つひとつ検証し、当てはめていったところ、驚くことに、古代から伝承されてきた言霊世界の奥義と、最先端の科学の知見が、見事なる一致を示すことになりました。


ちなみに言霊学では、五十音の一音一音を神名に当てはめて、象徴的に表します（神名は「かな」とも読めますよね。そう、仮の名、仮名とは神名であり、それぞれの音に神様の名が当てはめられていたのです！）。

たとえば、ア行にある「イ」音の神名は伊邪那岐《イザナギ》神で、ワ行にある半母音「ヰ」は伊邪《イザ》那美《ナミ》神、という具合です。


古事記のなかでは、伊邪那岐と伊邪那美が合わさることで、次々と子産みが始まりますが、伊邪那美神は、最初の神様から数えると、ちょうど17番目にあたる神様です。

宇宙にある素粒子の数も17種類。しかも17番目の素粒子の名前は、ヒッグス粒子。

この素粒子は、質量のなかった素粒子の世界に、質量をもたらすという画期的な働きをする素粒子です（この働きを自発的対称性の破れといいます）。

実は言霊学の世界において、伊邪那岐が示すものは、先ほどの9方陣でいう3の世界――「気、精神」、一方、伊邪那美が示しているのは6の世界――「身、物質」の世界を象徴しているとされています。

まさしく誘《いざな》う気である「いざな気」から、誘《いざな》われる身の「いざな身」への転写です。

気は身に、エネルギーは物質に、思いはかたちになって、この世界に表れていくというわけです。

なお、五十音表で見てみると、イ（伊邪那岐）とヰ（伊邪那美）の間には、カ行からラ行までの8つの行が間にありますよね。

実はこのイからヰへと至る8つの音――「キ・シ・チ・ニ・ヒ・ミ・イ・リ」が、潜象としてある不可視の世界から、現象として見える可視世界へ至る橋渡しの音韻だったのです。

物理であらわすと、先の質量を表すもととなるヒッグス粒子が関わる、ヒッグスメカニズムという現象に相当するようです。

この8つ音の並びのことを言霊学では父韻と呼び、母音と結合して、舌を動かすことで、たくさんの音を生み出していきます。これが「子産み」として、象徴的な比喩をもって古事記では暗喩されているのです。

8つの音韻は、古事記では、天の浮橋、仏教では、八大龍王や石橋《しゃっきょう》、キリスト教では虹等の名で呼ばれながら、尊ばれてきました。

先の9方陣では、中央にある5のマス目（5霊界）以外の、周りをぐるりと囲む8種の場に相当します。


さて、この8音韻をあえて可視化しようとするならば、どうなるのでしょうか？

それを色で表すと、虹色のスペクトラムとなって表されます。

また音に置き換えるのであれば、音階になります。

もっというと、色相や音階というものは、周波数の違いであり、それぞれが持つ固有振動です。色は電磁波の一種ですし、音階も、異なる波長が積み重なった「音の階段」です。

「かたち」も同様で、物体が持つ固有振動の可視化としては、ドイツの物理学者、エルンスト・クラドニが発見した「クラドニ図形」が有名です。

この図形は音程を変えることで、共鳴周波数ができ、模様があらわれるというもの。周波数を変えていく中で、丸や三角といったかたちを始め、亀の甲羅模様など、私たちが自然界の中で見覚えのある、さまざまな形象を、それぞれの周波数から見出すことができます。


つまり、私たちが観ている世界は、周波数に浸された世界を観ているのであり、その元になっているのが、言霊においてはイと井の間にある8種の音韻が中心となって、バラエティ豊かな世界を展開しているのです。

これが、色霊・形霊・音霊の原質となっていくわけです。


とはいえ、実際、私たちがそれを知覚するときは、例えば色であれば、神経伝達速度によって見えやすい色が変わるなど、ごく単純化して色や音が当てはまるというわけでもないのです。本質はシンプルでも、現象界は複雑系が支配する世界なので。

しかしながら、大枠では正しいため、それらが持つ特徴をよく表しているものをシンボル化させて、エネルギーをギュッと濃縮したものが、色霊・形霊・音霊となって、古代より密かに伝えられてきたのだと思います。

もちろんのこと、言霊、そして数霊も同様です。

イメージとしては、父の数霊、母の言霊、そして三つ子の子どもが色霊・形霊・音霊になった、という感覚です。

いずれにせよ、もとにあるのは、宇宙に遍満《へんまん》する量子たち。そのエネルギーの一部を受け取って、私たちはそれを知らぬ間に、言葉や数、色やかたち、音として表していたのですね。

数霊はパワフルな魔法の杖

この視点を持って新たに世界を見渡してみると、私たちは宇宙が織りなすエネルギーに包まれながら、その懐《ふところ》の中で暮らしていたのだ、ということになります。

では、そんなパワフルアイテムを、使っているのは誰でしょうか？

いわずもがな、もう、お分かりですね。

それが「カ」という見えない力を「ミ」という見える実体へと転換させて、この世界を味わい、楽しもうとした、肉体を持った41のお方、そう、あなた自身です。

自らがセットしたアイテム――**数や言葉、色、かたち、音、それらを味方につけて、宇宙に遍満するエネルギーを上手に使い、活用していくのは、あなたに与えられた権利であり、世界に彩りと豊かさをもたらす、魔法の杖でもあるのです。**

とりわけ数のエネルギーである数霊力は、ユニバーサルで純度が高い、パワフルな魔法の杖でもあります。

どうぞ、次章から始まる数霊辞典を十全に活用しながら、ますます素晴らしい人生を創造していってくださいね。

第７章

数霊辞典

本章は『数霊力で望む未来を選びとる』（２０１６年出版）の数霊辞典に加筆・修正したものです。

なお、１～１８１の形霊のほとんどは新しくなっています。

第７章の数霊辞典の使い方を紹介します。

【産霊《むすび》と霊楽《ひらき》】 第５章を参考にご自分で書き入れてください。

【形霊】
数霊に対応する形霊です。けれども本当は平面ではなく、この形霊は立体としてあるものを平面上に置き換えたものです。どうぞイメージ力を働かせて、３Ｄのように立体状に浮き上がらせていただけますと、よりもとのかたちに近くなることでしょう。なお、この形霊は数霊と同じように、書いたり、かたちを思い浮かべるだけでも同様の振動周波数を放ちます。ただし、対応する形霊は記載されているものだけではありません。代表的な形霊の一つであると捉えてください。

【Key Word】
それぞれの数霊に対応する言霊を挙げています。基本の数である１～10は、より深い詳細な説明になっています。なお、これ以外にもご自分が見つけられた言霊（個人の名前など）を書き加えることで、オリジナルな辞書になります。

【意味】
その数霊が持っている性質全体について示しています。

【数霊マントラ】
数霊エネルギーを呼び起こすマントラ（真言）です。ぜひ声に出して唱えてください。

【数霊アクション】
数霊の持つメッセージ性を具体的に顕現し、人生をよりよく導くための実践ナビゲーションガイドです。もちろんこの他にも、ご自分で閃いたオリジナルアクションをされてみてもかまいません。何を行動されるかは内なる直観に従ってください。

【○○の数霊を持つ名前】
その数霊数になる名前を持っている人の大きな傾向を表します。

形霊	数霊の数字	産霊《むすび》の11日目　　月　　日 （誕生日の11日後）
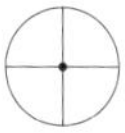	**11**	霊楽《ひらき》の11日目　　月　　日 （年対称日の11日後）

Key Words

久遠《くおん》・畏愛《いあい》・空《くう》・謳歌《おうか》・声・秋・金・桶

（旧暦1月1日は節分）

意味　11はスタートを示す数霊です。踏み出すのは「今」であることを告げています。同様に、同じゾロ目の数はパートナーとの関係性、バランスを指し、ゾロ目が増えるほど、グループや組織全体へと拡大していきます。

　また、水は11種類の状態に変化していくと、いにしえの人は考えていたことから11の数霊が現れるときは、水とのつながり、水への感謝を忘れないようにしましょう。

数霊マントラ

はじまりのとき満ちて　いざ進め　「久遠」の時へ

11の数霊を持つ名前

金の人

数霊アクション

▼自分の中でいらなくなった古いエネルギーを感じるものを捨てましょう。断捨離もおすすめです。

▼自分とパートナーとの関係性を見つめましょう。お互いに心地よく支え合っていますか。

▼思い切って一歩を踏み出しましょう。考えるのは踏み出しながらでもできます！

▼体の中にある水と体の外にある水に感謝と敬意を表しましょう。

形霊

数霊の数字

1

産霊《むすび》の1日目　　月　　日
（誕生日の1日後）

霊楽《ひらき》の1日目　　月　　日
（年対称日の1日後）

ヒ・フ・ミのヒは「火」であり「霊」。ヒト・フタ・ミのヒト「人」であり「霊止」。「霊止」は玉し霊が肉体に宿った状態であり、その玉し霊こそが神（大自然）からの分けミタマ。まずは自分の存在が宇宙に在ることからすべては始まります。唯一無二の存在として。

意味　物事の始まりを示す数霊。原初の響き。霊（ヒ）・陽（ヒ）とも書き、存在の本質は霊《ひ》からできていることを表しています。

数霊マントラ

何事も　始めの一歩が　肝心ぞ　一より出でて　一へと還る

数霊アクション

▼今、あなたの目の前に起こっていることの本質とは何かを観じてみましょう。

▼二極に分かれたものを統合し、完全性や永遠性について想いをはせましょう。

▼大空に向かって「アー」と息を吐きながら声を上げ、「気」（エネルギー）を整えましょう。

▼陽の光を浴びましょう。

形霊	数霊の数字	
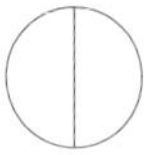	**2**	産霊《むすび》の２日目（誕生日の２日後）　　月　　日 霊楽《ひらき》の２日目（年対称日の２日後）　　月　　日

ヒ・フ・ミのフは「風」。霊止である一人一人が世の中にどのような風を吹かせるかで、国家の進む方向性が定まってきます。風は何色でしょうか？
世を想い、人を想って自分らしさで吹かせる風は、愛のこもった自分色。

意味

陰陽、分離を表し、一なる世界から二極に分かれていく様を示す数霊。火と水、男と女、表と裏といったように、二極に分かれることで現実界へ現れていきます。

数霊マントラ

分かれたるは極にあり　結び合うのも極にあり　極を愛《め》でて実《じつ》となせ

数霊アクション

▼この数霊が出たときは、相手や出来事を通して自己を相対的に見る癖をつけましょう。
▼1が男性原理であるのに対して2は女性原理を意味します。思いやりや優しさ、受け入れることの大切さを感じてみましょう。
▼ゆっくりとした呼吸を繰り返し、リラックスしましょう。

形霊	数霊の数字	
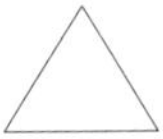	**3**	産霊《むすび》の3日目　　月　日 （誕生日の3日後） 霊楽《ひらき》の3日目　　月　日 （年対称日の3日後）

ヒ・フ・ミのミは「水」であり「身」。三次元の肉体世界は、身（体）をいかに使うかで発展する世界。そのハタラキを左右するのが“体・心・霊”のバランスです。「身」に流れる「水」が清らかであれば体・心・霊が一致した三位一体。３の性質としては“調和”“安定”。

意味　一つの完成を示す数霊。ものごとの理《ことわり》をなす。バランスよく調和され、かたちが作られていくと同時に、二極に分かれたものに新たなる一極の力が加わり、発展させていく資質も持っています。

数霊マントラ

和して整い三方良し　三位一体すべて良し
良し成しありて成長す

数霊アクション

▼バランスを整えたいときは、３の数霊力を使いましょう。
▼今まで決めつけていた物事の見方にとらわれないようにしましょう。思い込みやこだわりを打ち砕くことで、新たなる展開が広がります。
▼昨日でもなく、明日でもなく、今この瞬間を十全に生きることを心掛けましょう。
▼内なる声に耳を澄まし、その声に従って行動を起こしましょう。

形霊	数霊の数字	
	4	産霊《むすび》の４日目（誕生日の４日後）　　月　　日 霊楽《ひらき》の４日目（年対称日の４日後）　　月　　日

１・２・３で自身を立たせ、４からはいよいよ世に向かって出航です。漢和辞典で“シ”と読む漢字を探すと、その数は220を超します。言霊として“シ”は重要であり、“４合わせ（４＋４）”がやがては「8」を最高の数に持ち上げることに。４の性質は“可能性”“成長”。

意味　安定しながら四方位に広がりゆくことを表す数霊。あらゆるものを整理し、定着化、現象化させるハタラキを持つ。ヒ・フ・ミが合わさって世（４）となる力の基礎数です。

数霊マントラ
良き人　よく観よ　善き心　清き明るき世を創れ

数霊アクション
▼しっかりと地に足をつけ、今ある物事を定着、安定化させましょう。
▼お部屋の掃除をしましょう。特に四隅《よすみ》を念入りに。
▼あきらめるのではなく、今は忍耐力をつけるときなのだと踏ん張ってみましょう。
▼今あるものを大切にしましょう。

形霊	数霊の数字	
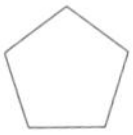	**5**	産霊《むすび》の５日目　　月　　日 （誕生日の５日後） 霊楽《ひらき》の５日目　　月　　日 （年対称日の５日後）

桜や梅の花びらは５枚。ヒトデの姿やオクラのかたちは五角形で、梨の種は５つ。５は大自然そのものを表す数であり、３方陣の真ん中にあるように中心を示す数。
キーワードには“縁・円”“阿吽《あうん》”“王”など。

意味　大自然・宇宙の意志を表す数霊で縦のハタラキを示し、変化をもたらすと同時に中心性を表す。日、霊、陽から生まれた生命の息吹を感受して神意と共に生きる様を示しています。

数霊マントラ
熱き血潮《ちしお》の　意の血《イノチ》あれ　神の映し世　ここにあれ

数霊アクション
▼安定したものから変化を生み、さらに発展進化していく数霊であることから、この数霊が出たときは、今、心に描いているビジョンを行動として表すようにしましょう。
▼五感（視覚、聴覚、嗅覚、味覚、触覚）を澄まして感じてみましょう。
▼自然の中に身を包み、空・風・火（陽）・水・大地のエネルギーを感じてみましょう。

形霊	数霊の数字	
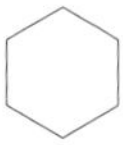	**6**	産霊《むすび》の６日目　　　月　　日 （誕生日の６日後） 霊楽《ひらき》の６日目　　　月　　日 （年対称日の６日後）

６は「結《む》ゆ」と申します。ひと桁の整数で、因数に奇数（２）と偶数（３）の両方を持つ唯一の数のため、結び付けるハタラキ。また、６は形霊として胎児を表すように、産まれる力（＝産霊）のエネルギーを持つ。
キーワードは“愛”。

意味　物事が生成する産霊《ムスビ》が整う数霊で横のハタラキを示し、安定化をもたらす。それぞれのエネルギーがバランスよく配備されて整っていきます。

数霊マントラ
睦して　結ばれ　産霊《むすび》ゆく　聖なる社《やしろ》　と
こしえに

６の数霊を持つ名前
産霊《むすび》の人

数霊アクション
▼対立ではなく協調、分離ではなく統合を目指しましょう。とりわけ、己の心の内の中に、分離や対立がないか見つめてみましょう。外なる表れは内なる種の表れです。
▼一人で頑張るのではなく、チームワークとして動いてみましょう。
▼自分の中の男性性と女性性を統合させて、完全なる合一を目指しましょう。
▼あなたが「美しい」と感じることを行動に起こしてみましょう。

形霊	数霊の数字	
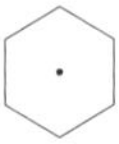	**7**	産霊《むすび》の7日目　　月　日 （誕生日の7日後） 霊楽《ひらき》の7日目　　月　日 （年対称日の7日後）

ドレミファソラシ、日月火水木金土、古代七大金属のように、人は古くから7をひと区切りにすることに利用しました。七大不思議もその一つ。したがって7は“ひと揃いした”“一巡した”ことを表す性質です。そのハタラキとしては“循環”。

意味　物事が段階を追って成就し、一体となった様を示す数霊。七福神、虹の七色、七つのチャクラのように一つにまとまって完成形を表しています。と同時に、一つの完了は次の大いなる飛躍を意味する神秘的でパワフルな数霊力を持っています。

数霊マントラ

生まれたるは　日《ひ》の本《もと》に　鈴振り　鳴るぞ
生して　成せ

7の数霊を持つ名前

循環の人

数霊アクション

▼混沌とした中にある秩序を見出し、宇宙の力と一体になりましょう。
▼「ラッキーセブン！」と叫んで、自分の内側からエネルギーチャージをしましょう。
▼困難にあったときにこそ七の力を思い出し、数霊や形霊を使いましょう。
▼物事を先回りして進めましょう。先手必勝が鍵です。

形霊	数霊の数字	
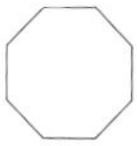	**8**	産霊《むすび》の8日目（誕生日の8日後）　月　日 霊楽《ひらき》の8日目（年対称日の8日後）　月　日

八雲立つ出雲八重垣妻ごみに……八重垣、八百万《やおよろず》、大八洲《おおやしま》、八尋殿《やひろどの》など、8は八方を治める尊い数として太古から敬われてきました。徳川家も“葵”紋以外に㊇を簡易的な印として使用していたらしく、それが名古屋市の記章になっています。8は“生成化育”のエネルギー。“葵”も8になります。

意味

末広がりに広がりゆく数霊。大自然の意に生かされて、一体となって進んでいく様を示している。行く先は弥栄《いやさか》の世界。喜び栄え賑わう弥勒（三六九）の世、理想郷です。

数霊マントラ

八雲立つ　八重垣八代《やしろ》の　弥栄《いやさか》は　三六九の始まり　めでたきかな

8の数霊を持つ名前

弥栄《いやさか》の人

数霊アクション

▼8は4の2倍であることから、すべての物質性と精神性をバランスよく兼ね備えながら進んでいきます。自分の中の調和が美しく保たれているか今一度チェックしましょう。
▼末広がりの無限の力に想いをはせ、無限大（∞）を描きながら瞑想してみましょう。
▼さまざまな困難を乗り越える力が8の数霊力に宿っています。「いやさか、やさか」と宣《の》りながら、天の気を受け取りましょう。
▼秩序を重んじつつも勇気を持って、一歩前へ踏み出してみましょう。

形霊	数霊の数字	
	**9**	産霊《むすび》の9日目 月　日 （誕生日の9日後） 霊楽《ひらき》の9日目 月　日 （年対称日の9日後）

3方陣は1～9までの数で成り立ち、もっとも簡素化されたマンダラです。3方陣を発展させた9方陣は1～81（光）までの数でミロクの世を表しており、そのもとになるのが9です。9は社会や国家をまとめるための豊かさと教養を示す数。また9は龍神と深い縁を持つ。

意味　三六九の世の橋渡しとなる数霊。一の位での最高数を示すため、1～8までのすべての要素を内包し、完成へと向けての完結を示しています。

数霊マントラ
自《おの》ずから　凝《かたま》り始めし　自《オノ》凝《コロ》島　天《あめ》の浮き
橋　渡るは今

9の数霊を持つ名前
弥勒の人

数霊アクション
▼目の前にあることをまとめ上げ完成していきましょう。
▼今、心になにか引っ掛かりを持っているのであれば、もうそれは清算の時を迎えていることを示しています。変化することを恐れないようにしましょう。
▼すべてのことに感謝をもって接しましょう。そしてそのすべてが、今のあなたを創り、生かされていることをしみじみと感じてみましょう。

形霊

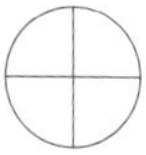

数霊の数字

10

産霊《むすび》の10日目　　月　　日
（誕生日の10日後）

霊楽《ひらき》の10日目　　月　　日
（年対称日の10日後）

「十」の縦「|」は火のハタラキ、横の「一」は水のハタラキで、合わせた「十」は火水（カミ）と読む。火は赤で、赤は7。水は青で、青は3。7＋3で10になるように火（霊）と水（肉体）から成る人も神（カミ）そのものであることを表す数。肉体世界においては最高の数。

意味　すべてを統《す》べるハタラキを持ち、完成、完全を意味しています。また、ありとあらゆるものすべてを意味することから、全宇宙、神の王国、天といったシンボライズを持っています。

数霊マントラ

鶴と亀が　統べる時　籠目　開けし　夜明け鳥　鳴く

10の数霊を持つ名前

統合の人

数霊アクション

▼物事を完了させるときが来ました。もし未解決の課題があれば、今、取り組みましょう。
▼自然のリズムに身をまかせ、ゆったりとくつろぎましょう。流されるのではなく、流れる感覚を愉しみましょう。
▼天を仰ぎながら深呼吸をし、エネルギーを頭の上から足裏まで通しましょう。
▼自分が笑顔になれることを10個書き出してみましょう。書いたものを読み返し、今、できることから、行動に移してみましょう。

形霊

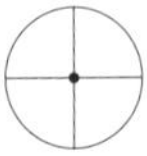

数霊の数字

11

産霊《むすび》の11日目　　月　日
（誕生日の11日後）

霊楽《ひらき》の11日目　　月　日
（年対称日の11日後）

Key Words

久遠《くおん》・畏愛《いあい》・空《くう》・謳歌《おうか》・声・秋・金・桶

（旧暦1月1日は節分）

意味　11はスタートを示す数霊です。踏み出すのは「今」であることを告げています。同様に、同じゾロ目の数はパートナーとの関係性、バランスを指し、ゾロ目が増えるほど、グループや組織全体へと拡大していきます。
　また、水は11種類の状態に変化していくと、いにしえの人は考えていたことから11の数霊が現れるときは、水とのつながり、水への感謝を忘れないようにしましょう。

数霊マントラ

はじまりのとき満ちて　いざ進め「久遠」の時へ

11の数霊を持つ名前

金の人

数霊アクション

▼自分の中でいらなくなった古いエネルギーを感じるものを捨てましょう。断捨離もおすすめです。
▼自分とパートナーとの関係性を見つめましょう。お互いに心地よく支え合っていますか。
▼思い切って一歩を踏み出しましょう。考えるのは踏み出しながらでもできます！
▼体の中にある水と体の外にある水に感謝と敬意を表しましょう。

形霊	数霊の数字	産霊《むすび》の12日目（誕生日の12日後）　　月　日 霊楽《ひらき》の12日目（年対称日の12日後）　　月　日
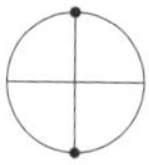	**12**	

Key Words

印可《いんか》・麻・王冠・恋・呼応・沖・縁故

（旧暦１月２日は立春）

意味　12は宇宙の法則性に潜む基礎数となります。12星座や十二支、時計の短針の一周など、自然界は10よりも12を一単位としてその倍音で進むほうを好むようです。この数霊は大自然の気と一体になり、その一部としてパワーを発揮することができる調和と発展性のエネルギーに満ちています。

数霊マントラ

あまねく空の沖の果て　とおあまりふたつの　王冠　輝く

12の数霊を持つ名前

王冠持つ人

数霊アクション

▼寝る前に星空を見上げて、その中に包まれていることを想いながら眠りにつきましょう。

▼12回数えて息を吸い、同じく12回数えながら息を吐きましょう。宇宙の気と同調する聖なるリズムが活性化します。

▼自分の好きなことを12個書き出してみましょう。そしてそれがすべて叶ったイメージを思い描きながら、できることからトライしてみましょう。

形霊	数霊の数字		
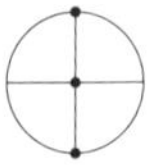	**13**	産霊《むすび》の13日目 （誕生日の13日後）	月　　日
		霊楽《ひらき》の13日目 （年対称日の13日後）	月　　日

Key Words

穏健・懇意・相生《あいおい》・気温・印鑑・温厚《おんこう》・愛顧《あいこ》

意味　13はものすごいパワーを持っている数霊です。だからこそ、その力を封じ込めたいがために、西洋では13を忌み嫌う数としてとらえてきました。なぜならこの数霊力を使うことで、支配やコントロールを促すことができるからです。けれども言霊変換表での13は「ス」であるように、スは主・素へと通じていることから宇宙の中心へと回帰していくさらに大きな力を持っていることを忘れてはなりません。その意味で、我欲で13の力を使うと危険です。宇宙の流れに沿って13の数霊力を使っていくことをおすすめします。

数霊マントラ

流れに沿いて　気高くは　温もり満ちて
芯を貫け

13の数霊を持つ名前

印《しるし》持つ人

数霊アクション

▼ここぞ！　というときに、13の力を使いましょう。何かを13個並べたり、同じ言葉を13回唱えたりするのもよいでしょう。
▼形霊の13を描いて、現状打破し、新たなる糸口、解決策のきっかけを見つけましょう。
▼人ごみに行くときに13の形霊でオーラを作り、その真ん中に自分を入れて、不要な波動をカットしましょう。

形霊	数霊の数字	
⊞	14	産霊《むすび》の14日目　　月　日 (誕生日の14日後) 霊楽《ひらき》の14日目　　月　日 (年対称日の14日後)

Key Words

永遠・帰依《きえ》・運気・栄位・易・池

意味　14は個性的なエネルギーを放ちながらも、相対的なエネルギーを調和の方向に持っていくことのできる和合力の強い数霊です。7の2倍である14の数霊力を生かすには、批判・非難をせず、受け入れることのできる素直さとこだわりのなさがポイントとなります。

永遠なるものに向かうために、できるだけ自分のエゴ意識を低くし、生命の本質である愛に帰依しながら、自分と自分のまわりを喜びで満たしてあげましょう。

数霊マントラ

永遠なるは　いのちの大元　愛に帰依して

運気なせ

14の数霊を持つ名前

永遠の人

数霊アクション

▼朝起きたときに、今日の一日が最高、最善、パーフェクトに自分もまわりも地球も過ごしていると先に宣言してしまいましょう。

▼自分の中に相反する感情がないか見つめてみましょう。見つけたら、14の形霊を描き、その中でその二つが溶け合い融合していくことをイメージしてみましょう（心に痛みを感じたら、いつでもトライしてください）。

▼自分の苦手な人のいいところを感じてみましょう。そしてその人が自分に対して無邪気に笑いかけているのをイメージしてみましょう。

形霊	数霊の数字		
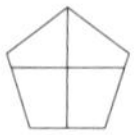	**15**	産霊《むすび》の15日目 （誕生日の15日後）	月　　日
		霊楽《ひらき》の15日目 （年対称日の15日後）	月　　日

Key Words

開運・根幹・円光・陰影《いんえい》・公園・息・好意

意味　この数霊には物事を整えるハタラキがあります。整える中心はまず息から。深く長い呼吸を繰り返しながら長生き（長息）を目指しましょう。ここを整えることによって、運気がぐっと開けてきます。また、人間関係においてバランスの悪い人と出会ってしまったら、それはその要素が自分の内にあることを教えてくれています。自分の中の影にしっかり向き合い、認め手放し、エネルギーを上げていきましょう。

数霊マントラ

開けゆく運に　光る汗　息を調え　平安なる心

15の数霊を持つ名前

開運の人

数霊アクション

▼ゆっくりとした深い呼吸を心掛けましょう。運気もやる気も呼吸からです。

▼中庸を目指しましょう。バランスを整えるということが鍵になります。

▼額に汗して動いてみましょう。働くもよし、スポーツもよし、あなたのエネルギーを高めましょう。

▼自分の中に嘘はないか見つめてみましょう。他の人は騙せても、自分の内は騙せません。

▼自分の中にある影をまるごと認めてみましょう。己の内の影を知っている人は、他の影も許せるようになります。影は役割を終えたら消える、己磨きのオブジェです。

形霊	数霊の数字	
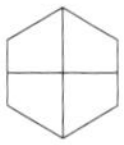	**16**	産霊《むすび》の16日目　　月　日 (誕生日の16日後) 霊楽《ひらき》の16日目　　月　日 (年対称日の16日後)

Key Words

開演・芯・気合い・効果・円空・足・苔《こけ》・柿

意味　16は宇宙エネルギーと対応する強いエネルギーを呼び込む数であり、しなやかでパワフルな数霊です。悪しき流れに飲み込まれないように気合いを入れて進むのです。そのためには軸足をしっかりと持ち、自分の芯を確立することが大切です。

数霊マントラ

軸足決めて　華舞台　人生一度の　神芝居

16の数霊を持つ名前

気合いの人

数霊アクション

▼姿勢を正して呼吸を整えましょう。どっしりと構えられるようになります。

▼足をいたわってあげましょう。足揉みやマッサージもおすすめです。

▼舞台や芝居を見に行きましょう。

形霊

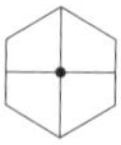

数霊の数字

17

産霊《むすび》の17日目　　月　日
（誕生日の17日後）

霊楽《ひらき》の17日目　　月　日
（年対称日の17日後）

Key Words

歓喜・開花・恩恵・帰還・思案・憩《いこ》い・ウィンク・サイン・塩・好感

意味　17は開花と祝福のしるしです。今まであなたが思い願ってきたことが歓喜に包まれ伸びゆくことを示しています。けれども同時に我が道を行く頑固さもあわせ持っているため、身勝手さや傲慢さがないか、顧みながら進みましょう。また、頑張り過ぎていると思ったら、のんびりする時間を作って内側からエネルギーが湧き上がるのを待ちましょう。

数霊マントラ

開花いざなう　歓喜の宴　心澄みきり　我が意を得たり

17の数霊を持つ名前

歓喜の人

数霊アクション

▼新しいアイディアが欲しいときは、眉間に強く17をイメージして念じましょう。

▼疲れているときは無理せずに休みましょう。憩いの場へ行くのもおすすめです。

▼自分が心からニコニコできて喜ぶことはなんでしょうか？　ほんの小さなアクションでもかまいません。行動に移されるとよいですね。歓喜はあなたの本質です。

▼ミネラルたっぷりの良質な塩を摂りましょう。それはやがて熱き血潮となってあなたを潤すことでしょう。

形霊	数霊の数字	
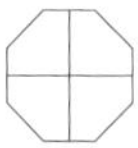	**18**	産霊《むすび》の18日目　　月　　日 （誕生日の18日後） 霊楽《ひらき》の18日目　　月　　日 （年対称日の18日後）

Key Words

空間・虚空・津《つ》・水《すい》・温泉・根気・素因・恩師・シオン・蚕《かいこ》

意味

18は水と縁の深い地球の呼吸数です。私たちの体も地球も多くの水を含んでいます。そのことに想いをはせながら、根気よく内なるものと外なるものを浄化していきましょう。

身削げば身削ぐほど磨かれ、研ぎ澄まされます。変容する地球のリズムに意識を合わせ、体と大地を一体化させてみましょう。

数霊マントラ

内なる泉　温もりて　湧き出る根の気　虚空を照らす

18の数霊を持つ名前

根気の人

数霊アクション

▼温泉に浸かりましょう！　心も体もリセット&チャージです。

▼シルクでできたものを身につけましょう。体全体が気持ちよく呼吸し始めます。

▼恩師にお便りを出してみましょう。

▼17と18をよく見るときは、遠心力と求心力のバランスをとりましょう。外なるものに向かう力と内なるものに向かう力が調和することで、しなやかでいながら揺るぎないパワーを発揮することができます。

同時に、「歓喜」だけで終わらずに、それが持続できるよう「根気」よく続けていきなさいという意味合いもあります。

形霊	数霊の数字	
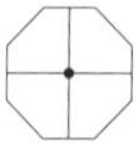	**19**	産霊《むすび》の19日目　　月　日 （誕生日の19日後） 霊楽《ひらき》の19日目　　月　日 （年対称日の19日後）

Key Words

音・歌・栄光・敬意・英気・紫雲《しうん》・DNA・愛育

意味

19は国家や人類全体の栄光を称える数霊です。それは音楽となって顕《あらわ》され、こだまします。あらゆる人に敬意をもって接し、その礎となり支えてくれている国家や人類全体の歩みに対して感謝の念を送りましょう。また、私利ではなく、より大きな全体像を見据え、公の利で動くことを優先すると、紫雲のごとくよき流れに乗っていくことでしょう。

数霊マントラ

紫雲たなびく　歌ごよみ　神のみいづ　栄えまし

19の数霊を持つ名前

敬意の人

数霊アクション

▼歌をうたいましょう。気持ちよく伸びやかにあなたの声を天に届けましょう。

▼紫雲を描いてみましょう。その雲に乗っている自分を想像してみましょう。

▼DNAに言葉かけをしてみましょう。とりわけその中にある97%のジャンクDNAが活性化していくように宣言するのです。

【例】「私はすべてのDNAを活性化すると意図します」

形霊	数霊の数字	
	**20**	産霊《むすび》の20日目（誕生日の20日後）　月　日 霊楽《ひらき》の20日目（年対称日の20日後）　月　日

Key Words

天・地・意志・家系・健康・敬愛・潮《うしお》・貢献・創意・好機・クォーク・国王

意味　20は、天と地に代表されるように宇宙の壮大なスケールを表す数霊です。

宇宙には意志があります。それは愛という大いなる神の意志です。愛に沿って生きることで、心魂体の健康、そして先祖から未来永劫へと続く家系における健全なる流れもサポートします。

数霊マントラ

天地にそって我《われ》を生きる　愛の意志を貫き通す

20の数霊を持つ名前

敬愛の人

数霊アクション

▼私たちを生かしてくれるお日様と大地の恵みに感謝しましょう。
▼大切に育てられた有機野菜を感謝と共に自分の体に取り込みましょう。
▼一番近い先祖である両親に感謝の気持ちを伝えましょう。

形霊

数霊の数字

21

産霊《むすび》の21日目　　月　日
（誕生日の21日後）

霊楽《ひらき》の21日目　　月　日
（年対称日の21日後）

Key Words

真意・鹿・鯛・維新・空気・航海・相愛・才媛《さいえん》（学問、芸術に優れた女性）

意味　21は新しい息吹をもたらす数霊です。物事の真実の念は真意となり、次の一歩を踏み出す潮流をもたらして、維新の風を吹き込むのです。

また、仏教と縁がある鹿、神道と縁がある鯛も同じ21の数霊であることから、めでたいこと、幸運を呼ぶこと、とも関係があります。人間関係においては、大切な人と相思相愛になるエネルギーを秘めている数霊です。

数霊マントラ

めでたきことの真意をくみて　まことの道を航海する

21の数霊を持つ名前

航海の人

数霊アクション

▼窓を開けて新鮮な空気を取り込みましょう。新しい風を入れましょう。

▼大好きな人へ想いを伝えるのはこの数霊をよく見かけるようになったときです。チャンスを逃さないで、勇気を出しましょう。

▼幸運を呼ぶラッキーチャーム（お守り）を持ちましょう。

形霊	数霊の数字	
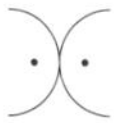	**22**	産霊《むすび》の22日目　　月　日 （誕生日の22日後） 霊楽《ひらき》の22日目　　月　日 （年対称日の22日後）

Key Words

基礎・安息・鷹・型・韓国・空海・砂金・解禁・酵素・笹

意味

22は安定化をもたらす数霊です。基礎がきっちり固まり、型ができて整った中から、鷹が飛翔するようにエネルギーが噴出していきます。また、高次元からの転生である空海・イエスと同じ数霊を持つことから、高次元存在からのメッセージを受け取りやすくなり、自らのインスピレーションが鋭くなる数霊です。

数霊マントラ

型に入りて型を抜ける　鷹のごとく飛翔せよ

22の数霊を持つ名前

基礎の人

数霊アクション

▼生活リズムを整えましょう。酵素をたっぷりとってヘルシーな生活を。

▼心をゆったりと静めて、インスピレーションを受け取りましょう。大いなる叡智があなたの中に流れてくるのを許しましょう。

▼いろいろなものを我慢していた人は、この数霊を多く見かけるときが解禁のときです。一つのステージが完了したお知らせでもあります。

形霊	数霊の数字	
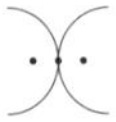	**23**	産霊《むすび》の23日目　＿＿月＿＿日 （誕生日の23日後） 霊楽《ひらき》の23日目　＿＿月＿＿日 （年対称日の23日後）

Key Words

安泰・解散・運勢・大安・櫛・内《うち》

意味

23は求心力と遠心力を同時に持つ、ダイナミックな数霊です。

求心力が高まると安泰をもたらし、反対に遠心力が高まると解散・離散をもたらします。この二極は互いに相克しながら、一極を目指します。

こうした流れを運勢と言い、早い流れのある数霊です。

数霊マントラ

運命に勢いつけて　極を目指してきわめたり

23の数霊を持つ名前

ダイナミックな人

数霊アクション

▼自分が家の中で心落ち着く場所はどこですか？　そこを清めて、リラックスしましょう。

▼髪をいつもより丁寧にとかしてみましょう。

▼流れに逆らわずに、逆にその流れに乗って、自分が人生の舵をとっているのだと宣言してみましょう。

形霊	数霊の数字	
	**24**	産霊《むすび》の24日目　　月　日 （誕生日の24日後） 霊楽《ひらき》の24日目　　月　日 （年対称日の24日後）

Key Words

智恵・琴・酸素・女・体温・誠意・経験・旺盛

意味　24は女性的な温かさ、柔らかさのバイブレーションを放つ数霊です。

琴の音の美しい調べのように、ぬくもりを持った誠の心が周囲を優しく包み、深奥からの智恵を引き出しやすくします。また、あなたに起こったさまざまな経験が、これからのあなたを生かす叡智となって自らを助けてくれるでしょう。

数霊マントラ

琴の音の調べのごとく　流れるぬくもり愛の智恵

24の数霊を持つ名前

基礎の人

数霊アクション

▼自分の好きな音楽を聴いて音のバイブレーションに心を委ねましょう。

▼緑の多い場所に行って、新鮮な空気、酸素を体いっぱいにとり込みましょう。

▼今、目の前にあることに丁寧に誠意を持って取り組みましょう。

形霊

数霊の数字

25

産霊《むすび》の25日目　　月　日
（誕生日の25日後）

霊楽《ひらき》の25日目　　月　日
（年対称日の25日後）

Key Words

徳・竹・世界・脳・位置・天意・成果・聖火・安穏

意味　25は宇宙のリズムと方向性を示す数霊で天の意志（天意）と感応し合っています。またリズムを構成するもとのエネルギーをも、25の中には内包しています。ちなみに人間にとって欠かせない元素数は25種類。自分という中心軸から見た世界のあり方と、進むべき方向性を指し示すとき、25の数霊があなたをサポートしてくれることでしょう。

数霊マントラ

位置を定めて一から世界へ　徳を積みて一に還る

25の数霊を持つ名前

徳の人

数霊アクション

▼自分の進みたい方向性を今一度確かめてみましょう。

▼相手が喜ぶことを行動に起こしてみましょう。些《さ》細《さい》なことでもかまいません。相手の喜びはあなたの見えない徳となって、あなたの霊性に滋養を与えます。

▼故郷に想いをはせましょう。故郷の家とそこに住む人々が皆、幸せであるように祈りましょう。

形霊

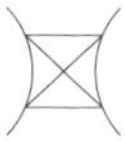

数霊の数字

26

産霊《むすび》の26日目　　月　　日
（誕生日の26日後）

霊楽《ひらき》の26日目　　月　　日
（年対称日の26日後）

Key Words

開始・三角・男・安定・最高・滝・GOD・支え・開国・完成・精悍・個性・天下

意味　26は始まりを表す数霊です。神が仕組んだ神仕組みに沿って、いろいろな物事が劇的に表出しやすい性質を持ちます。同時に、起こった出来事が個性を保ちながらも安定化に向かうエネルギーも放つパワフルな数霊です。

数霊マントラ

完成向かい神の世は　精悍なる志ありて現し世に

26の数霊を持つ名前

始まりの人

数霊アクション

▼今、考えていることを行動に起こしてみましょう。スタートボタンを押すときがやってきました。

▼自分が最高と思うときはどんなときでしょうか？　考えてみましょう。

▼神聖なる場所に出かけてみましょう。それは外に出かけていってももちろんかまいませんし、自分の内なる静寂の中から神聖なる場所に還ってもオッケーです。神なるものとつながることが大切です。

形霊	数霊の数字	
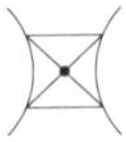	**27**	産霊《むすび》の27日目 (誕生日の27日後)　　月　日 霊楽《ひらき》の27日目 (年対称日の27日後)　　月　日

Key Words

改心・始祖《しそ》・祖国・祖先・神界・榊《さかき》・尊敬

意味

27はみなもとの響きにつながる数霊です。私たちの魂は神なる御霊《みたま》の分け御霊。礼を尽くし、祖先を敬い、国を敬い、神を敬う。その心根に向かうためのエネルギーを持つ数霊です。

数霊マントラ

澄みやかな心を持ちて改めたり　神なる心を顕《あらわ》せよ

27の数霊を持つ名前

改心の人

数霊アクション

▼日本と日本人の素敵なところを挙げてみましょう。祖国のよさを改めて認識してみると、また違った発見があるのではないでしょうか。

▼あなたの尊敬する人は誰ですか？　その方のどんなところが好きなのでしょうか？　考えてみましょう。

▼自分の中でなかなかやめられない癖はありますか？　もしあったら、ぜひ27の形霊を鉛筆で描き、その中に自分のやめられない癖をイメージで閉じ込め、そのあとは消しゴムでゴシゴシ消してください。性癖のエネルギーを消すのに有効なワークです。

形霊	数霊の数字	
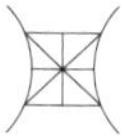	**28**	産霊《むすび》の28日目　　月　日 （誕生日の28日後） 霊楽《ひらき》の28日目　　月　日 （年対称日の28日後）

Key Words

月・犬・案内・体感・サンタ・丹生《にう》

※2014年以降、重要なハタラキを持つと思われる数

意味　28は月のエネルギーを表します。私たちの物質世界は月のエネルギーの支配下にあります。特に女性には月の経《みち》（月経）があるように、月の影響を強く受けています。月を水先案内人として、意識を高め、内なるリズムに身を任せて生きれば生きるほど、28の数霊はあなたをさらなる高みへといざなってくれることでしょう。

数霊マントラ

月明かりに照らされて　道ゆき先ゆき幸にゆく

28の数霊を持つ名前

月の人

数霊アクション

▼月を眺めて深呼吸しましょう。願いを月に託しましょう。

▼体の部位で月偏がついている漢字の部分をいたわってあげましょう。（脳・膝・肘・肝臓・腎臓・胃……たくさんありますね）。

▼皮膚感覚を大切にしましょう。温泉に浸かったり、マッサージをするなど、全身の肌が喜ぶことを行動として起こしてみましょう。

形霊

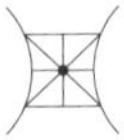

数霊の数字

29

産霊《むすび》の29日目　　月　　日
（誕生日の29日後）

霊楽《ひらき》の29日目　　月　　日
（年対称日の29日後）

Key Words

叡智・気圧・帝王・栄転・会得・円滑・炭素・稲・アイヌ・外《そと》

意味　29は力強い上昇気流に乗って現実化を促進させる数霊です。今までこつこつとやってきた成果が出やすくなるのもこの数霊。仕事の運気も上昇させます。叡智をもたらす数でもあるので、自信を持って先へと邁進《まいしん》しましょう。

数霊マントラ

叡智もたらし　会得する　転じて栄え　王となる

29の数霊を持つ名前

叡智の人

数霊アクション

▼この数霊をよく見かけるようになったら、運気上昇のサインです。今までの努力が成果を持って表れ始めているのです。

▼自分だけではなくまわりの人の意見も取り入れて、よりよいものを目指しましょう。

▼磨くとツヤが出るものを磨いてみましょう。ピカピカになるたびに、あなたの心も輝きますよ。

形霊	数霊の数字	
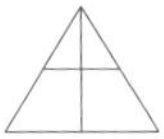	**30**	産霊《むすび》の30日目　　月　　日 （誕生日の30日後） 霊楽《ひらき》の30日目　　月　　日 （年対称日の30日後）

Key Words

法・神経・観音・家庭・火・鐘・確信・仁王・水素・PEACE・BABY・BREAD・才覚

意味

30は確たる信念を持つ力強い数霊です。心の中にある火が燃え、神の経《みち》（神経）と血になり、あなたの体を通して神の意を実現させ、才覚となって表れます。

数霊マントラ

観音の法　宙《そら》に聴く　平和の鐘　我に聴く

30の数霊を持つ名前

火（陽）の人

数霊アクション

▼深呼吸をしながら、神経をリラックスさせましょう。

▼鍋料理など、火を使った調理で家族との団らんを楽しみましょう。

▼自分が進んでいきたい方向性を再確認し、宣言文を手帳に書き込みましょう。

▼世界中すべての人が豊かに繁栄している姿をありありとイメージしながら、お気に入りのパンを買って、味わい深くいただきましょう。

形霊

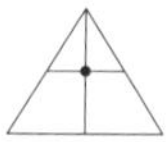

数霊の数字

31

産霊《むすび》の31日目　　月　　日
（誕生日の31日後）
霊楽《ひらき》の31日目　　月　　日
（年対称日の31日後）

Key Words

回転・灰・解答・オアシス・相殺・天空・大気・天保《あほう》・清楚・繊細・覇王《はおう》

意味　31はスパイラルなエネルギーに満ちたダイナミックな数霊です。変化のときを示しています。その臨界点の先にあるものが、朗らかで喜び溢れた天保《あほう》の気なのか、倒壊をもたらし灰になるのか、自分のベクトルを確かめながら勇敢に進んでいきましょう。

数霊マントラ

天空朗らか　天保《あほう》の気　オアシスめざせ
空高く

31の数霊を持つ名前

回転の人

数霊アクション

▼変化の波に飲み込まれないようにしましょう。波乗りをしている気分で変化の波に乗りましょう。
▼七福神祝詞を唱えましょう。
▼両手を上げて空を見上げ、「あっほ――」と叫びましょう。気持ちいいですよ！

※七福神祝詞
めぐりて天龍　昇りしは　花たちばな　匂い香の　あめつち開けし　開闢《かいびゃく》に
弥栄八坂　ひふみゆう　めでためでたの　みろくゆう　あっぱれあっぱれ
えんやらや

形霊	数霊の数字	
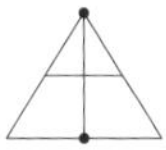	**32**	産霊《むすび》の32日目　　月　　日 （誕生日の32日後） 霊楽《ひらき》の32日目　　月　　日 （年対称日の32日後）

Key Words

育成・生育・脳幹・感応・間脳・決意・笛・認可・絵本

意味　32は伸びゆくエネルギーに満ちた数霊です。意を決して進むたびに、宇宙の意志と感応し合い、脳幹を通って全身に流れ、物事を生成発展・育成させます。

数霊マントラ

決意満ち　感応し合う　宙《そら》の智慧　勢いつけて　運を運ぶ

32の数霊を持つ名前

育成の人

数霊アクション

▼目だけを動かし∞のマークを描いてみましょう。脳幹と脳梁を活性化しましょう。

▼笛を吹いてみましょう。オカリナでも口笛でもなんでもOK。持っていない方は、自分用に何か一つ買われることをおすすめします。

▼自分の決意を紙に書いて、宣言してみましょう！

形霊

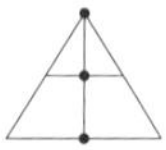

数霊の数字

33

産霊《むすび》の33日目　　月　　日
（誕生日の33日後）

霊楽《ひらき》の33日目　　月　　日
（年対称日の33日後）

Key Words

報恩・イシス・翁・絹《きぬ》・門・正確・内観・NHK

（旧暦３月３日は桃の節句、ひなまつり）

意味

33は女神と賢者のエネルギーの両方を持つ魅力的な数霊です。心を澄まして内観し、「おかげさまで」といった生き方を選択しましょう。新たなる門が開け、あなたの中の女神性が花開きます。

数霊マントラ

恩に報いて　叡智呼ぶ　花のひとひら　返り咲く

33の数霊を持つ名前

報恩の人

数霊アクション

▼時間を守りましょう。約束の場所に少し前に着くようにしましょう。

▼自分が気に入った美しいものをあなたのそばに置きましょう。美は女神性の神殿の門です。

▼シルクのものを身につけてみましょう。

▼エジプトの神々について調べてみましょう。気になる神が見つかったら、瞑想しながら心を通わせてみましょう。

形霊	数霊の数字	
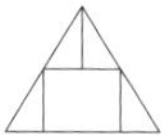	**34**	産霊《むすび》の34日目　月　日 （誕生日の34日後） 霊楽《ひらき》の34日目　月　日 （年対称日の34日後）

Key Words

馬・辰《たつ》・聖域・奇跡・軌跡・姿勢・ONE・皇帝・適応

意味　34は歩みを続けてよいという肯定的な数霊です。姿勢を正し、まっすぐにしてエネルギーバランスを整えましょう。そのうえで、心の聖域を見つめながら歩いていきましょう。

数霊マントラ

駆け抜ける馬のごとく　一なるものに向かう我《われ》

34の数霊を持つ名前

奇跡の人

数霊アクション

▼背筋を伸ばして大きく深呼吸をしましょう。プラーナを体いっぱいにとり込みましょう。

▼馬か辰に関係のあるものを見てみましょう。34の数霊と感応し合い、より数霊力が強くなります。

▼「毎日が奇跡の連続です」と宣言して34の形霊を描いてみましょう。本当にそうなる確率が高まってきます。

形霊	数霊の数字	
	**35**	産霊《むすび》の35日目　　月　日 （誕生日の35日後） 霊楽《ひらき》の35日目　　月　日 （年対称日の35日後）

Key Words

鳳凰《ほうおう》・天使・記念・感性（ン＝10）・雨・噴火・縦・結婚・異変・再生・挨拶・NASA

意味　35は変化を促し、統合へ向かう数霊です。雨降って地固まるように、変化を恐れず、内なる感性に従っていきましょう。それにより自分の中にある二極性が統合され、意識がダイナミックに広がっていきます。人間関係においてこの数霊が出たときは、つながり、結びが強くなることを表しています。

数霊マントラ

心のままに邁進《まいしん》せよ　変化を恐れず鳳凰の風

35の数霊を持つ名前

鳳凰の人

数霊アクション

▼感情を声に出して表現してみましょう。変化を恐れず向かいましょう。

▼手足をいたわり、マッサージしてあげましょう。足浴、手浴もおすすめです。

▼天使グッズを身近に置いてみましょう。35の数霊と感応し合い、さらにパワーアップするでしょう。

形霊	数霊の数字	
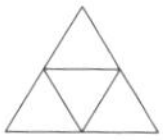	**36**	産霊《むすび》の36日目（誕生日の36日後）　月　日 霊楽《ひらき》の36日目（年対称日の36日後）　月　日

Key Words

祖先（ン＝10）・鎖骨・閻魔《えんま》・祭典・今・素直
神界（ン＝10）・繁栄・平安・天才・好奇心・福

意味　36は神なる世界へと向かう神秘の数霊です。行く先は弥栄の36（ミロク＝弥勒）世界。心素直に今を生きる姿勢が、神の誠に触れ、神界へといざなわれていくのです。しかしながら、心一つの置きどころで閻魔の住む闇夜の世界にも行けることを示していますので、どうぞ心のあり方には注意を向けてください。

数霊マントラ
素直に生きよ　今を生きよ　祖先を敬い神なる世界へ

36の数霊を持つ名前
素直な人

数霊アクション
▼私たちを守ってくれている祖先たちに感謝の意を表しましょう。仏壇や神棚に手を合わせたり、お墓参りや神社に参拝に行くとよいでしょう。
▼天才とは天からあなたに与えられた才能のことです。あなたが夢中になれるものは何ですか？　そのことにトライしてみましょう。
▼素直な気持ちで人や物、自然と接してみましょう。新たなる発見に出会えることでしょう。
▼あなたが今、繁栄させたいと思っていることはなんですか？　さあ、動き出しましょう。

形霊	数霊の数字	
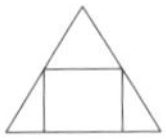	**37**	産霊《むすび》の37日目　　月　　日 （誕生日の37日後） 霊楽《ひらき》の37日目　　月　　日 （年対称日の37日後）

Key Words

身体・円満・懐妊・風化・破壊・鉄・梅・変換・歓喜天・内宮《ないくう》・平穏《へいおん》

意味　37は柔らかさと硬さ、両方をあわせ持つ数霊です。梅の花びらのような柔らかさを持つこともできれば、鉄のような硬さを持つこともできます。方向軸をしっかりと定めて、目指す道を再確認すると、よき流れが起こります。

数霊マントラ

満ちてまるく　志ありて硬く　道定めて闊《かっ》歩《ぽ》せよ

37の数霊を持つ名前

円満な人

数霊アクション

▼自分の体の中の鉄分は足りていますか？　鉄はミネラルの王者です。体をいたわり、鉄分たっぷりの食品を摂るようにしましょう。

▼鏡に向かって、満面の笑顔で微笑《ほほえ》んでみましょう。微笑みは円満な環境を作る最高のエキスです。

▼気分転換をして気持ちのスイッチを切り替えましょう。

形霊

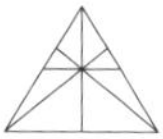

数霊の数字

38

産霊《むすび》の38日目　　月　日
（誕生日の38日後）

霊楽《ひらき》の38日目　　月　日
（年対称日の38日後）

Key Words

土・海・主《ぬし》・解決・提携・奥の院・鴨・湯・モアイ・FIRE

意味　38は地表の資質を表す数霊です。海の水、大地、火……これらのプリミティブなエネルギーに抱かれて、私たちの活躍するステージが設定されているのです。ゆっくりとした呼吸と共に、外気を浴び、大地・海のエネルギーと一体になりましょう。

数霊マントラ

土の精　水の精　火の精よ　あなたを内に取り込みます

38の数霊を持つ名前

大地の人

数霊アクション

▼自然と一体になって自然の中で遊びましょう。内なるパワーが蘇《よみがえ》ります。

▼目の前にあることに本気で取り組んでみましょう。なかなか力がでないときは、38の形霊を描きましょう。

▼お白湯をゆっくり飲んで、体の声に耳を澄ませましょう。

▼モアイ像の写真を眺めてみましょう。その場所にいるつもりで、モアイ像とコンタクトしてみましょう。

形霊	数霊の数字	
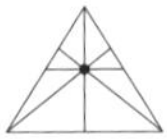	**39**	産霊《むすび》の39日目　　月　日 （誕生日の39日後） 霊楽《ひらき》の39日目　　月　日 （年対称日の39日後）

Key Words

夏・家紋・聖典・停止・蓮・聖地・笑み・正統・選択

意味　39は泥の中にあっても凛《りん》と咲く蓮のように、汚れなき静謐《せいひつ》なエネルギーを蓄えている数霊です。あなたが39の数字に出会うとき、それは、上昇気流に乗った運気の始まりか、さらなる高次なものとつながるゲートウェイに来たことを意味します。

数霊マントラ

心静かに笑みを持ち　あなたの道を歩みなさい

39の数霊を持つ名前

蓮の人

数霊アクション

▼あなたの家の家紋はどんな形ですか？　39の形霊と家紋を隣同士に描き、家系の繁栄を祈りましょう。
▼蓮の中に入って精妙な波動と共に微笑んでいる自分をイメージしましょう。
▼今の自分に強く影響を与えた本を、もう一度読み返してみましょう。
▼今日一日は意識的に39（サンキュー）や、ありがとうを言ってみることをおすすめします。

形霊	数霊の数字	
	**40**	産霊《むすび》の40日目　　月　日 （誕生日の40日後） 霊楽《ひらき》の40日目　　月　日 （年対称日の40日後）

Key Words

父・陽・雲・亀・北緯・仙骨・喝采《かっさい》・保育・西

意味　40は立ち上る男性的なエネルギーが活性化している数霊です。力強い陽の気があたりを照らし、周囲に影響を及ぼします。その力のみなもとは、人間においては仙骨に蓄えられ、性エネルギーとなって上昇し、種々のエネルギーに分配されます。

数霊マントラ

我《われ》、陽光浴びて立ち上り　父なる愛に満たされる

40の数霊を持つ名前

父なる喝采の人

数霊アクション

▼しこを踏んでみましょう。丹田に力がこもり、仙骨が立ちます。
▼流れる雲を見上げてしばらくの間見つめてみましょう。
▼活動的なアクションをして、自分の中の男性性を高めましょう。
▼出会った人のよいところを見つけて、ほめてあげましょう。
▼亀がついているグッズを身につけてみましょう。

形霊	数霊の数字	
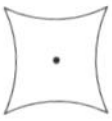	**41**	産霊《むすび》の41日目　　月　　日 （誕生日の41日後） 霊楽《ひらき》の41日目　　月　　日 （年対称日の41日後）

Key Words

神・血液・へそ・才能・信念・橋・無垢《むく》・米・色彩・開放・光背・背中・作法・仙人・達観・天体

意味

41は数霊の中でももっとも中心を表す大事な数字です。そのバイブレーションはまさしく神そのもの。神なる血液に浸《ひた》された命、それが私たちの本質です。内なる光を意識し、信念を持って進むとき、心の奥底から開放が始まり、あなたはますます神なるものを顕《あらわ》すことができるでしょう。

数霊マントラ

無垢なる光は至高の輝き　神の御世を顕す時ぞ

41の数霊を持つ名前

才能の人

数霊アクション

▼お米一粒一粒にエネルギーが入っています。血液がサラサラになるおかず（ネバネバした野菜や納豆など）と一緒に、ありがたくいただきましょう。

▼色彩豊かなものを見てみましょう。カラフルな洋服を着るのもよいでしょう。

▼才能とは人を喜ばせることができる天から授けられた能力のことです。あなたの才能にはどんなものがありますか？　考えてみましょう。

形霊	数霊の数字	
	**42**	産霊《むすび》の42日目　　月　　日 (誕生日の42日後) 霊楽《ひらき》の42日目　　月　　日 (年対称日の42日後)

Key Words

巫女《みこ》・星・朝日・季節・JAPAN・妊娠・甘味《かんみ》・五月満月祭《うえさくさい》

意味

42は天の運行、リズムと循環を表す数霊です。この数霊に出会ったときは、心を自然のリズムと同調させ、大いなるものの見方、俯瞰《ふかん》的視点を持ちながら進むと、もっとよい流れをひきよせることができるという合図になります。また、シャンバラとつながる秘術的なエネルギーも持っています。

数霊マントラ

内奥《ないおう》にめぐらせたまえ　天のリズム　星々の天意《あい》

42の数霊を持つ名前

星の人

数霊アクション

▼朝日や星々のエネルギーを感じるようにしましょう。インスピレーションが冴え、新たなる流れに乗ることができます。

▼42の形霊を描き、その中央部分に意識を合わせてからシャンバラをイメージしましょう。異次元への扉が開かれるでしょう。

▼季節の流れを感じましょう。その時々にしかできない楽しみを行動に起こしましょう。

形霊

数霊の数字

43

産霊《むすび》の43日目　月　日
（誕生日の43日後）

霊楽《ひらき》の43日目　月　日
（年対称日の43日後）

Key Words

決心・統一・刀・運命・永久《とこしえ》・満開・的確・解説・資本

意味　43は潔く凜《りん》と立っている数霊です。運命とは文字どおり、運ぶ命を指します。
　あなたの命をどのように運ぶのか、その決心と揺るぎなき想いが、未来永劫、永久に向かって走り出します。男性エネルギーの強い数霊です。

数霊マントラ

永久《とこしえ》に　いのち運ばれ　決心揺らがず

43の数霊を持つ名前

決心の人

数霊アクション

▼今、あなたが決めたいことはなんですか？　決心するときは今です。

▼あなたにとってとこしえにあるものはなんですか？　感じてみましょう。

▼満開に咲いている木を描いてみましょう。色を塗るとさらに素敵です。あなたが決めたことが成就して、満開となっているようにイメージしましょう。

形霊	数霊の数字	
	44	産霊《むすび》の44日目（誕生日の44日後）　月　日 霊楽《ひらき》の44日目（年対称日の44日後）　月　日

Key Words

天帝・天使（ン＝10）・横・縁《えにし》・一体・平衡・SPACE・雰囲気・裏・ハート・粥

意味　44はバランスとつながりを大切にする数霊です。宇宙は美と調和に満ちており、全体として有機的につながり合っています。この数霊と出会ったときは、まわりとの縁《えにし》、横のつながりを大切にし、そこから生まれる一体感・バランス感覚を大事にしましょう。

数霊マントラ

縁を愛《め》でて　一体を愉しむ　我ら宇宙に幸福あり

44の数霊を持つ名前

バランスの人

数霊アクション

▼ご無沙汰している友人にメールを出してみましょう。縁を大切にしましょう。

▼ハートからの言葉を大切にしましょう。ハートがわくわくするものはオッケーで、ハートがキュッと縮んでいくものは、今のあなたにはもういらないというサインです。

▼出会う人と自分自身にも、イメージで背中に天使の羽をつけてみましょう。そうすると軽やかで穏やかなエネルギーに満たされます。もしくは44と心で唱えるだけでも、同じようなエネルギーになりますよ。

形霊	数霊の数字		
	**45**	産霊《むすび》の45日目 （誕生日の45日後）	月　日
		霊楽《ひらき》の45日目 （年対称日の45日後）	月　日

Key Words

天然・知識・眉間・神主・稲作・空白・国宝・奉仕・竹炭《ちくたん》・妖艶《ようえん》

意味

45は国造り（個人のレベルから国のレベルまで）に関係する数霊です。

あなたの志が未来を創る糧《かて》となります。真の国宝とは、あなたの内に眠っている善なるものに対する奉仕心であり、知識という名の無形の財産です。

この数霊が出たときは、大きな視点から見渡すとよいでしょう。

数霊マントラ

稲の穂揺れる奇しき国　民ぞ真《まこと》の国宝なり

45の数霊を持つ名前

奉仕の人

数霊アクション

▼新たなる知識を自分の中に取り込みましょう。図書館や書店に行くのがおすすめですが、時間がない方はネットからでも新規情報は取得できます。

▼命の根っこである稲が日々の食卓の主食となっています。食卓に上るまでのプロセスに想いをはせながら、感謝と共によく噛んでいただきましょう。

▼自分は何をすることで社会に奉仕することができるのか、考えてみましょう。あなたが得意なものはなんですか？　またはあなたが大好きなことはなんですか？

▼手をくるくると動かしながら、眉間のマッサージをしてみましょう。リラクゼーション効果があるだけではなく、宇宙の叡智ともつながりやすくなりますよ。

形霊

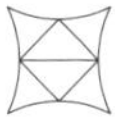

数霊の数字

46

産霊《むすび》の46日目　　月　　日
（誕生日の46日後）

霊楽《ひらき》の46日目　　月　　日
（年対称日の46日後）

Key Words

栄誉・温故知新《おんこちしん》・転換期（ン＝１と10）・一対・和・輪《わ》・環・反省・廃止・支配・陰陽・白山

意味　46は次のステージの栄光へ向かうための転換期を示す数霊です。古い叡智を知って今に生かすことや、現在の自分を謙虚に反省し見つめることも必要になってくるかもしれません。何かに支配されていると感じたり、今の状況がどうしても窮屈と思えるときこそ飛躍のチャンスなのです。

数霊マントラ

変容おそれず転換せよ　省みて歩み　栄誉をつかめ

46の数霊を持つ名前

栄誉の人

数霊アクション

▼自分が好きな時代の歴史の本を読みましょう。そして、その時代に自分がいたらどうなるかと考えながら、学ぶべきものを探してみましょう。

▼対立ではなく協調、調和の道を探しましょう。いやだと思う相手の中に、自分自身のある性質が映し出されていないか見つめてみましょう。

▼なかなか前進できないときは、この数霊を唱えたり、形霊を描いたりして、実際にジャンプの動作をしてみましょう。潜在的な活力が表に出やすくなります。

形霊	数霊の数字	
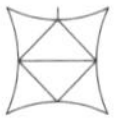	**47**	産霊《むすび》の47日目　　月　　日 （誕生日の47日後） 霊楽《ひらき》の47日目　　月　　日 （年対称日の47日後）

Key Words

命・人・花・玉・色・友愛・夜明け・回復・噴水・御神酒《おみき》・血統・味噌・反転

意味

47は命が躍動する有機的な数霊です。今あるエネルギーを上昇気流に乗せ、新しい夜明けをもたらします。また、いろはやひふみも47音からできていることから、すべては出揃い、整っているという意味合いもあります。ちなみに全都道府県の数も47です。

数霊マントラ

夜明けをもたらす命の水　花咲く人咲く未来咲く

47の数霊を持つ名前

夜明けの人

数霊アクション

▼寝不足の人は無理せず、睡眠をとるように心がけましょう。まずは体の元気を回復させてからです。

▼噴水の場所に出かけましょう。噴き出る水を見ながら、自分が活性化したいものに、焦点を合わせましょう。

▼いろは歌やひふみ祝詞を唱えてみましょう。心魂体が喜びます。

いろは歌

いろはにほへとちりぬるをわかよたれそつねならむうゐのおくやまけふこえて

あさきゆめみしゑひもせす

ひふみ祝詞

ひふみ　よいむなや　こともちろらね　しきる　ゆゐつわぬ　そをたはくめか

うおえ　にさりへて　のますあせゑほれけ

形霊	数霊の数字	
	**48**	産霊《むすび》の48日目（誕生日の48日後）　月　日 霊楽《ひらき》の48日目（年対称日の48日後）　月　日

Key Words

雪・頭・勇敢・供養・慢心・ヒスイ・最先端・操《みさお》・親切・熱愛

意味　48は純化しながら進んでいくエネルギーの数霊です。真っ白な雪のごとく、心を澄ませ、慢心することなく、かといって臆することもなく、親切心を持ちながら勇敢に進んでいきましょう。

数霊マントラ

真白き雪は　混じりけなく　勇敢果敢に舞い降りる

48の数霊を持つ名前

勇敢な人

数霊アクション

▼自分ができるちょっとした親切を行動に起こしましょう。

▼先祖や、今はもう光に還った方に手を合わせましょう。

▼今まで滞《とどこお》っていたものが流れていく時期です。勇敢に進みましょう。

▼雪の結晶の形を調べてみましょう。自然界の織りなす美の秩序に心を留めましょう。

形霊	数霊の数字	
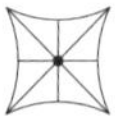	**49**	産霊《むすび》の49日目　　月　　日 （誕生日の49日後） 霊楽《ひらき》の49日目　　月　　日 （年対称日の49日後）

Key Words

松・和音・幕開け・無心・栄養・温和・告白・雷雨・豊作・白湯《さゆ》

意味　49はめでたき幕開けを告げる数霊です。今までの努力が実り、和合した響きと共に豊作（実りあるもの）をもたらします。これからも邪気なく、心の誠に従い、無心にやるべきことをやりましょう。

数霊マントラ

実りて豊かに作られし　めでたき幕開け扉びらき

49の数霊を持つ名前

幕開けの人

数霊アクション

▼目の前にあることに無心になって取り組みましょう。やがて果報が訪れることでしょう。

▼朝一杯の白湯を飲みましょう。デトックス&ビューティーに最適です。

▼食事の質はよいですか？　栄養バランスは足りていますか？　チェックしてみましょう。

▼鏡の前でニコッと笑い、温和な笑顔を浮かべてみましょう。それがあなたのスタンダードです。

形霊	数霊の数字	
	**50**	産霊《むすび》の50日目（誕生日の50日後）　　月　　日 霊楽《ひらき》の50日目（年対称日の50日後）　　月　　日

Key Words

法則・今日・一念・意欲・英雄・解明・責任・発火・メシア・認定・光透波《コトハ》・錦《にしき》・特異点

意味　50はこつこつと積み上げた努力が一念となり、法則性をもって成就していく数霊です。物事を端折《はしょ》らず、今日という一日、今という瞬間を大切に過ごすことによって、新たな未来が開けていくことでしょう。

数霊マントラ

今日の一念　未来を創る　今ここ生きて

メシアとなる

50の数霊を持つ名前

意欲の人

数霊アクション

▼朝一番に今日やりたいことを心で宣言してみましょう。そうして意欲的に一日を過ごしましょう。

▼「今、ここ」と唱えながら、五感を鋭敏にして今の瞬間を感じてみましょう。また、自分の意識がどこに向いているのかチェックしてみましょう。

▼宇宙法則である天意＝「愛」で生きる人のことをメシアと言います。あなたはメシアで生きていますか？　寝る前に振り返って、さらによい明日をひきよせましょう。

形霊	数霊の数字	産霊《むすび》の51日目　　月　日 (誕生日の51日後) 霊楽《ひらき》の51日目　　月　日 (年対称日の51日後)
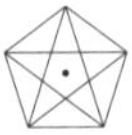	**51**	

Key Words

勇気・アトム・一体感・可憐・克服・至福・額《ひたい》・神魂《かもす》・決定

意味　51は柔と剛をあわせ持って今の現状を打破する数霊です。可にして剛健であり、物事を克服していく芯の強さを内包しています。それは極小である原子レベルから変容させること、つまり根底から何かを変えていくエネルギーを持っている精微な数霊であり、神の魂の資質をそのまま表しています。

数霊マントラ

勇気をもって克服するは　可憐にして剛健
神魂なり

51の数霊を持つ名前

勇気の人

数霊アクション

▼あなたが一番うれしいときはどんなときですか？　至福の瞬間、最高の笑顔の瞬間をイメージしてみましょう。そしてそのイメージで自分とまわりと地球を包みましょう。

▼仲間とのつながり、自然とのつながりを大切にして、一体感を感じてみましょう。

▼「鉄腕アトム」の歌をうたって、元気やる気勇気を鼓舞《こぶ》してみましょう！

形霊	数霊の数字	
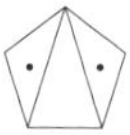	**52**	産霊《むすび》の52日目　　月　日 （誕生日の52日後） 霊楽《ひらき》の52日目　　月　日 （年対称日の52日後）

Key Words

母・船・川・台風・EARTH・左右・満天・絢爛《けんらん》・性質・和歌・庵《いおり》・ワイン

意味　52は地球の女性性を表す数霊です。それは、しなやかで強く、大いなる川の流れのごとく悠々と流れていく愛のバイブレーションによって満たされています。52と出会ったなら、まわりを見渡し、大きく深呼吸してから地球の意識と合わせることで、宇宙のサポートを受けることができます。

数霊マントラ

母なる川は流れゆく　地球の愛に包まれて

52の数霊を持つ名前

母なる川の人

数霊アクション

▼母なる大地、地球に感謝をしましょう。大地の愛がいっぱい詰まっている野菜をいただきましょう。

▼星空を見上げましょう。その宇宙の一部として抱かれている感覚を思い出しましょう。

▼和歌を作ってみるのもおすすめです。和歌の31文字は宇宙・地球の振動と共振共鳴し合います。

▼船の写真を見てみましょう。その船に乗ってあなたの行きたいところをイメージしましょう。

形霊	数霊の数字	
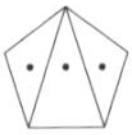	**53**	産霊《むすび》の53日目　　　月　　日 （誕生日の53日後） 霊楽《ひらき》の53日目　　　月　　日 （年対称日の53日後）

Key Words

日本・稲穂・養育・潤《うるお》い・日光・乙女・平成・直霊《なおひ》

意味

53は稲穂揺れる瑞穂の国、日本を表す数霊です。稲穂は日の光を受けて、大地と水のゆりかごに包まれながら天に向かって青々と伸びていきます。この日の本の大地の中で霊が血となり、肉となり、私たちが生まれました。この数霊に出会ったときは、自分がきちんと神意識とつながっているか、意識の調和がとれているか、気持ちのゆとりがあるかをチェックしてみましょう。

数霊マントラ

稲穂揺れる　光の里よ　大調和めざし日の本　直霊

53の数霊を持つ名前

潤いの人

数霊アクション

▼お日様の光を浴びましょう。外にお日様がないときは、みぞおちの下のほうを押さえて、内なる霊的太陽を感じることでも、同じ「日光浴」ができます。

▼日本のよさを再発見してみましょう。あなたは日本や日本人の素晴らしさをどれだけ語ることができますか？

▼自分の身のまわりにある植物たちに、潤いの水をあげましょう。

▼お肌にも潤いを！　ローションたっぷりのパックをして、心と身体を喜ばせましょう。

形霊	数霊の数字	
	**54**	産霊《むすび》の54日目　　月　日 （誕生日の54日後） 霊楽《ひらき》の54日目　　月　日 （年対称日の54日後）

Key Words

肉体・使命・氏名・霞・SUN・楽園・LOVE・イルカ・瞑想・聡明・白光・発光・竹の子

意味　54は神々のエネルギーを表す崇高な数霊です。あなたの肉体を清浄にし、内なる神とのつながりを瞑想によって深め、命の使い方（使命）を教えてもらいましょう。この数霊に出会ったあなたは、自らの神性が開かれていくという、証《あかし》を受け取ったことになります。

数霊マントラ

聡明なる瞳を持ちて愛を顕す　我《われ》の神性開かれし

54の数霊を持つ名前

白光の人

数霊アクション

▼イルカの写真を見たりイルカの絵を描いたりしてみましょう。フレンドリーで陽気なエネルギーに包まれて、疲れている部分を癒《いや》してもらいましょう。

▼自分の名前を丁寧に書いてみましょう。これは自分を丁寧に扱ってあげることと同様のことなのです。

▼目についたすべてのものにI Love Youと告げてみましょう。

形霊	数霊の数字	
	**55**	産霊《むすび》の55日目　　月　　日 （誕生日の55日後） 霊楽《ひらき》の55日目　　月　　日 （年対称日の55日後）

Key Words

誠・道・起死回生・運河・桐・欅《けやき》・弦《げん》・法然《ほうねん》・東北・陽子《ようし》（旧暦5月5日は菖蒲の節句）

意味　55は自分の内なる中心軸である「誠」に戻る数霊です。今までやってきたことが行き詰まったり、道が見えづらくなったとき、それは起死回生のチャンスです。あなたの「誠」に戻り、勇気を持って行動を起こすことで、命の河の流れは本流に戻り、悠々と流れていくことでしょう。

数霊マントラ

私の道は　誠の道　命の河に　運ばれる

55の数霊を持つ名前

誠の人

数霊アクション

▼木の名前を調べてみましょう。名前を調べながら、木に愛を送ってみましょう。

▼今はどん底と思っていても、起死回生、一発逆転の大チャンスの到来です。自分の中の誠や真実を見つめながら、前を向いてパワフルに進みましょう。

▼いつも行く道と違ったコースで歩いてみましょう。新たな発見があるかも！

形霊

数霊の数字

56

産霊《むすび》の56日目　　月　日
（誕生日の56日後）

霊楽《ひらき》の56日目　　月　日
（年対称日の56日後）

Key Words

らせん・愛嬌・祝い・教化・波・降臨・来光・最高峰・初恋・癒《いや》し

意味

56は天からの祝福の数霊です。最高峰からの光がことほぎのバイブレーションが螺旋《らせん》状に来光し、聖なるものが降臨します。あなたはそれを喜びをもってあるがままに受け取ればよいのです。

数霊マントラ

降臨せしめし祝いの波　天の光に　我が身踊る

56の数霊を持つ名前

降臨の人

数霊アクション

▼身のまわりにある螺旋状のものを探してみましょう。螺旋は宇宙の言語であり、真のユニバーサルデザイン！　です。

▼愛嬌たっぷりな受け答えをするように心掛けましょう。ジョークや茶目っ気が円滑なコミュニケーションを促します。

▼初恋のときの感覚、感情を思い出してみましょう。その初々しくピュアな雰囲気で、物事に取り組んでみましょう。

形霊	数霊の数字	
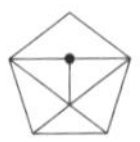	**57**	産霊《むすび》の57日目　　月　日 （誕生日の57日後） 霊楽《ひらき》の57日目　　月　日 （年対称日の57日後）

Key Words

釈迦・卵子・和解・白・ガイア・MOON・笑顔・発育・霊魂・御輿《みこし》・嵐・皇居

意味

57はやすらぎと愛に包まれた女性的な数霊です。とはいえ、ただ優しいだけではなく、芯の強さと叡智を秘めています。いつも笑顔で調和に向かい、自らの霊魂の質を高めていきましょう。

数霊マントラ

ガイアと月に抱《いだ》かれて　笑顔で進みし我《われ》の未来

57の数霊を持つ名前

笑顔の人

数霊アクション

▼今日は笑顔の日です。ニコニコ微笑み、素晴らしい日を！

▼神輿を担ぐときの言葉「わっしょい、わっしょい！」と言いながら、両手を上下に動かして運動をしてみましょう。内側から力が湧いてきますよ。

▼月のエネルギーとつながりましょう。貴方の中の女性性が拡がりゆくのを許しましょう。

▼伸びようとするエネルギーと同調しましょう。草でも人でも出来事でも。

形霊	数霊の数字	
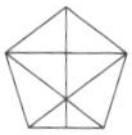	**58**	産霊《むすび》の58日目（誕生日の58日後）　月　日 霊楽《ひらき》の58日目（年対称日の58日後）　月　日

Key Words

虎・普遍・不変・イヤサカ・感謝・楽しい・呼吸・生命・快挙・SMILE・親鸞《しんらん》

意味　58はめでたくも楽しい広がりをもたらす数霊です。その中心軸にあるのが愛と感謝のバイブレーション。今自分がその波動で満ちているのかどうか振り返り、人生で大切な普遍的なものを見つめてみましょう。

数霊マントラ

イヤサカヤサカ　三次元　人の世めでたき
感謝かな

58の数霊を持つ名前

感謝の人

数霊アクション

▼ゆっくりと深い呼吸を繰り返しましょう。息に集中して、雑念を払うようにしましょう。
▼楽しいワクワクすることをやってみましょう。あなたの心魂体は大喜びです。
▼日月神示の気になる箇所を読んでみましょう。特に気になる箇所は声を上げて音読してみましょう。
▼58の形霊を描いてみましょう。描いたらその真ん中を見つめ、ゆっくりとした呼吸と共にエネルギーと直でつながりましょう。

形霊

数霊の数字

59

産霊《むすび》の59日目　　月　　日
（誕生日の59日後）

霊楽《ひらき》の59日目　　月　　日
（年対称日の59日後）

Key Words

木星・薬師・薬草・創意工夫・誠心誠意・発想・任務・夫婦・天命・納豆・透明

意味

59は真心をもってことに当たり、いろいろな角度から創意工夫をしてみることをよしとするクリエイティブな数霊です。特に、病気や夫婦関係など、人の暮らしや体と関係するものにおいて、創意工夫が必要であることを示しています。

数霊マントラ

真心こめて工夫せよ　誠心誠意ことに当たれ

59の数霊を持つ名前

創意工夫の人

数霊アクション

▼日常の中で工夫できるところはないか、アイディアを練り、発想を豊かにしてみましょう。

▼薬草茶をいただきましょう。健康茶でもハーブティーでも、自分が好きなものをどうぞ。

▼今、自分に任されていることに誠心誠意取り組みましょう。この誠実さがあなたをさらなる高みへと連れていくのです。

▼木星の写真を見て、宇宙に抱かれている自分を感じてみましょう。

形霊	数霊の数字	
	**60**	産霊《むすび》の60日目　　月　　日 （誕生日の60日後） 霊楽《ひらき》の60日目　　月　　日 （年対称日の60日後）

Key Words

桜・全・善・寺・永久《えいきゅう》・扇・快楽・栄華・理想・発信・発進・桔梗《ききょう》・世話・腸

意味　60は扇状に拡がる慶《よろこ》びの数霊です。内なる善を信じ、高き理想をもって発信し続けることで、慶びと共に栄華が栄えていきます。今の調子でどんどん進んでいきましょう。

数霊マントラ

善なるものから　全　目指す　理想に向かいて　発信せよ

60の数霊を持つ名前

善なる人

数霊アクション

▼腸内環境を調えましょう。油や加工食品、砂糖などをなるべく控えるようにしましょう。

▼あなたはどんな人になりたいですか？　理想をはっきりとイメージしながら進みましょう。

▼桜のエネルギーを感じてみましょう。桜の絵を見たり、ピンクの色鉛筆で桜を描いたり……。あなたのオーラフィールドが桜色に輝き出しますよ。

▼誰かや何かのお世話をしてみましょう。植物でも動物でも人でも。

形霊	数霊の数字	
	61	産霊《むすび》の61日目　　月　　日 （誕生日の61日後） 霊楽《ひらき》の61日目　　月　　日 （年対称日の61日後）

Key Words

太陽・真理・発心《ほっしん》・鶴・鷲・要・本質・相性・下弦《かげん》・瞬間・鍵・漆《うるし》・福徳・内面

意味　61は命の根源に関わる大切な数霊です。太陽とは太い陽のことでもあり、ダイナミックに発動する本質・真理からの太いパイプでもあります。それを開ける鍵は、今という瞬間であり、ここに意識の焦点を合わせることで、私たちの意識が無限大に広がっていくのです。

数霊マントラ

太き陽　開く鍵たる　今この瞬間

61の数霊を持つ名前

太陽の人

数霊アクション

▼自分と相性のいい人とコミュニケーションをとってみましょう。どんな気持ちがしますか？　それがあなたのニュートラルポジションです。

▼日光浴をしてみましょう。

▼鶴か鷲の写真を見てみましょう。そして自分がその鳥になって、空を飛んでいるところをイメージしてみてください。飛翔する感覚を楽しみましょう。

▼今、この瞬間と唱えて、意識してみましょう。

形霊	数霊の数字	
	**62**	産霊《むすび》の62日目　　月　日 （誕生日の62日後） 霊楽《ひらき》の62日目　　月　日 （年対称日の62日後）

Key Words

鳥・握手・暗示・安全・祈願・音楽・協賛・教祖・無敵・勇退・檜《ひのき》

意味　62は異なるエネルギーを融合させ、手を取り合うことで次のステージが開ける数霊です。心からの握手、相手を思いやる心、祈りのバイブレーションが天に届き、あなたは思わぬところからのサポートを受け取ることになるでしょう。

数霊マントラ

手をとりて　心むすびて　握手せよ　無敵の要《かなめ》ここにあり

62の数霊を持つ名前

祈りの人

数霊アクション

▼握手をしてみましょう。手のぬくもり、柔らかさを感じてみましょう。

▼自分の好きな音楽に合わせて、体を動かしてみましょう！

▼安全確認をしましょう。身のまわり、家、道路……危険なところや不備はないか一度チェックするとよいですね。

▼自分が気になることに対して、心を込めて祈りましょう。あなたの祈りはまっすぐ天に届いています。

形霊	数霊の数字	
	**63**	産霊《むすび》の63日目　　月　　日 （誕生日の63日後） 霊楽《ひらき》の63日目　　月　　日 （年対称日の63日後）

Key Words

火山・宝・開眼・教育・根源・明晰・無意識・山河・冥王星・高句麗

意味

63は努力によってこつこつと積み上げて開けていく数霊です。ただし真の開眼は無意識の領域から湧き上がってくるものです。身《しん》口《く》意《い》を正し、常に根源なるものを見つめ、真摯に進んでいくプロセスを通して、さらなる幕が開きます。

数霊マントラ

根源なる宝の箱を開けしは　明るき源《みなもと》ここにあり

63の数霊を持つ名前

根源の人

数霊アクション

▼怒りを表現してみましょう。ため込まないことが大切です。

▼自然のあるところへ出かけてみましょう。山や川のエネルギーにふれるのが特におすすめです。

▼あなたが一番大切にしたい宝物はなんですか？　その宝物に対して、どうかかわっていきたいですか？　その答えに沿って、なにかアクションを起こしてみましょう。

形霊	数霊の数字	
	**64**	産霊《むすび》の64日目　　月　日 （誕生日の64日後） 霊楽《ひらき》の64日目　　月　日 （年対称日の64日後）

Key Words

宇宙・元祖・始末・約束・姫・劇・数《かず》・合図・発展・天王星・香華《こうげ》

意味　64は数に代表される宇宙・生命の原理を表す数霊です。遺伝子コードであるDNAコドンも64種類です。この数霊と出会っているあなたは発展の最中にあります。スピリットとしてすでに約束していた未来が、これから表されるという祝福のしるしでもあります。たゆむことなく淡々と進みましょう。

数霊マントラ

約束のとき　あらわれし　宇宙の合図
今ここに

64の数霊を持つ名前

発展の人

数霊アクション

▼星空を見上げましょう。その星空の一つの星の上で、今この場所に自分がいることを改めて感じてみましょう。

▼約束を守りましょう。期日や時間に遅れないように気をつけましょうね。

▼ひふみ祝詞を3回唱えてみましょう。

ひふみ　よいむなや　こともちろらね
しきる　ゆゐつわぬ　そをたはくめか
うおえ　にさりへて　のますあせゑほれけ

形霊	数霊の数字		
	**65**	産霊《むすび》の65日目 （誕生日の65日後）	月　日
		霊楽《ひらき》の65日目 （年対称日の65日後）	月　日

Key Words

風・枝・豆・蠟燭《ろうそく》・ひとつ・初産《ういざん》・温度・極意・霊感（ン＝10）・へその緒・科学・銀杏《いちょう》・外宮《げくう》

意味　65はぬくもりと共に原初に還っていくエネルギーを持つ数霊です。あなたの霊感は見えないへその緒を通して、さまざまな周波数とつながっています。極意をつかむのは、あなたの内にある「すべては一つ」という意識そのものにかかっています。

数霊マントラ

ほのあかり　蠟燭一つ　へその緒通じて
霊感つかむ

65の数霊を持つ名前

極意の人

数霊アクション

▼風を感じてみましょう。風の音に耳を澄ませて、風そのものになってみましょう。
▼部屋の明かりを消してキャンドルをともしてみましょう。
▼へそを押さえながら11回（6＋5）、腹式呼吸をしてみましょう（腹式呼吸は息を吸うときにお腹が膨らみ、息を吐いたときはお腹が凹みます）。
▼勘どころを大切にして動いてみましょう。

形霊	数霊の数字	
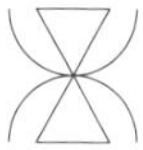	**66**	産霊《むすび》の66日目　　月　日 （誕生日の66日後） 霊楽《ひらき》の66日目　　月　日 （年対称日の66日後）

Key Words

冬・薬・子宮・寵愛《ちょうあい》・覚悟・寺院・慈愛・解消・周期・豪快・シルク・調印

意味　66は起こる現実をものともしない強い意志と同時にすべてを慈しむ愛に満ちた数霊です。冬の凍てつく寒さの中にあって、種が芽吹きの時を待つように、あなたという寺院の中で熟成され、活躍のときを待つのです。あなたの意志を再確認し、覚悟を決めて進みましょう。

数霊マントラ

慈愛溢れる眼差しは　厳しさ強さ　潔さありて

66の数霊を持つ名前

慈愛の人

数霊アクション

▼あなたの好きな神社仏閣はどこですか？　実際に足を延ばしたり、行けない人は、写真を見たりしましょう。

▼自分のリズムを大切にしましょう。1日のリズム、1週間のリズム、1カ月のリズム……、自分なりの心地よいペースをもう一度確認してみるとよいでしょう。

▼鏡を見て、慈愛溢れるまなざしで自分自身を見つめてみましょう。一生懸命頑張って生きているあなたは、宇宙の宝石そのものです。

形霊	数霊の数字	
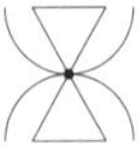	**67**	産霊《むすび》の67日目　　月　　日 （誕生日の67日後） 霊楽《ひらき》の67日目　　月　　日 （年対称日の67日後）

Key Words

時間・力・マヤ・魂・山・本命・完全・元素・器・志願・うれしい・縄・樅《もみ》

意味

67は原質の力強さを内包する数霊です。あなたという器の中にある魂があなたという全存在を使って何をしたいと思っているのかを感じてみましょう。「うれしい」と感じる感情こそが、あなたの命の目的を明示してくれるキーワードです。

数霊マントラ

時は完全　命の力　喜びめぐりて魂躍る

67の数霊を持つ名前

志願の人

数霊アクション

▼自分の体の中にある元素たちに想いをはせてみましょう。きっと元素たちも喜ぶことでしょう。

▼あなたがうれしいことをしてみましょう。あなたの完全なる魂がさらに輝きます。

▼マヤの暦であるツォルキンを眺めてみましょう。マヤの暦は銀河の周期&時間と同調する銀河暦です。

形霊	数霊の数字	
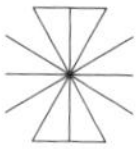	**68**	産霊《むすび》の68日目　　月　日 （誕生日の68日後） 霊楽《ひらき》の68日目　　月　日 （年対称日の68日後）

Key Words

岩戸・軸・杉・和気藹々《わきあいあい》・貯金・結納・明察・玉名・イヌイット

意味　68は自分にとって大切なもの（人・モノ）をしっかりと守り、積み上げていく数霊です。

このことを遂行するために一番必要なことは、自分の中の軸をしっかりと立て、明瞭な意図を持って進んでいく気概です。そうしてあなたの新しい岩戸開きが始まるのです。

数霊マントラ

岩戸開けて　明らかなる　和気藹々の理《ことわり》あり

68の数霊を持つ名前

和気藹々の人

数霊アクション

▼背筋を立てて背骨の軸を感じましょう。その軸を感じたら、次に、自分の心の軸について想いをはせてみましょう。

▼今、自分が考えていることを仲間にも伝えて、協力してもらいましょう。68の数霊力を使うと、和気藹々と進みやすくなりますよ。

▼貯金をしてみましょう。金額は問いません。アクションすることが大切です。

形霊

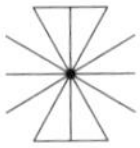

数霊の数字

69

産霊《むすび》の69日目　　月　日

（誕生日の69日後）

霊楽《ひらき》の69日目　　月　日

（年対称日の69日後）

Key Words

生き物・心機一転・不退転・目的・合格・春・歴史・熱血・地平線・夏至・ケルト・霊統

意味　69は新しいステージが始まったことを告げる数霊です。新しい皮袋に新しい酒を入れることで、身も心もフレッシュな新スタートが切れるのです。

また、今まで取り組んできた努力が実り、春が来ることも示しています。

またこの数霊は、エデンの園やヤハウェの神、ケルトといった私たちの奥底に眠っている記憶を呼び覚ますコードも持っています。

数霊マントラ

心機一転　新スタート　目的果たして　春来たる

69の数霊を持つ名前

不退転の人

数霊アクション

▼自分が心血注いで熱くなるものはなんですか？　そこにつながるアクションを起こしてみるとよいでしょう。

▼地平線が映っている写真や映像を眺めてみましょう。心をリフレッシュして、また一歩踏み出しましょう。

▼生き物に触れましょう。命のぬくもりとつながりを感じてみましょう。

▼自分が好きな時代の歴史について書いてある本を読んでみましょう。

形霊	数霊の数字	
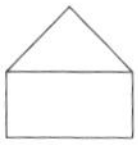	**70**	産霊《むすび》の70日目（誕生日の70日後）　月　日 霊楽《ひらき》の70日目（年対称日の70日後）　月　日

Key Words

師匠・時期・抱擁・遺伝・解釈・曲線・原子・資源・出逢い・貴重・脳下垂体・アミノ酸・復活

意味　70は人との出逢い、関係性について表す数霊です。あなたの見方一つで、その出逢いが貴重なものとなり、変容することが可能であることを示しています。まわりを見回しながら、縁を大事にしていきましょう。

数霊マントラ

時期めぐりて　人来たる　原子喜び　曲線描く

70の数霊を持つ名前

抱擁の人

数霊アクション

▼あなたの身のまわりにある曲線の形を探してみましょう。自然界に多いのは直線でしょうか？　それとも曲線でしょうか？　今、あなたはどちらを大切にしたいでしょうか？

▼出逢いを大切にしましょう。それはあなたにとって変容をもたらすものかもしれません。

▼あなたに師匠はいらっしゃいますか？　もしおられるとしたら、改めて師匠に感謝と敬意を示しましょう。

形霊	数霊の数字	
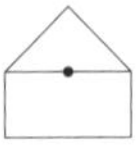	**71**	産霊《むすび》の71日目　　　月　　日 （誕生日の71日後） 霊楽《ひらき》の71日目　　　月　　日 （年対称日の71日後）

Key Words

地球・国産み・鈴・神話（ン＝10）・聖書・心意気・初穂・音楽（ン＝10）・音色・家族・年輪・英断

意味　71は地球意識と関連する数霊です。とりわけ「始まり」や「生まれる」といった生成エネルギーとかかわっています。鈴の音も清らかに、壮大な音霊、言霊、数霊が響き合う実におおらかで、すがすがしい気に満ちています。

数霊マントラ

鈴の音響き　初穂が実る　大きな家族　地球の響き

71の数霊を持つ名前

初穂の人

数霊アクション

▼地球に愛を送りましょう。地球が奏でる音色（風や海の音など）に耳を澄ませて、地球と仲良しになりましょう。

▼聖書の言葉に親しんでみましょう。あなたの好きな言葉に出会ってみましょう。

▼家族に感謝を示しましょう。家族はあなたにとって大切なソウルグループ、ソウルメイトです。

形霊	数霊の数字	
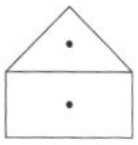	**72**	産霊《むすび》の72日目　月　日 （誕生日の72日後） 霊楽《ひらき》の72日目　月　日 （年対称日の72日後）

Key Words

夢・系図・病《やまい》・帯・WORLD・アクエリアス・打開・満ち潮・連結・山頂・仲介

意味　72は夢に向かって現状を打ち壊して先へ進む光のエネルギーがあるのと同時に、闇の方向へシフトすると、病を引き起こす可能性もある、両極のエネルギーを持つ数霊です。自分の軸を今一度見直し、山頂を目指しながら軸をずらさず進みましょう。

数霊マントラ

アクエリアス　未来を創る　扉あり

72の数霊を持つ名前

打開の人

数霊アクション

▼夢ノートを作ってみましょう。そしてときどき見返して、自分の歩みを確認しましょう。

▼競争、支配ではなく、共生、協調のアクエリアスのエネルギーと同調しましょう。

▼物事を違う視点から見つめてみましょう。思わぬ打開策、前進の道筋が開けてくるかもしれません。

▼連絡をとりましょう。思うだけではなく、行動が鍵です。

形霊	数霊の数字	
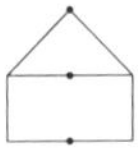	**73**	産霊《むすび》の73日目　　月　　日 (誕生日の73日後) 霊楽《ひらき》の73日目　　月　　日 (年対称日の73日後)

Key Words

水晶・惑星・天地《あめつち》・いろは・育児・恩返し・母音・港・悟り・排卵・宴《うたげ》

意味

73は地球の母性を表す女性的な数霊です。言葉では母音になり、子音も母音の中に内包されているように、地球という母の港に抱かれながら、私たちが悟りへの道へと至るように育《はぐく》んでくれているのです。母なる惑星に感謝の気持ちを忘れずに、目の前のことに取り組んでいきましょう。

数霊マントラ

天地《あめつち》いろは　母なる港　我《われ》いだかれて　恩に報いる

73の数霊を持つ名前

天地《あめつち》の人

数霊アクション

▼水晶を持ち歩きましょう。それはあなたをガードし、DNA内部に眠る記憶を呼び覚ましてくれることでしょう。
▼天地の恵みに感謝を示し、生かされていることの喜びを感じましょう。地球の母なる愛に包まれているので、私たちは安心して大きくなることができます。
▼お世話になった人に、恩返しをしてみましょう。祈りでも、言葉でも、贈り物でも。
▼いろは歌を唱えてみましょう。73の数霊力と感応し合い、さらにパワーアップしますよ。

いろは歌
いろはにほへと　ちりぬるを　わかよたれそ　つねならむ
うゐのおくやま　けふこえて　あさきゆめみし　ゑひもせす

形霊

数霊の数字

74

産霊《むすび》の74日目　　月　　日
（誕生日の74日後）

霊楽《ひらき》の74日目　　月　　日
（年対称日の74日後）

Key Words

歩み・協定・峠・自覚・追求・正義・ユーモア・制限・戒律・格調・うぐいす

意味

74は意識のあり方をサポートする数霊です。物事を追求し過ぎると戒律になり、制限を生みます。正義のみを振りかざすのではなく、常にユーモア精神を忘れずに、自覚と自信を持って進みましょう。

数霊マントラ

制限なきあなたの歩み　ユーモア持ちて正義を生きよ

74の数霊を持つ名前

ユーモアの人

数霊アクション

▼ユーモアを持って語るようにしましょう。前途がさらに開けます。
▼好きなことを追求しましょう。ユーモアを持って、悠々朗々と進みましょう。
▼あなたの行動を制限しているものはなんですか？　お金、常識、世間体、人間関係……要因を見つけたら、少しでも先に進むための策を具体的に練ってみましょう。

形霊	数霊の数字	
	**75**	産霊《むすび》の75日目　　月　日 （誕生日の75日後） 霊楽《ひらき》の75日目　　月　日 （年対称日の75日後）

Key Words

自然・焦点・昇天・世直し・時刻・星座・文化・掃除・統合・竜巻・オシリス・正岡子規

意味

75は今あるエネルギーをよりよいものに変換させる「世直し」のエネルギーを持つ数霊です。自然に学び、文化を知る。今あるものをとらえ直し、一つ一つ掃除（エネルギーをクリアーにする）しながら、確実に世直しを進めていきましょう。その際のキーワードは「統合」です。

数霊マントラ

自然に学び　人に学ぶ　焦点さだめて昇天せよ

75の数霊を持つ名前

世直しの人

数霊アクション

▼星空を眺めてみましょう。自分と宇宙とのかかわりについて想いをはせてみましょう。

▼お掃除をしましょう！　すっきり片付き整うと、心も場所もクリアーになります。

▼分断ではなく統合を。いろいろなものをまとめたり、つなぎ合わせたりして、トータルで考えるようにしましょう。

▼芸術・文化にふれてみましょう。コンサートや美術館、博物館、映画に行くのもおすすめです。

形霊	数霊の数字	
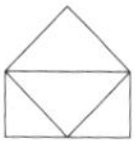	**76**	産霊《むすび》の76日目（誕生日の76日後）　月　日 霊楽《ひらき》の76日目（年対称日の76日後）　月　日

Key Words

しあわせ・心臓・自信・招待・五十鈴《いすず》・数字・地震・詩人・茶道・シリウス・ホツマ

意味

76はしあわせへと続くパスポートのエネルギーを持つ数霊です。神世へとつなぐ五十鈴を鳴らし、しあわせな気持ちへと結び付く、さまざまなことが起こりやすくなります。勇気と自信を持って進んでいってください。

数霊マントラ

しあわせへの招待状　五十鈴鳴らして惟《かん》神《ながら》の道

76の数霊を持つ名前

しあわせの人

数霊アクション

▼自分の心の中にあるしあわせな気持ちにフォーカスしてみましょう。その感覚をできるだけ維持するように努めましょう。

▼心臓の鼓動に耳を澄ませましょう。規則正しいリズムに沿って、自分の体が動いていることに感謝の想いを送りましょう。

▼星空を眺めましょう。夜空に輝くシリウスを見つけることができますか？

▼もしあなたがざわざわした感覚を持って76の数霊を多く目にするときは、地震に気をつけましょう。ポイントは感覚です。うれしいか、嫌かで感じるハートセンサーで「しあわせへの招待状」なのか「地震のサイン」なのかを見分けてください。

形霊	数霊の数字	
	**77**	産霊《むすび》の77日目　月　日 （誕生日の77日後） 霊楽《ひらき》の77日目　月　日 （年対称日の77日後）

Key Words

中心・母港・孤独・産道・国土・確立・一瞬・鎮座・マリア・裕福・臨界点・風鈴（旧暦７月７日は七夕の節句）

意味

77は鎮座する中心のエネルギーをもたらす数霊です。みなもとである中心から発露するものは、どこにも偏ることなく発展していきます。自分の中心へ還る作業は一人孤独に産道を抜けることとも似ています。一瞬一瞬を大切にして、母なる港へ帰り、そこから物事を発信していく心持ちでいましょう。

数霊マントラ

個して独りを恐るるな　自己の真中《まなか》を確立せよ

77の数霊を持つ名前

中心の人

数霊アクション

▼中心に意識を向けましょう。心においての中心、体においての中心、出来事においての中心を意識しましょう。

▼一瞬一瞬の中に神の意識は鎮座しています。今ここを生きることを心掛けましょう。

▼一人でいることを恐るるなかれ。一人でいるからこそ見えてくるものを大切にしましょう。

▼聖母マリアに関する絵や像を見てみましょう。それはあなたに豊かさのハートをもたらすことでしょう。

形霊	数霊の数字	
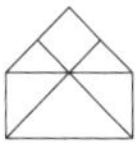	**78**	産霊《むすび》の78日目　　月　　日 （誕生日の78日後） 霊楽《ひらき》の78日目　　月　　日 （年対称日の78日後）

Key Words

分かち合い・功徳《くどく》・世紀末・精神統一・吉凶・都・祭壇《さいだん》・弥生・祭政一致・厄落とし

意味　78は非常にキレのあるシャープな数霊です。意識を統一して集中力を高めなければ、離反していく可能性も持っています。心定めて、分かち合いの気持ちを大切に、功徳を積み上げていくことが大切です。

数霊マントラ

心を高め　分かち合い　功徳積みて　世を渡る

78の数霊を持つ名前

分かち合いの人

数霊アクション

▼分かち合いの心を大切にしましょう。誰かと分かち合うことで、あなたはますます豊かになります。

▼精神統一してみましょう。瞑想でも座禅でもボディワークでもかまいません。78の形霊を集中しながら丁寧に描くこともよいでしょう。

▼自らの功徳を高めるにはどうしたらよいか考えてみましょう。

形霊

数霊の数字

79

産霊《むすび》の79日目　　月　日
（誕生日の79日後）

霊楽《ひらき》の79日目　　月　日
（年対称日の79日後）

Key Words

脈・暦・分岐・限定・誇り・成長・提言・真澄・こんにちは（コンニチワ＝99）・陶芸・黒耀石《こくようせき》

意味

79は脈々と流れる先祖からの愛を、未来へとつなぐ成長を促す数霊です。あなたという命に誇りを持って、真澄の心で進みましょう。また、心をオープンにして、他人の提言を受け入れてみましょう。そうすることで新たなるステージが待っています。

数霊マントラ

誇りを持ちて歩みたし　提言受け入れ　成長ぞ

79の数霊を持つ名前

誇り高き人

数霊アクション

▼暦を眺めて、今自分がいる地点を確かめてみましょう。そこがあなたの今いる場所です。ここから３６０度の可能性が開かれています。
▼こんにちは！　とはぎれよく挨拶をしてみましょう。挨拶は、心を通わせる簡単にして最高のツールです。
▼他人の提言を受け入れてみましょう。もし受け入れられないのであれば、どの部分がひっかかるのかをじっくり見つめてみましょう。
▼自分の脈を測ってみましょう。あなたの中を流れる命の鼓動を感じますか？

形霊	数霊の数字	
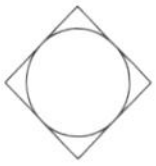	**80**	産霊《むすび》の80日目　　月　　日 （誕生日の80日後） 霊楽《ひらき》の80日目　　月　　日 （年対称日の80日後）

Key Words

冬至・明王《みょうおう》・姿・阿吽《あうん》（阿＝76）・平和・天職・鋭敏・希望・月明かり・刃物・分解・電子・護符

意味　80は毅然と立ちながら、希望の道を照らす数霊です。闇の世の中にあっても堂々と立つ明王の姿のようです。阿吽のごとく、すべてを救い上げ、希望へと運んでいく大志とかかわりがあるため、指導者的役割を担うことも多いでしょう。

数霊マントラ

月明かり　明王立ちて　阿吽の姿　希望の
道　示したり

80の数霊を持つ名前

希望の人

数霊アクション

▼平和を祈りましょう。祈りは大きなエネルギーです。

▼月を眺めて深呼吸しましょう。月明かりに照らされた風景に愛を送りましょう。

▼阿吽の呼吸で交流できる仲間とのつながりを大切にしましょう。

▼全身を鏡に映してニッコリ微笑んでみましょう。あなたの姿すべてが、皆に希望の明かりを届けられますように。

形霊	数霊の数字	
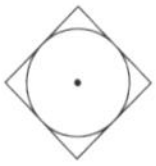	**81**	産霊《むすび》の81日目（誕生日の81日後）　月　日 霊楽《ひらき》の81日目（年対称日の81日後）　月　日

Key Words

光・天神・人間・先祖（ン＝10）・胎児・未来・清め・振動・感動（ン＝10）・一隅・放射・経国済民《けいこくさいみん》

意味

81は私たちの本質は光そのものであることを教えてくれる大切な数霊です。私たち人間は、先祖から連綿と続く光の玉の緒であり、神の振動から生まれた存在です。その一生は胎児から未来に至るまで光です。あなたが今与えられた場所をしっかりと生き切り、まわりを照らしましょう。この一隅を照らす生き方が、やがて自分もまわりも、すべてを光一元へと変えていきます。

数霊マントラ

一隅を照らす光とは己姿　感動ありて未来を創れ

81の数霊を持つ名前

光の人

数霊アクション

▼光を意識しましょう。見える光見えない光、人の内にある光、さまざまな光によってあなたは守られています。

▼ご先祖様に想いをはせましょう。先祖からの命の最先端があなたです。あなたは先祖からの命の代表として今、ここにいます。

▼今、あなたがやりたいと思ったことを行動に起こしてみましょう。そこに感動はありますか？　その感動はあなたのスピリットを確実に喜ばせています。

▼物事の細部にとらわれるのではなく、より大きな全体像をもって見つめるようにしましょう。そのことによってあなたの内なる光はさらに輝いていくことでしょう。

▼日本全体が光で包まれるように瞑想しましょう。81は日本の国番号です。

形霊	数霊の数字	
	82	産霊《むすび》の82日目　月　日 （誕生日の82日後） 霊楽《ひらき》の82日目　月　日 （年対称日の82日後）

Key Words

柱・結晶・母国・礎《いしずえ》・瞳・直感・月光・潮風・悲願・本物・丹田・松果体・讃美《さんび》・和服

意味　82は内側の柱がしっかりと立って物事の礎ができていく数霊です。体でいえば丹田と松果体が力強く活性化しています。見せかけのものに騙されないようにしましょう。本物を見極める眼を持つこと、直感を磨くこと、両眼《りょうまなこ》を見開いて、よくよく見つめ感じましょう。

数霊マントラ

柱たちて礎《いしずえ》つくる　本物見極め　直観磨く

82の数霊を持つ名前

礎《いしずえ》の人

数霊アクション

▼直観力を磨きましょう。頭の声ではなく、肚の声に従って動くようにしましょう。

▼我が母国の福なる島、福島に愛と希望の祈りを捧げましょう。

▼潮風や月の光など、自然界のエネルギーを感じてみましょう。すぐにできない方は、写真や映像を眺め、そこにいるイメージをしてみましょう。

形霊

数霊の数字

83

産霊《むすび》の83日目　　月　　日
（誕生日の83日後）

霊楽《ひらき》の83日目　　月　　日
（年対称日の83日後）

Key Words

気づき・息吹・本性・出産・一途《いちず》・愛してる・発明・鍵穴・道案内・吉祥・胡麻・符号

意味

83は仙骨のエネルギーと関係がある数霊です。宇宙エネルギーはいったん仙骨にためられてから各エネルギーへと分配されます。何にでも変換することができるダイナミックな複合波動。自在に変化することのできるもともとの力に83の数霊はアクセスしています。あるがままの自分を認めたとき、この力はますますシフトアップし、吉祥の世界へといざなわれることでしょう。

数霊マントラ

愛が鍵穴　一途に愛す　我らの本性　愛いずる

83の数霊を持つ名前

道案内の人

数霊アクション

▼今目の前にあることを一途に推し進めてみましょう。それをすることで、新たなる扉が開く可能性があります。
▼百合の花を飾ってみましょう。そしてその高貴なる香りに包まれてみましょう。
▼ゴマを食べましょう。ビタミンEたっぷりでお肌も脳も活性化します。
▼今日一日、出会うものすべてに「愛してる」と心の中でつぶやいてみましょう。きっと素敵な気づきが訪れます。

形霊	数霊の数字	
	**84**	産霊《むすび》の84日目　　月　日 （誕生日の84日後） 霊楽《ひらき》の84日目　　月　日 （年対称日の84日後）

Key Words

大和《やまと》・祝詞《のりと》・山紫水明《さんしすいめい》・COSMOS・NIPPON・無我・光合成・調停・満願・分子・原子核

意味

84は大調和を願う大きな志が秘められた数霊です。山紫水明の麗《うるわ》し国、大和日本。天の光を受けて民族の心と光合成し、地球規模、宇宙規模の生成発展に寄与しようとする崇高な志を持っています。この数霊に出会ったときは、目の前のことにとらわれず大きな視点で見ると、よき流れをつかむことでしょう。

数霊マントラ

山紫水明　大和し　うるわし　天《あま》の通い路
つながれよ

84の数霊を持つ名前

光合成の人

数霊アクション

▼祝詞を上げてみましょう。実際に声を出してみることをおすすめします。
▼光を浴びて深呼吸をしましょう。あなたの細胞一つ一つが喜びに満たされることでしょう。
▼84の形霊を描き、その形を取り囲むように「満願成就」と書いてから、自分の叶えたい夢をありありとイメージしてみましょう。この形霊はあなたの夢実現を応援しサポートすることでしょう。

形霊	数霊の数字	
	**85**	産霊《むすび》の85日目　　月　　日 (誕生日の85日後) 霊楽《ひらき》の85日目　　月　　日 (年対称日の85日後)

Key Words

神事（ン＝10）・弥勒《みろく》・キリスト・天皇陛下・密接・分身・光明《こうみょう》・虹・遺伝子・アルシオネ・盃《さかずき》

意味　85は魂が望む方向に運命が開けていっていることを示す証《あかし》の数霊です。
　自分の神性が外に現れていくにつれて、ものごとはどんどん好転し光明を得やすくなります。予期せぬところからのサポートも受けやすくなることでしょう。

数霊マントラ

この世は嬉し愉し　神遊び　弥《み》勒《ろく》世《ゆう》の始まりだ

85の数霊を持つ名前

虹をかける人

数霊アクション

▼弥勒の世界に意識を合わせましょう。うれしくて楽しい神遊びの世界です。愛と喜び、豊かさにあふれた大調和の世界です。

▼虹の絵を描いてみましょう。あなたは虹の橋をどこにかけますか？

▼光明の遺伝子スイッチオン！　と唱え、意識と意図の力で自らの遺伝子をアップデートさせましょう。

形霊	数霊の数字	
	**86**	産霊《むすび》の86日目　　月　日 （誕生日の86日後） 霊楽《ひらき》の86日目　　月　日 （年対称日の86日後）

Key Words

龍・人徳・アメリカ・波長・夕焼け・細胞・母性・ホタル・ワカメ・くるみ

意味

86は神の眷属《けんぞく》（遣いの者）としての龍のハタラキを持つ数霊です。あなたの細胞一つ一つに躍動する龍のエネルギーが内包しています。そのエネルギーに波長を合わせてダイナミックに進むことで、あなたの母性が花開き、人望はより厚くなり、人徳となって、人からの応援を受けやすくなります。

数霊マントラ

波長合わせ　龍の目光る　人徳輝き　人光る

86の数霊を持つ名前

人徳の人

数霊アクション

▼誰かに優しくしたり、奉仕的な活動をしてみましょう。あなたの母性が前面に表れやすくなります。

▼ミネラルたっぷりのワカメなどの海藻類や、くるみなどのナッツ類をいただきましょう。心と体の活性化に役立ちます。

▼龍を想いイメージしてみましょう。日本も龍体ですし、背骨のカーブも龍に似ています。龍のエネルギーを感じたら、心の中で会話してみましょう。

形霊	数霊の数字	
	**87**	産霊《むすび》の87日目　　月　日 （誕生日の87日後） 霊楽《ひらき》の87日目　　月　日 （年対称日の87日後）

Key Words

拍手・ご馳走・素朴・87《ハナ》（＝花・華）・いざない・繁殖・内在・益荒男《ますらお》・ひょうたん

意味　87は素朴で素直なエネルギーを持つ、活性化の数霊です。あなたが美しいと感じるものを祝福し、惜しみない拍手を送りましょう。その拍手は再びめぐり、やがて、あなたのもとへ戻ってきます。華のある人生を送るコツは、あなたが喜び上手でいることです。

数霊マントラ

拍手惜しまず　喜び合う　素朴な我《われ》に　幸ありて

87の数霊を持つ名前

華ある人

数霊アクション

▼拍手をしてみましょう。場や精神の浄化にも、心の高揚にも効果的です。また、拍手をもって誰かを祝福するのもとてもおすすめです。

▼花を飾ってみましょう。

▼この数霊が出たときは、何らかのいざないやサインが示されている可能性があります。出来事や環境を注意深く見つめてみましょう。

形霊	数霊の数字	
	**88**	産霊《むすび》の88日目（誕生日の88日後）　　月　　日 霊楽《ひらき》の88日目（年対称日の88日後）　　月　　日

Key Words

富士・母体・御仏《みほとけ》・論理・参拝・胎盤・綿密・必要・地軸・無限・手弱女《たおやめ》・瑠璃《るり》・新月

意味　88は無限へと続く崇高な数霊です。日本の霊峰、富士山とも関係があります。この数霊と出会ったときは、背筋を伸ばし、地球の軸を感じ、自分がよしと思ったものを論理的に語り、伝え、行動を起こしましょう。

数霊マントラ

軸を正し　必要を観る　無限叡智　御仏の心

88の数霊を持つ名前

無限の人

数霊アクション

▼準備が整ってきていることを示すこの数霊は、行動するときが近いことを伝えています。Are you ready?　さあ、これからが本番ですよ。

▼87のますらおと88のたおやめは男らしさと女らしさで二つで1セットです。87と88の数霊、もしくは形霊を描いて、自分の中の男性性と女性性を統合させるシンボライズとして使うこともできます。

▼8を横にした∞（無限大）の形を眉間を中心に、瞳で顕《あらわ》してみましょう。右脳的働きと左脳的働きのバランスがよくなり、脳梁に橋がかかります。

形霊	数霊の数字	
	**89**	産霊《むすび》の89日目　　月　日 （誕生日の89日後） 霊楽《ひらき》の89日目　　月　日 （年対称日の89日後）

Key Words

赤道・方角・共鳴・大好き・魅惑・勇猛果敢《ゆうもうかかん》・決断・縁《ゆかり》・末広・89《ハグ》・おもてなし

意味　89は勇猛果敢に進み、決断していく男性的な数霊です。しかしそれはやみくもに進むのではなく、あなた自身の意志によって共鳴したもの、魅力を感じたものに焦点を置き、進むということです。進む方向性を見つめ直したいときに89の数霊はクリアーさと勇気を与えてくれます。

数霊マントラ

共鳴したから進むのだ　勇猛果敢に　慎重に

89の数霊を持つ名前

魅惑の人

数霊アクション

▼今、あなたが目にするものすべてに「大好き」と言ってみましょう。その想いは対象物に届き、喜び波動となってあなたに返ってくることでしょう。

▼赤道方向（日本からは南方の方角）に意識を向けましょう。

▼今が決断のときです。勇気を持って果敢に進みましょう。

▼自分が大好きだと思うものやこと、魅力的に感じるものが、末広がりに広がって自分を豊かにさせているイメージを描きましょう。

形霊	数霊の数字	
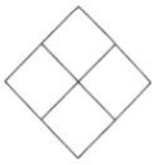	**90**	産霊《むすび》の90日目　　月　　日 （誕生日の90日後） 霊楽《ひらき》の90日目　　月　　日 （年対称日の90日後）

Key Words

神殿（ン＝1と10）・品行方正・慈悲・的中・壁画・正面・神倉《かみくら》・衝突・厄除《やくよ》け・のどか

意味　90は淀みなく、まっすぐに、神なるものとつながる数霊です。あなたが慈しみのもとで生きるとき、すでに神意識とつながる崇高な自己が表出しているのです。また、今抱えている課題そのものを、真正面からとらえ、衝突を恐れず、しっかり向かい合うことで物事がクリアーになっていくことも示唆しています。

数霊マントラ

あなたは生ける　神の倉　慈しみ持ち　的を打て

90の数霊を持つ名前

慈悲の人

数霊アクション

▼今、あなたに起こっていることに対して、慈悲深い思いで向かい合ってみましょう。

▼壁画を見てみましょう。それはあなたにどんなメッセージを送っていますか？

▼あなたこそが神の倉です。神殿とはあなたの体であり、あなたの内なる宮に神は住まうのです。

形霊	数霊の数字	
	**91**	産霊《むすび》の91日目　　月　日 （誕生日の91日後） 霊楽《ひらき》の91日目　　月　日 （年対称日の91日後）

Key Words

完璧・波動・玄米・三位一体《さんみいったい》・共有・臨機応変・直観（ン＝10）・倫理・天津神《アマツカミ》・萌黄《もえぎ》・財宝

意味　91は理知的で完成形へと向かう数霊です。直観力に優れ、さまざまなバランス感覚が整い、よき資質を共有しながら歩むことができます。しっかりとした整合性があると同時に、その場に応じて、臨機応変に対応できる柔軟さもあわせ持っているため、ピンチをチャンスに変えるたくましさも持っています。

数霊マントラ

直観　極まり　三位一体　聖なる波動を共有す

91の数霊を持つ名前

直観の人

数霊アクション

▼物事にこだわり過ぎず、臨機応変に対処しましょう。そのしなやかさがあなた本来の波動です。

▼玄米を食べましょう。デトックスとパワーアップが同時にできます。

▼直観を磨きましょう。

▼同じ思いを共有している仲間とのコミュニケーションを大切にしましょう。

形霊	数霊の数字	
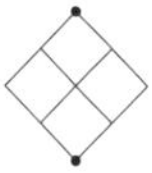	92	産霊《むすび》の92日目　月　日 （誕生日の92日後） 霊楽《ひらき》の92日目　月　日 （年対称日の92日後）

Key Words

鏡・カゴメ・骨盤・因果応報・悠久・優雅・反動・国津神《クニツカミ》・文字・満潮・スカイツリー・雲母《キララ》

意味　92はありのままに映し出すというキーワードを持つ数霊です。よき種であれ悪しき種であれ、自らが撒いた種は自らが刈り取ります。今起こっていることを冷静に見つめ、謙虚に、真摯に対応していくことで、次の一手が浮かぶことでしょう。一点だけを見つめずに悠久なる視点を持ちながら、ゆったりと自信を持って進みましょう。

数霊マントラ
鏡は輝身　我《われ》の姿映し出す　悠久　優雅に
ここに在り

92の数霊を持つ名前
悠久の人

数霊アクション
▼鏡を眺めて最高の笑顔を作ってみましょう。笑顔は笑顔を呼びハッピースパイラルを引き寄せます。
▼優雅に腰を回し、骨盤調整をしてみましょう。
▼今日一日、あなたに飛び込んでくる文字でドキッとするものに注意を向けましょう。
▼91と92は天地統合の神霊意識でもあります。天津神の91、国津神の92の数霊、もしくは形霊を隣り合わせに描いて、天地統合のイメージワークをしてみましょう。

形霊	数霊の数字	
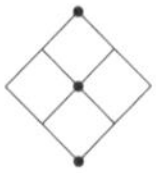	**93**	産霊《むすび》の93日目　　月　　日 （誕生日の93日後） 霊楽《ひらき》の93日目　　月　　日 （年対称日の93日後）

Key Words

スサノヲ・国常立《クニトコタチ》・やしろ・不動・裸・実相・微笑《ほほえみ》・ひふみ・水・配列・血筋《ちすじ》・八千代

意味

93は軸足をしっかりと定め、不動のごとく立ち誇っている数霊です。その姿は男性的で神々しいエネルギーを放つと同時に、たおやかでみずみずしい女性的で柔和な表情をも持っています。陰と陽とのバランスを整え、物事の本質、実相を見つめながら、不動心で進んでいくことが肝要です。

数霊マントラ

微笑持ちて　不動心　実相あかし　我《われ》進む

93の数霊を持つ名前

水の人

数霊アクション

▼地球意識である国常立の男性的側面が強く表れるとスサノヲのエネルギーになります。両足をしっかりと大地につけ、スサノヲのエネルギーを感じながら、不動心で物事に取り組んでみましょう。
▼新鮮な真水をたくさんいただきましょう。
▼弥勒の微笑のような高貴でたおやかな微笑をしてみましょう。
▼楽しい漫才を見て笑いましょう！

形霊

数霊の数字

94

産霊《むすび》の94日目　　月　　日
（誕生日の94日後）

霊楽《ひらき》の94日目　　月　　日
（年対称日の94日後）

Key Words

伊勢（伊＝80）・無駄・白鳥・垂水《たるみ》・祭り・真実・調達・夢中・名言《めいげん》

意味

94は澄んだ空気の中に真実と喜びの光を見出す、すがすがしい数霊です。あなたが今、夢中になるものはありますか？　そこに向かっているときのバイブレーションを大切にしましょう。心の迷い、とらわれは、何かに夢中になることで払拭することができます。物事の中にある、真実と喜びに対し、フォーカスするとよいでしょう。

数霊マントラ

無理、無駄はぶき真実照らさん　祭りて時ぞ　夢中になれ

94の数霊を持つ名前

真実の人

数霊アクション

▼自分が夢中になれるものはなんですか？　できることであればぜひ、実行してください。なかなか今、できないものであれば、それをやっているつもりになってみましょう。エネルギーが高揚します。

▼自分が好きな名言や好きな言葉を手帳に書き写しましょう。

▼伊勢参りに行く計画を立ててみましょう。

▼真実がどこにあるか心の眼を研ぎ澄ませ、感じてみましょう。

形霊	数霊の数字	
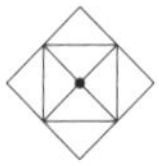	**95**	産霊《むすび》の95日目　　月　日 （誕生日の95日後） 霊楽《ひらき》の95日目　　月　日 （年対称日の95日後）

Key Words

父母《ふぼ》・一歩・ポイント・新生児・未曾有《みぞう》・発芽・秘伝・役者・灯明・中性子・草薙《くさなぎ》・紫

意味

95は成長の数霊です。生まれてから今日に至るまで、たくさんの愛を受けて育ってきました。まずはそのことに感謝しましょう。あなたが一歩一歩成長していく姿を、両親はどんなにか喜んでいたことでしょうか。そのまなざしを今度は他の人にも向けましょう。小さな一歩の積み重ねが明日を豊かにするのです。

数霊マントラ

父母の愛受け　芽が伸びて　歩みて一歩
明日開く

95の数霊を持つ名前

発芽の人

数霊アクション

▼両親に感謝の想いを送りましょう。今、離れて暮らしている人は電話をされるとよいでしょう。
▼発芽しているものを食べましょう。もやしやスプラウト、発芽玄米などがおすすめです。
▼一歩一歩確実にこなしていくように心掛けましょう。
▼ポイントをつかんで話すように心掛けましょう。

形霊	数霊の数字	
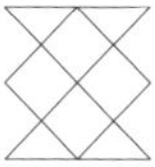	**96**	産霊《むすび》の96日目　　月　　日 （誕生日の96日後） 霊楽《ひらき》の96日目　　月　　日 （年対称日の96日後）

Key Words

菩薩・優勝・融合・改良・引力・別れ・集大成・哲学・拝殿・増幅・東・柚子《ゆず》・小倉《おぐら》・葛飾北斎

意味　96は菩薩の心を表す数霊です。すべてのものを利他なく慈悲の心をもって進むように、あなたは今、導かれているのです。あなたが必要なものをはっきりと望み、ひきよせなさい。そしてすでに必要のないものは、潔く手放しなさい。そして、そのどちらにも執着することなく進み、あなたの真心に座している菩薩の心を拝殿とするのです。

数霊マントラ

ひきよせるもよし　手放すもよし　真心きわめて菩薩心

96の数霊を持つ名前

菩薩の人

数霊アクション

▼慈悲の心を持って進む菩薩の心で物事に取り組んでみましょう。

▼優勝に向かって、今までの力の集大成を表しましょう。運は開かれています。

▼別れることを恐れてはいけません。それはもっとよい明日を作るためなのです。

▼今あるものをさらによいものに改良させていきましょう。工夫が大切です。

形霊

数霊の数字

97

産霊《むすび》の97日目　　月　　日
（誕生日の97日後）

霊楽《ひらき》の97日目　　月　　日
（年対称日の97日後）

Key Words

阿弥陀・南北・アトランティス・手首・誠実・もったいない・旗揚げ・祝福・真鯛・はにわ

意味

97は大事にする、ということがキーワードの数霊です。物事を誠実に、大切に扱いながら取り組んでいきましょう。そうすることで、古代の叡智を受けやすくなり、思わぬ祝福が舞い込んでくることでしょう。身体部分では、手首を柔軟にしておきましょう。ますます軽やかな心身になります。

数霊マントラ

旗揚げするは我《われ》の心　大切に扱い敬う　誠かな

97の数霊を持つ名前

誠実な人

数霊アクション

▼「もったいない」の感覚を大事にして、あなたの身のまわりにあるものに接しましょう。
▼手首をくるくる回して、しなやかな体を取り戻しましょう。
▼この数霊が何度も出てきたら、目を閉じてアトランティスに意識を向けてみましょう。まさしく今、水晶やブルー系のアトランティスのエネルギーがあなたに向かって流れているのかもしれません。

形霊	数霊の数字	
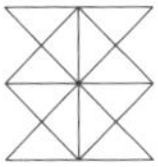	**98**	産霊《むすび》の98日目　　月　日 （誕生日の98日後） 霊楽《ひらき》の98日目　　月　日 （年対称日の98日後）

Key Words

不思議・カシオペア・五輪・切磋琢磨《せっさたくま》・論議・泉・勇往邁進《ゆうおうまいしん》・リンゴ

意味

98は湧き出づる泉のごとく、はるかな智恵と直結する神秘の数霊です。この数霊と出会うということは、まだまだ発展することのできる可能性を持っています。切磋琢磨、勇往邁進し、自分を磨きましょう。人としての努力を100パーセントやり切ったとき、宇宙は惜しみない応援をあなたにもたらし、あなたはあなた以上の速さで進むことができるのです。

数霊マントラ

切磋琢磨　磨きをかけよ　我《われ》の不思議に意を授けよ

98の数霊を持つ名前

泉湧く人

数霊アクション

▼リンゴをいただきましょう！　内からパワーが湧いてきます。

▼泉のエネルギーに触れてみましょう。噴水を見に行ったり、温泉に浸かることも同じようなハタラキがあります。

▼自分磨きに力を入れましょう。今やっていることに真剣に取り組んだり、新しいものにトライしてみるのもおすすめです。

▼自分が不思議だと思うことを調べてみましょう。新しい発見と気づきが待っています。

形霊

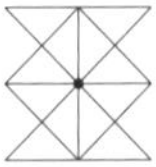

数霊の数字

99

産霊《むすび》の99日目　　月　　日
（誕生日の99日後）

霊楽《ひらき》の99日目　　月　　日
（年対称日の99日後）

Key Words

故郷《ふるさと》・曙《あけぼの》・ヘビ・ベスト・妊婦・子育て・明治・こだま・分岐点・卵・福の神・蓮華《れんげ》・ハチミツ（旧暦９月９日は菊の節句）

意味

99は福をもたらす分岐点に、あなたが今いることを示す数霊です。今まで歩んできた道のりに感謝をささげ、これから向かう道を祝福しましょう。すべてがベストタイミングでおこなわれています。曙はもうすぐ。明るくほがらかに進んでいきましょう。

数霊マントラ

曙来たりて　春望む　福の神在り　ここに在り

99の数霊を持つ名前

福呼ぶ人

数霊アクション

▼故郷に想いをはせましょう。故郷に両親や知人がいる方は、連絡をとってみて、より故郷の大地と人と愛を感じてみられるとよいですね。

▼分岐点に立っている今、あなたの心が広がるものを選択しましょう。頭で判断しないで、内なる声に従いましょう。

▼今できる自分の最高形を表し、ベストを尽くしましょう。結果はあとからついてきます。

形霊	数霊の数字	
	**100**	産霊《むすび》の100日目　　月　日 （誕生日の100日後） 霊楽《ひらき》の100日目　　月　日 （年対称日の100日後）

Key Words

美意識・神秘（ン＝10）・富士山・連合・命中・名人・神楽《かぐら》・磐座《いわくら》・量子・ゆとり・北極・宿命

意味　100は誰からも愛される、熟練された古き魂を持つ数霊です。熟考された論理力と、的を外すことのない的確さを持っているため、指導者としても優れています。しっかりと次のステージに進みたいときには、この数霊が大いに役立つことでしょう。

数霊マントラ

名人極まり理《ことわり》をなす　美意識極まり　神秘となす

100の数霊を持つ名前

神秘の人

数霊アクション

▼自分が美しいと思う想い、言葉、行動を形に表してみましょう。あなたはこの星に咲く美しい花のひとひらです。

▼ゆとりを持って行動しましょう。

▼北極に意識を向けましょう。エネルギーは南極から北極に向かい、宇宙からの荷電粒子も北極方向に向けて流れ込んできます。自分と地球と宇宙のエネルギーをイメージでつなげてみましょう。

▼富士山を眺めましょう。目につくところに写真を飾るとよいでしょう。

形霊	数霊の数字	
◎	**101**	産霊《むすび》の101日目　　月　日 （誕生日の101日後） 霊楽《ひらき》の101日目　　月　日 （年対称日の101日後）

Key Words

子ども・両親・和合・節分・自由・昭和・青空・良妻・有意義・日之本《ヒノモト》・新嘗祭《にいなめさい》・生け花・棟方志功

意味　101は明るく自由な意志を持つ数霊です。調和と和合をもたらす数霊であり、あなた自身の本質が霊《ひ》の元《もと》であることも告げています。特に人間関係においては節度と尊厳を持って付き合い、調和と和合の道を目指そうと努力することで、ますます有意義で力強い展開が待っていることでしょう。

数霊マントラ

自由なる　道しるべ　和合ありき　日の本通ず

101の数霊を持つ名前

和合の人

数霊アクション

▼古きよきものにふれてみましょう。忘れていた感情と情熱が蘇《よみがえ》るかもしれません。

▼花を飾りましょう。生け花にするとなおよいでしょう。

▼自分がなにものにもとらわれず、自由なる魂であることをイメージして、瞑想してみましょう。それがあなたの本性、霊の元の姿です。

▼自分の考えを振り返ってみましょう。終始一貫していますか？

形霊	数霊の数字	
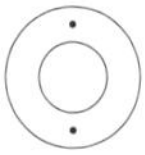	**102**	産霊《むすび》の102日目　　月　日 （誕生日の102日後） 霊楽《ひらき》の102日目　　月　日 （年対称日の102日後）

Key Words

以心伝心・禊《みそぎ》・寿・不撓不屈《ふとうふくつ》・則天去私《そくてんきょし》・花道・龍心・手助け・ホピ

意味　102は天然自然の理に従い生きる潔く清々《すがすが》しい数霊です。寿の花道を歩む人生とは、何事もあきらめず、天地のリズムに心を沿わせ、過度な私心なくほがらかに生きましょうと、102の数霊は教えてくれています。

数霊マントラ

以心伝心　澄みわたり　則天去私にて　花道渡る

102の数霊を持つ名前

寿の人

数霊アクション

▼夢は逃げていきません。夢から逃げるのは自分自身のほうなのです。不撓不屈の精神で粘り強く進んでいきましょう。

▼振り払いたいものがあれば、「はらいたまえ　きよめたまえ」の祝詞と共に、禊《みそぎ》をしてみましょう。水や塩での浄化もおすすめです。

▼以心伝心の気持ちを大切にしましょう。心を研ぎ澄ませて物事に丁寧に取り組むと、以心伝心しやすくなります。

▼一人で頑張り過ぎないで。手助けが欲しいときは素直にサポートを頼んでみましょう。

形霊	数霊の数字	
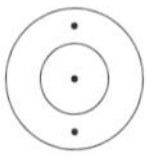	**103**	産霊《むすび》の103日目　　月　日 （誕生日の103日後） 霊楽《ひらき》の103日目　　月　日 （年対称日の103日後）

Key Words

日食・密教・帝《みかど》・吉祥天《きっしょうてん》・輝き・温情・不死鳥・岩船・須弥山《しゅみせん》・耶馬台国《やまたいこく》（ヤマト国は99）

意味　103は神秘の中で強さともろさを両方あわせ持つパワー溢れる数霊です。カリスマ性があり、その輝きの中で皆をひきつけると同時に、内なる闇もあわせ持っています。しかし闇が悪いわけではないのです。その部分をしっかり認識している、ということが大切なのです。輝きがさらに高まるには自分の中の闇を引き受けたうえで、愛情、温情にアクセスし、行動に移すことで不死鳥のごとく飛翔していくでしょう。

数霊マントラ

強く輝く　凜《りん》と輝く　温かな想いのパイプ
は　太い陽

103の数霊を持つ名前

輝きの人

数霊アクション

▼あなたにとって輝きを感じる人は誰でしょう？　その人をイメージして、自分もまた、その同じ輝きを持つ一人であることを感じてみましょう。

▼優しい想いや優しい言葉、思いやりのある行動を起こしてみましょう。その姿は、めぐりめぐってあなたのもとへ帰ってきます。

▼吉祥天や不死鳥がのっている絵や画像を見てみましょう。それはあなたの輝きを増すのに役立つことでしょう。

形霊	数霊の数字	
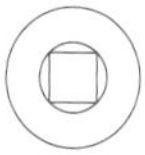	**104**	産霊《むすび》の104日目　　月　　日 （誕生日の104日後） 霊楽《ひらき》の104日目　　月　　日 （年対称日の104日後）

Key Words

おかげさま・満月・霊験《れいげん》・同盟・礼儀・団《だん》らん・七福神（七＝7）・暖炉・薬膳・湯葉《ゆば》

意味　104は礼節をもって、各々《おのおの》の個性が集結することで、力を発揮するという数霊です。宝船に乗った七福神も応援しています。自分が皆と協同して事を進めるのに足るだけの器であるよう「おかげさま」の気持ちを大切にして、我が身を磨きながら歩んでいくとよいでしょう。

数霊マントラ

満月照らし　七福神顕《あらわ》る　礼儀尽くして集まれり

104の数霊を持つ名前

満月の人

数霊アクション

▼礼儀正しく振る舞いましょう。あなたの中の清々《すがすが》しさが増します。

▼体が喜ぶものをいただきましょう。一番おすすめなのは薬膳料理です。

▼七福神のエネルギーとつながりましょう。七福神祝詞も有効です。

七福神祝詞

めぐりて天龍　昇りしは　花たちばな　匂い香の　あめつち開けし　開闢《かいびゃく》に

弥栄八坂　ひふみゆう　めでためでたの　みろくゆう　あっぱれあっぱれ

えんやらや

形霊

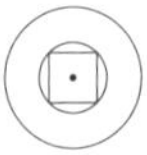

数霊の数字

105

産霊《むすび》の105日目　　月　日
(誕生日の105日後)

霊楽《ひらき》の105日目　　月　日
(年対称日の105日後)

Key Words

アマテラス・ニニギ・清流・守護・世界平和・源《みなもと》・穏やか・背骨・おみくじ・調理・味噌汁

意味　105は、大いなるみなもとへと通じる、強いバイブレーションを放つ数霊です。その光は天孫降臨系のエネルギーを持ち、日本のみならず世界を柔《やわ》し、平和へといざなう力を持っています。この数霊が出たあなたにも、その力の加護が働いていることを、教えてくれているのです。

数霊マントラ

アマテラス　みなもとの力　守護強く　清流ありて　たかのぼる

105の数霊を持つ名前

源《みなもと》の人

数霊アクション

▼世界平和を祈りましょう。祈りはパワフルな想念エネルギーです。
▼背筋を伸ばして背骨を意識しましょう。自分の軸は背骨からです。
▼お味噌汁をいただきましょう。
▼みなもとへと還っていくイメージを持って瞑想をしてみましょう。穏やかな呼吸を意識して、雑念を追いかけずに放っておくことで、みなもとの意識へとつながりやすくなります。

形霊	数霊の数字	産霊《むすび》の106日目　　月　日 （誕生日の106日後） 霊楽《ひらき》の106日目　　月　日 （年対称日の106日後）
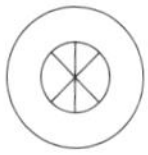	**106**	

Key Words

愛情・調和・一期一会・究極・邪気・野望・循環・無念無想・浄化・開業・生姜《しょうが》・新緑

意味

106は感情を司《つかさど》る数霊です。自分の感情をどう扱うかで物事の進行がどんどん変化します。愛情も過度になり過ぎるとかえって邪気へと変化することもあります。今あなたの意識がどこにあるのかをよくチェックして進みましょう。

数霊マントラ

無念無想　ここにあり　愛と調和の　一期一会

106の数霊を持つ名前

調和の人

数霊アクション

▼調和を大切にして進みましょう。どこかに偏っていないかセルフチェックを忘れずに。

▼生姜の入った料理やドリンクをいただきましょう。自分の中にあるネガティブなエネルギーフィールド（邪気）が祓われやすくなると同時に、体も温まり一石二鳥です。

▼今、調子の悪い人は浄化が進んでいる表れかもしれません。やみくもに進むのではなく、内側を見つめながらゆっくりと歩みましょう。

形霊	数霊の数字		
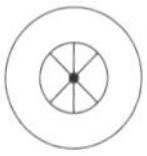	**107**	産霊《むすび》の107日目 （誕生日の107日後）	月　　日
		霊楽《ひらき》の107日目 （年対称日の107日後）	月　　日

Key Words

銀河・中和・雷・雷神《らいじん》・天馬行空《てんばこうくう》・千紫万紅《せんしばんこう》・消滅・サルタヒコ・メルヘン・アヌビス・オレンジ

意味　107は大志とつながる大いなる数霊です。あなたの念は駿馬のごとく千里の宇宙を駆け抜けます。慎重にて大胆、消滅を恐れることなく、悠々と進みましょう。銀河宇宙がいつもあなたを見守っています。

数霊マントラ

天馬行空　駆け抜ける　千紫万紅　銀河を渡る

107の数霊を持つ名前

銀河の人

数霊アクション

▼銀河の写真を見つめてみましょう。そしてあなたが銀河宇宙の一員であることを感じてみましょう。

▼千紫万紅とはさまざまの色、または色とりどりの花が咲き乱れていることを指します。もっと自由に、大胆に、おおらかに進みましょう。あなたがあなたらしくいることが銀河宇宙の望みなのです。

▼自分にとっていやだと思うものも中和させる勇気を持ちましょう。そのたびにあなたのエッジはどんどん広がり深くなります。

形霊	数霊の数字	
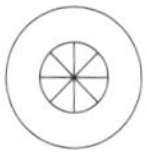	**108**	産霊《むすび》の108日目（誕生日の108日後）　月　日 霊楽《ひらき》の108日目（年対称日の108日後）　月　日

Key Words

羊・御来光・必然・権現・如来・言行一致・和《なご》み・文明・吉日・体《からだ》・共存・メンヒル

意味　108は聖なる光と俗なるものが融和し、昇華していく数霊です。言行一致で徳を積み、天に愛される人になりましょう。あなたはすでに生ける神の宮なのですから。

数霊マントラ

言葉と行動　適《かな》ったとき　御来光あり　曙《あけぼの》あり

108の数霊を持つ名前

和みの人

数霊アクション

▼朝日を浴びましょう！　エネルギーチャージに最適です。
▼今日は吉日、素晴らしき日です。胸を張って笑顔で過ごしましょう。
▼体の声に耳を澄ませて動きましょう。頑張るのではなく、楽しんでやるということを大切にしましょう。
▼心の葛藤を手放すときです。いらないエネルギーはどんどん排除しましょう。

形霊	数霊の数字		
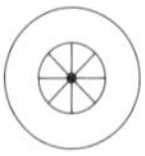	**109**	産霊《むすび》の109日目 （誕生日の109日後）	月　日
		霊楽《ひらき》の109日目 （年対称日の109日後）	月　日

Key Words

新陳代謝・極楽・産湯《うぶゆ》・人類・一心不乱・不動心・神杉《かみすぎ》・伴侶・発動・贈り物・鯨《くじら》・基準

意味　109は完成へと向かうのに大切な心掛けを伝えてくれる数霊です。一つのものにこだわり過ぎることなく、心と体の新陳代謝を活性化して歩みましょう。不安になったときは、原点に戻るのです。そこから発動したものは、再びよき火花を放って、大輪の華を描くでしょう。

数霊マントラ

神の発動　一心不乱　不動心持ちて　進みたし

109の数霊を持つ名前

発動の人

数霊アクション

▼鯨の写真や絵を眺めましょう。イメージで鯨と一緒に大海原を旅してみるのもよいでしょう。

▼心動じず、不動心で進みましょう。ぶれることなくあせることなく。

▼誰かに贈り物をしてみましょう。その人の笑顔を思い浮かべながらプレゼントを選びましょう。

▼パートナーに優しい言葉をかけましょう。よき流れが巡りやすくなります。

形霊

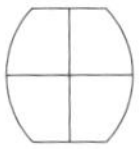

数霊の数字

110

産霊《むすび》の110日目　　月　　日
（誕生日の110日後）

霊楽《ひらき》の110日目　　月　　日
（年対称日の110日後）

Key Words

協調・燃料・目標・響き・記憶力・天真爛漫《てんしんらんまん》・連続・雪月花・雅楽・タイミング・クリスマス・百済《くだら》

意味

110は上昇スパイラルに乗った軽やかな数霊です。あなたの意図する流れはベストタイミングで天の応援を受けています。目標を定めて、深刻になることなく、天真爛漫に進みましょう。

数霊マントラ

天真爛漫　神の響き　目標定めて　軽やかに歩め

110の数霊を持つ名前

天真爛漫な人

数霊アクション

▼くよくよしないで天真爛漫に進みましょう。なんとかなります。大丈夫！
▼雅楽を聴いてみましょう。天上界の響きと共振し合っている音楽、それが雅楽です。
▼目標を立てましょう。今がベストタイミングです。
▼自分にとって続けてやれることはなんですか？　そのことを大切にしましょう。

形霊

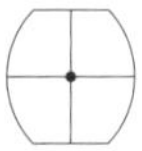

数霊の数字

111

産霊《むすび》の111日目　　月　　日
（誕生日の111日後）

霊楽《ひらき》の111日目　　月　　日
（年対称日の111日後）

Key Words

数霊《かずたま》・音霊《おとだま》・つむじ・強靭・天浮橋《あめのうきはし》・自然淘汰・遠心力・円熟・織姫・初志貫徹・竜胆《りんどう》・一流

意味

111は天と地をつなぐ橋渡しとなる数霊、音霊そのものを表し、思念がやがて成就していく様を表します。111は宇宙からの呼び声です。波紋のように広がりゆく数と音のメッセージに耳を傾け、心に響いた部分から発信してみましょう。

数霊マントラ

天浮橋かけおりて　数霊　音霊　あまねく広がる

111の数霊を持つ名前

円熟の人

数霊アクション

▼「今日のメッセージは何?」と心に問いかけて、数霊辞典をめくってみましょう。それがあなたへのメッセージです。

▼一音一音を感じながら歌をうたってみましょう。あなたの響きは音霊となって、今、この瞬間全宇宙に広がっています。

▼つむじを指で押さえながら、腰を回してみましょう。遠心力を感じますか?　原子も宇宙もあなたも、すべては回転、振動しています。

▼一流のものやこと、人のエネルギーに触れてみましょう。そこにある煌めきと円熟味を感じてみましょう。

形霊	数霊の数字	
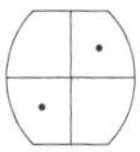	**112**	産霊《むすび》の112日目　　月　日 （誕生日の112日後） 霊楽《ひらき》の112日目　　月　日 （年対称日の112日後）

Key Words

起承転結・千里眼・柔和・度胸・星占い・和菓子・お疲れ様・孔雀《くじゃく》・柳・夏目漱石

意味

112は千里眼とつながる数霊です。一見、柔らかで楽しげなエネルギーなので、他からあまり詮索されることもありません。けれども実は、何事にも対応できる度胸も智恵も持っているパワフルな数霊なのです。どんとかまえて進みましょう。もし先行きが不安になったときは、占星術からヒントをもらうとよいでしょう。

数霊マントラ

柳　しなやか　柔和にて　度胸もすわり

千里眼

112の数霊を持つ名前

柔和な人

数霊アクション

▼洗面所に行くたびに鏡を見て、柔和な表情をしてみましょう。それがあなたのスタンダードです。

▼和菓子をいただきましょう。ほっこりとリラックスして。

▼あなたがうれしいことをしてみましょう。喜びは宇宙にこだまする音です。

▼今、あなたがかかわっていることが起承転結のどの部分にあるのかを感じてみましょう。道のりがわかれば、先見性を持ってパワフルに進むことができます。

形霊	数霊の数字	
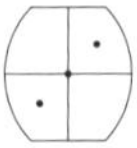	**113**	産霊《むすび》の113日目　　月　　日 （誕生日の113日後） 霊楽《ひらき》の113日目　　月　　日 （年対称日の113日後）

Key Words

船出・配慮・UNIVERSE・腕輪・素粒子・迎え火・墓参り・尊び合い・ハトホル・リボン

意味

113は霊的で精妙な数霊です。マクロは宇宙、ミクロは素粒子と巨視と微視の世界の両面から、本質をさぐることができる微細で根源的なエネルギーを持っています。日々の生活をもっと祈りで満たしましょう。113のような高次元のエネルギーの恩恵を受けやすくなるはずです。

数霊マントラ

素粒子から宇宙まで　愛で満たす　祈りで満たす

113の数霊を持つ名前

船出の人

数霊アクション

▼船出の時がやってきました。今までの準備が整ったのです。

▼相手に敬意を表し、尊び合いながら進みましょう。あなたの精妙な波動が相手にも伝わり、影響し合っています。

▼ご先祖様に想いをはせましょう。感謝と敬意をもってお祈りされるとよいでしょう。可能な方はお墓参りに行きましょう。

▼宇宙に想いをはせ、その一部である自分を感じ、微笑と共に祝福しましょう。

形霊	数霊の数字	
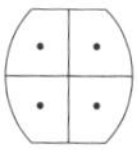	**114**	産霊《むすび》の114日目　　月　日 （誕生日の114日後） 霊楽《ひらき》の114日目　　月　日 （年対称日の114日後）

Key Words

形霊《かただま》・技芸《ぎげい》・そよ風・ものしり・生業《せいぎょう》・聖業・主人・日本人・真珠・永井荷風

意味

114は形霊を呼び起こし、技芸を広める数霊です。あなたの特技が人々の役に立ちます。技芸を磨き、高め、スペシャリストを目指しましょう。また、この数霊が出たときは、身のまわりにあるもののかたちについて注意を払ってください。気になるかたち、形状は、今のあなたにとって幸運をもたらす形霊です。ちなみに、国旗である日の丸の形は宇宙との大調和を示す美しい形霊です。

数霊マントラ

技芸きわめ　そよ風たなびく　形霊きわめ
数霊みちびく

114の数霊を持つ名前

そよ風の人

数霊アクション

▼日本と日本人のよさをあげてみて、日本人であることを誇りに思いましょう。
▼数霊辞典の中から、自分の好きな形霊をいくつか実際に描いてみましょう。
▼あなたの特技はなんですか？　ぜひ暮らしの中で生かしましょう。
▼真珠のアクセサリーを身につけてみましょう。

形霊	数霊の数字	
	**115**	産霊《むすび》の115日目　　月　日 （誕生日の115日後） 霊楽《ひらき》の115日目　　月　日 （年対称日の115日後）

Key Words

色即《しきそく》是《ぜ》空《くう》・理《ことわり》・太陽暦・アポロ・ハミング・火種・悪循環・和やか・加藤清正

意味　115は数自体が、現状を打開するマントラの役割を持つ数霊です。色即是空の理《ことわり》に沿って行く先に光明をもたらします。色と空は表裏一体なので、今ある心の内をしっかりと見つめ、和やかな笑顔をもって前進していきましょう。

数霊マントラ

数の理《ことわり》115　色即是空　すべてを愛《め》でる

115の数霊を持つ名前

和やかな人

数霊アクション

▼般若心経を唱えてみましょう。宇宙の真理を表している真言です。

▼悪循環を断ち切るにはいい時期です。あなたにとってすでに不要となったエネルギーに対して、思い切ってノーを告げましょう。

▼ハミングしながら行動しましょう。歩きながら、家事をしながら、和やかな風が吹いてきます。

▼「今日も元気、いい笑顔！」と唱えながら、鏡を見て笑ってみましょう。

形霊	数霊の数字	
	**116**	産霊《むすび》の116日目　　月　日 （誕生日の116日後） 霊楽《ひらき》の116日目　　月　日 （年対称日の116日後）

Key Words

剣《つるぎ》・言霊・産霊《むすび》・温厚篤実《おんこうとくじつ》・精進《しょうじん》・現在・日本《にっぽん》・日の出・根回し・初夢・注連縄《しめなわ》・神漏美《かむろみ》・宮殿

意味　116は日本と深くかかわり合っている数霊です。言霊も116であり、まさしく言霊の幸《さきわ》う国が日本というわけです。日々精進を怠らず、今現在を温厚篤実に生きる姿勢が私たち本来の姿であり、世界に日の出をもたらす国の民としての使命なのです。

数霊マントラ

剣《つるぎ》舞う　言霊のさきわう国に　日の出あり

116の数霊を持つ名前

剣《つるぎ》持つ人

数霊アクション

▼言霊の力を感じて、言葉を発しましょう。新たな産霊が生まれます。

▼女性性を大切にしましょう。穏やかな微笑みの中で、丁寧に物事に取り組んでいくのがベストです。

▼日々精進あるのみ！　未来でも過去でもなく、今目の前にあることに意識を向けましょう。

形霊	数霊の数字	
	**117**	産霊《むすび》の117日目　　月　日 （誕生日の117日後） 霊楽《ひらき》の117日目　　月　日 （年対称日の117日後）

Key Words

イザナミ・受精・誕生・宝物・色霊《いろだま》・純粋《じゅんすい》・立春・感謝します・ありがとう・集中・悪口・恩知らず

意味　117はイザナギと共に、多くの神を誕生させた女神・イザナミの御心を表す数霊です。ありがとう・感謝しますはイザナミの心。そうしてあらゆるものを創世したにもかかわらず、私たちの感謝の心が足りず、恩知らずな生き方をしてしまっているのです。純粋な気持ちですべてのものを慈しみ感謝と共にある生活を心掛けましょう。

数霊マントラ

ありがとう　感謝します　イザナミ　生まれる　宝物

117の数霊を持つ名前

感謝の人

数霊アクション

▼あなたにとって宝物と思えるものや人を大切にしましょう。

▼「ありがとう」という言葉を意識的に使うようにしましょう。よきコミュニケーションの基本は感謝の言葉から始まります。

▼悪口を言っていないか、恩知らずになっていないか、我が身を振り返りチェックしてみましょう。

▼エレガントな振る舞いを心掛けましょう。

形霊	数霊の数字	
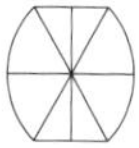	**118**	産霊《むすび》の118日目　　月　日 （誕生日の118日後） 霊楽《ひらき》の118日目　　月　日 （年対称日の118日後）

Key Words

ひな型・爆発・天寿・臨月・橋渡し・行雲流水《こううんりゅうすい》・清純・一子相伝・燕・メラトニン・不世出

意味　118は、今まさに現実界に現れるべく、天でのひな型が整い、成就させる橋渡しの数霊です。行く雲のごとく、流れる水のごとく、清らかで明るきエネルギーが整い、空から色の世界への橋渡しをするのです。

数霊マントラ

清らかなりて進む道　ひな型整い　橋渡す

118の数霊を持つ名前

橋渡しの人

数霊アクション

▼朝日を浴びてメラトニンを活性化させましょう。メラトニンから幸福ホルモンであるセロトニンが分泌されます。

▼物事を現象化したいのであれば、最初にイメージで意識のひな形を作りましょう。それがはっきり、くっきりするたびに、現象化が近づいてきます。

▼行雲流水のごとく、こだわらず、とらわれず、あるがままに進みましょう。世界はあなたに向かって開かれています。

形霊	数霊の数字	
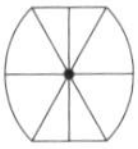	**119**	産霊《むすび》の119日目　　　月　　日 （誕生日の119日後） 霊楽《ひらき》の119日目　　　月　　日 （年対称日の119日後）

Key Words

受胎《じゅたい》・鎮守《ちんじゅ》・仏門・七夕・彦星・北極星・立秋・手放す・梅干し

（般若心経は119種の文字）

意味

119は、天空とかかわり合いのある数霊です。北極星は天の眼となり、地球を見渡し導く星。その守護下にあるのが私たちの星、地球です。天の意に沿う生き方を、星々たちのエネルギーがサポートして教えてくれることでしょう。

数霊マントラ

手放し満ちる　天の星　受け取り渡す　地の星　我《われ》なり

119の数霊を持つ名前

北極星の人

数霊アクション

▼心にわだかまりのある方は、もう手放していいよというサインです。星空を見上げながら、自分のありたい方向を宣言してみましょう。

▼お寺や鎮守の森のある神社などに出かけましょう。

▼梅干しを食べましょう。強力なアルカリ性で血液を浄化してくれます。

▼星座に関する物語や気になる神話を読んでみましょう。

形霊	数霊の数字	
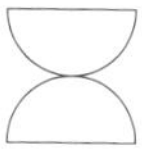	**120**	産霊《むすび》の120日目　　月　日 （誕生日の120日後） 霊楽《ひらき》の120日目　　月　日 （年対称日の120日後）

Key Words

はぐくむ・思いやり・稲妻・惟神《かんながら》・安心立命《りつめい》・女神《めがみ》・おめでとう・農業・瑞穂・律儀・つぼみ

意味　１２０は柔らかさと強さをあわせ持つ女神の数霊です。あなたは神にとても愛されています。愛と思いやりを持って進みましょう。そうすればますますあなたと神が近くなり、女神の応援を受けて、稲妻のごとく輝き開けます。

数霊マントラ
あなたは女神　愛の道　思いやりはぐくみ天の道

１２０の数霊を持つ名前
おめでとうの人

数霊アクション
▼誰かに「おめでとう」を言ってみましょう。この言葉がよく出るほど、あなたのバイブレーションは細やかになることでしょう。
▼土いじりをしてみましょう。ガーデニングや家庭菜園がおすすめですが、鉢植えのお花を飾ってもＯＫです。
▼あなたの好きな女神はどなたですか？　その名前を心を込めて唱えてみましょう。神々のエネルギーは時空を超えてあなたのもとへやってきます。

形霊	数霊の数字	
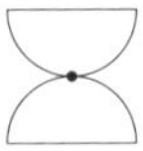	**121**	産霊《むすび》の121日目　　月　日 （誕生日の121日後） 霊楽《ひらき》の121日目　　月　日 （年対称日の121日後）

Key Words

守護神・用《よう》意周到《いしゅうとう》・銀河系・バランス・自在・和睦・充填《じゅうてん》・羊蹄山・位山

意味　121は和睦をもたらす結びの数霊です。用意周到に物事が準備され、成就する手引きが整いました。あなたをサポートしている、守護神が動いたのです。すべてのものに感謝の念を送り、天の計らいを信じましょう。

数霊マントラ

バランス整い　和睦かな　銀河の神ぞ　守り給え

121の数霊を持つ名前

和睦の人

数霊アクション

▼準備は整いましたか？　もう一度手順や用意するものなどのチェックをしてみましょう。

▼バランスを意識して歩みましょう。心のバランス、体のバランス、人間関係のバランス……さまざまなものとの調和を図るようにしましょう。

▼和睦の時がやってきました。新しいステージの始まりです。

形霊	数霊の数字	
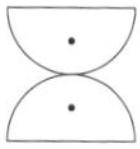	**122**	産霊《むすび》の122日目　　　月　　日 （誕生日の122日後） 霊楽《ひらき》の122日目　　　月　　日 （年対称日の122日後）

Key Words

明鏡止水《めいきょうしすい》・スバル・才気煥発《さいきかんぱつ》・賑《にぎ》やか・弁護・滅亡・目配せ・白血球

意味　122は栄枯盛衰を表す数霊です。自分の保身のために才能を扱えば衰退し、全体の調和発展のために使えば、栄華が訪れます。今の自分の立ち位置をきちんと見極め、明鏡止水の心境で進みましょう。

数霊マントラ

明鏡止水　濁りなき　才気煥発　燃ゆる命

122の数霊を持つ名前

才気の人

数霊アクション

▼賑やかなるもののエネルギーに触れてみましょう。

▼明鏡止水の気持ちで自分自身の内なる声と対話してみましょう。

▼自分の才能、能力にもっと自信を持って進みましょう。自信とは自分を信じるということでもあります。

▼まわりへの気配り、目配せはオッケーですか？

形霊

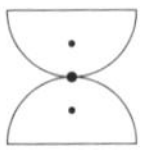

数霊の数字

123

産霊《むすび》の123日目　　月　　日
（誕生日の123日後）

霊楽《ひらき》の123日目　　月　　日
（年対称日の123日後）

Key Words

黄昏《たそがれ》・不死身・一長一短・橘《たちばな》・勢揃い・海亀・さざ波・琵琶湖・磐笛《いわぶえ》・春分・静寂・レムリア

意味　123は永遠へのいざないをもたらす数霊です。あの世とこの世をつなぐ数霊でもあります。さざ波のごとく意識が細やかに精妙になっていくと、生きながらにして、可視と不可視の世界をつなぐことができます。今、あなたのまわりに起こっていることを注意深く観察して、自分にとってよいと思えるものだけを選択しましょう。

数霊マントラ

さざ波寄せて　海亀渡る　竜宮世界　花橘に　香り蒸す

123の数霊を持つ名前

海亀の人

数霊アクション

▼海亀も橘も幸福と繁栄を表すサインです。写真などを見てみましょう。
▼静寂の時間を大切にしましょう。自分の内とつながるには静寂さが必要です。
▼太陽黄経0度の春分、「ひふみ」でもある123は、物事のスタートに最適なときを迎えています。今がベストタイミングです。

形霊

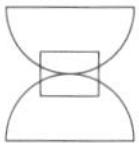

数霊の数字

124

産霊《むすび》の124日目　　月　日
（誕生日の124日後）

霊楽《ひらき》の124日目　　月　日
（年対称日の124日後）

Key Words

神遊び・解毒・羅針盤《らしんばん》・迫力・ごめんなさい・火祭り・光彩陸離《こうさいりくり》・大豆・オリンピア・真水

意味　124は謝罪と解毒（デトックス）を表す数霊です。感謝の前に必要なのが謝罪なのです。身を振り返り、至らぬところを心より詫びるのです。その謙虚さをもって感謝に至ると、次の羅針盤が示されます。その繰り返しがあなたを進化させます。

数霊マントラ

心の解毒は　ごめんなさい　愛と誠の　羅針盤

124の数霊を持つ名前

神遊びの人

数霊アクション

▼「ごめんなさい」のひと言を意識しましょう。気になっていることや人がいたら、謝るによき日です。

▼大豆製品をいただきましょう。畑のお肉とも言われる大豆はあなたの心身を強くします。

▼この世は嬉し楽しの神遊びの世界です。大いに笑い、喜び、神の創りしこの世界を祝福しましょう。

▼「迫力」のあるエネルギーのものを感じてみましょう。ちなみに自らのエネルギーが迫力を持つと、気迫となって周囲に影響を与えます。

形霊

数霊の数字

125

産霊《むすび》の125日目　　月　　日
（誕生日の125日後）

霊楽《ひらき》の125日目　　月　　日
（年対称日の125日後）

Key Words

情智《じょうち》意《い》・箱舟・一心同体・見極め・開闢《かいびゃく》・高次元・同調・成熟・桃源郷《とうげんきょう》・秋分・地球暦・桃太郎

意味　125は、開闢の数霊。理想実現への扉が新たに開かれたことを意味します。ここまで、よく頑張りましたね。天も祝福しています。もっと先に進むには、今一度、何が必要で、何が必要でないのかを見極め、より高次の意識と同調しながら歩みましょう。ククリヒメの応援も受けています。

数霊マントラ

めでたき開闢　待ちわびて　扉開かれ　桃源郷

125の数霊を持つ名前

開闢の人

数霊アクション

▼精神のバランスを今一度整えて、理想形をしっかりとイメージしながら進みましょう。

▼高次元のエネルギーとつながりましょう。パワースポットに行ったり、ヨガや気功、瞑想をしたりするのもおすすめです。

▼桃太郎のお話をもう一度読んでみましょう。昔話は叡智の宝庫です。

▼高次元にいる宇宙の存在に想いを向けてみましょう。彼らとの共通言語はテレパシーになります。

形霊	数霊の数字	
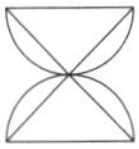	**126**	産霊《むすび》の126日目　　月　　日 （誕生日の126日後） 霊楽《ひらき》の126日目　　月　　日 （年対称日の126日後）

Key Words

日の丸・出現・座標・斎宮《いつきのみや》・うるう年・タマユラ・白うさぎ・インゲン豆

意味　126は扉を開ける数霊です。軸を定めて自分の立ち位置を確かめながら、慎重に進むのです。あせってはいけません。もし、あなたが立ち止まったときは、神々を呼び出してください。やおよろずの神々たちが応援したいと申し出ています。

数霊マントラ

座標を　定めて　日の丸　あらわる　斎宮《いつきのみや》

126の数霊を持つ名前

座標の人

数霊アクション

▼あらゆる固定観念を取り払って純な気持ちで日の丸のマークを眺めてみましょう。その黎明なるエネルギーに触れることをおすすめします。

▼うさぎの絵や写真を眺めましょう。かわいらしさと軽やかさのバイブレーションをあなた自身に転写させましょう。

▼自分の立ち位置をチェックしましょう。

形霊

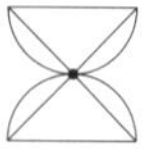

数霊の数字

127

産霊《むすび》の127日目　　月　　日
（誕生日の127日後）

霊楽《ひらき》の127日目　　月　　日
（年対称日の127日後）

Key Words

完全無欠・喜怒哀楽《きどあいらく》・一生懸命（一所懸命は124）**・産声《うぶごえ》・わだち・志《こころざし》・蹄《ひづめ》・もみじ・わさび・頭寒足熱**

意味

127は感情と意志を司《つかさど》る数霊です。己れの心をよく見つめ、今自分がどのように感じ、何をしたいのか、したくないのかを明確にしましょう。そのうえで志を浮き彫りにして、進むとよいということを示しています。

数霊マントラ

心の叡智に耳澄まし　志新たに進みたり

127の数霊を持つ名前

志の人

数霊アクション

▼志高くいきましょう。低くすることなどありません。
▼感情を豊かに表しましょう。何事にも一生懸命なあなたを天はまるごと愛しています。
▼頭寒足熱を心掛けましょう。免疫力の高い健康な体作りの基本です。
▼自分が陥《おちい》りやすい感情のパターンはどんなものか自己分析してみましょう。

形霊

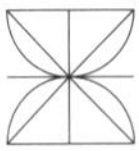

数霊の数字

128

産霊《むすび》の128日目　　　月　　日
（誕生日の128日後）
霊楽《ひらき》の128日目　　　月　　日
（年対称日の128日後）

Key Words

観自在《かんじざい》・扉《とびら》・宝珠《ほうじゅ》・剣山

※12月８日は仏陀誕生の日である一方で、大本教弾圧、真珠湾攻撃、ジョン・レノン銃撃など、明と暗の分かれ道。どちらかの扉を選ぶ日。

意味

１２８は、繁栄と幸運を表す数霊です。または、その扉が開かれたことを意味します。天は、あなたの心が美しく澄んでいることを知っています。その心をもって、一つのものにとらわれることなく、観自在に進むことを天から応援されているのです。

数霊マントラ

観ずるところあり　自在なり　宝の珠にて扉開き

１２８の数霊を持つ名前

宝珠の人

数霊アクション

▼扉は開かれました。あなたはすでに豊かさの中にいます。

▼家のドアや玄関を拭き掃除しましょう。清め終わったあとは、再スタートです。

▼一つのものにこだわり過ぎないようにしましょう。あなたはどんなものにもなれるのです。

▼般若心経を読んでみましょう。

形霊	数霊の数字	
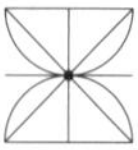	**129**	産霊《むすび》の129日目（誕生日の129日後）　月　日 霊楽《ひらき》の129日目（年対称日の129日後）　月　日

Key Words

勾玉《まがたま》・気配り・ごちそうさま・共時性・たんぱく質

意味

129は思いやりと感謝を表す数霊です。例えば天の恵み、地の恵み、人の愛によって調理された品をいただいたあとは「ごちそうさま」と、感謝を告げますね。この感謝と思いやりの心を持って、周囲を明るく照らすことで、思わぬシンクロニシティ（共時性）が起こってくることでしょう。

数霊マントラ

心の勾玉　輝きて　まわりも光らす　すべてよし

129の数霊を持つ名前

共時性の人

数霊アクション

▼小さなサインを見逃さないようにしましょう。共時性の中で、思いがけない出会いや物事を引き寄せる可能性があります。

▼ごちそうさまのあいさつを忘れないようにしましょう。あなたの気配り、優しさが周囲を明るく照らしています。

▼勾玉のアクセサリーを身につけることをおすすめします。それはあなたを守護することでしょう。

形霊	数霊の数字	
	**130**	産霊《むすび》の130日目　　月　日 （誕生日の130日後） 霊楽《ひらき》の130日目　　月　日 （年対称日の130日後）

Key Words

守護神（ン＝10）・櫓《やぐら》・友達・山ノ神・料理・豊穣《ほうじょう》・勢至菩薩《せいしぼさつ》・ありのまま・情報

意味

130は援護と友愛の数霊です。人は一人で生きているのではありません。

さまざまな恵みのもとに、生かされ生きています。ありのままのあなたを守ってくれる存在、人やもの、自然、一つ一つに敬意を示し、さらなるよき関係性が築けるように、情報を活用して、自らも働きかけていきましょう。

数霊マントラ

豊穣の　恵みもたらす　守護ありは　友の
力ぞ　ありがたき

130の数霊を持つ名前

豊穣の人

数霊アクション

▼しばらく会っていない友に連絡をとってみましょう。
▼山の幸が豊かな料理をいただきましょう。
▼自分にとって必要と思われる情報をゲットしましょう。
▼飾らないありのままの自分でいるようにしましょう。
▼自然がいっぱいあるところへ出かけてみましょう。温泉に入ったり、森林浴をしたりするのもおすすめです。

形霊	数霊の数字	
	**131**	産霊《むすび》の131日目　　月　日 （誕生日の131日後） 霊楽《ひらき》の131日目　　月　日 （年対称日の131日後）

Key Words

さざれ石・コノハナサクヤ・宝くじ・銘柄・愛弟子《まなでし》・物理・白狐《びゃっこ》・柊《ひいらぎ》

意味　131はコノハナサクヤの数霊です。富士山の女神と言われるコノハナサクヤは、美と豊かさをもたらします。さあ準備は整いました。気をそぞろにすることなく迷わず進んでください。
数霊マントラ
コノハナサクヤ　花咲くや　力を合わせ
さざれ石
131の数霊を持つ名前
コノハナサクヤの人
数霊アクション
▼自分の好きなクリスタルのさざれ石を買いましょう。その石を身近なところに置いて場の浄化を図りましょう。
▼宝くじを買うのもおすすめです。
▼身近にある物理法則に目を向けましょう。それは自然界におけるルールなのです。
▼富士山の写真を眺めて、コノハナサクヤのエネルギーとつながりましょう。

形霊	数霊の数字	
	**132**	産霊《むすび》の132日目　　月　　日 （誕生日の132日後） 霊楽《ひらき》の132日目　　月　　日 （年対称日の132日後）

Key Words

真心・門出《かどで》・月食・瀬戸際・土俵・光風霽月《こうふうせいげつ》・断食・解語之花《かいごのはな》・プリンス

意味　132は自分の真価が試される数霊です。今停滞しているものがあれば、それを打破する時期が来たということでもあります。門出のときの初心を思い出し、真心と愛念で現状を打ち破りましょう。今がそのときです。

数霊マントラ

門出の心　忘るるな　月　欠けたるは　見かけなり

132の数霊を持つ名前

真心の人

数霊アクション

▼真心を込めて行動するようにしましょう。あなたのその気持ちはまっすぐ相手に届くことでしょう。

▼一日断食をしてみましょう。デトックスには最適です。

▼光風霽月とは心がさっぱりと澄み切っていて爽やかであるという意。すでに終わったことにくよくよせず、まだ来ていないことにおどおどせず、流れる風のごとくさらさらと進んでいきましょう。

形霊

数霊の数字

133

産霊《むすび》の133日目　　月　　日
（誕生日の133日後）

霊楽《ひらき》の133日目　　月　　日
（年対称日の133日後）

Key Words

解脱《げだつ》・縄文・君が代・菩提・一竿風月《いっかんふうげつ》・無常《むじょう》・水引き・独立・パンダ・徐福・千利休《せんのりきゅう》・吉田兼好

意味　133は、のびのびととらわれのないことを示す数霊です。俗事を忘れ、自然の中に入って、ゆったりと時を過ごしたり、無邪気に遊んでみるのもよいでしょう。また、古代人の持っていた霊性の高さを呼び起こす数霊でもあります。

数霊マントラ

一竿風月　とこしえなり　菩提の淵に　解脱あり

133の数霊を持つ名前

解脱の人

数霊アクション

▼縄文時代のエネルギーに触れてみましょう。そのころを著《あらわ》した読み物を読んだり、勾玉を持つのもよいでしょう。

▼今、この瞬間、瞬間に全力を尽くしましょう。そのときあなたは解脱《げだつ》、菩提《ぼだい》の境地にいるのです。

形霊	数霊の数字	
	134	産霊《むすび》の134日目　　月　　日 （誕生日の134日後） 霊楽《ひらき》の134日目　　月　　日 （年対称日の134日後）

Key Words

公明正大《こうめいせいだい》・マンダラ・伎芸天《ぎげいてん》・超音波・不可抗力《ふかこうりょく》・天晴《あっぱ》れ・蝶番《ちょうつがい》・ゆらぎ・日本橋・松下幸之助

意味

134は才能が花開く数霊です。宇宙の三千世界の花の中で、あなたを通して、真善美の蕾《つぼみ》が膨らみ、花開いていくのです。好きなもの——それはあなたが先天の気として受け継いだ才能です。磨きをかけて光らせましょう。

数霊マントラ

心を磨き　技を磨く　伎芸天にて　守り給う

134の数霊を持つ名前

天晴れの人

数霊アクション

▼堂々と臆することなく、公明正大に進みましょう。その誠実さがあなたをさらに加速させます。

▼不可抗力のものに対して抵抗することはやめましょう。受け入れることも立派な強さです。

▼伎芸天の真言を唱えてみましょう。「ノウボウ　マケイジンバラヤ　ウシマ　ボウシキャヤ　ソワカ」です。

形霊	数霊の数字	
	**135**	産霊《むすび》の135日目　　月　日 （誕生日の135日後） 霊楽《ひらき》の135日目　　月　日 （年対称日の135日後）

Key Words

だるま・右《みぎり》・つながり・役割・秩序・建速《タケハヤ》スサノオ・取次ぎ・エルサレム・ユダヤ・ほうれんそう

※日本標準時東経135度

意味

135は役割と秩序を表す数霊です。建速《タケハヤ》スサノオの数霊でもあります。おのおのが自分の役割に徹することで、調和が生まれます。秩序正しくつながり整うことで、物事は成就していきます。

また、日本においては明石の135度が日本の基準時であり、方向においては右側に進んだほうがよき流れとなることも告げていきます。

数霊マントラ

秩序正しく役割に徹す　スサノオ取次ぎ

冴え渡る

135の数霊を持つ名前

つながりの人

数霊アクション

▼人とのつながりを大切にして進みましょう。

▼その場、その場における自分の役割に徹して、質を上げましょう。掃除しているときは掃除人に、料理のときは料理人になりきったつもりで過ごすのです。

▼ユダヤと日本のつながりについて調べてみましょう。きっと新たなる発見があることでしょう。

形霊	数霊の数字		
	**136**	産霊《むすび》の136日目 （誕生日の136日後）	月　日
		霊楽《ひらき》の136日目 （年対称日の136日後）	月　日

Key Words

左・春夏秋冬《しゅんかしゅうとう》・電波・仏教・明神《みょうじん》・伊勢神宮・豊受大神《トヨウケオホカミ》・ウルトラマン・神漏岐《かむろぎ》・いただきます

意味　136は恐れに屈さず進むことをよしとする数霊です。そこにあるのは慈悲であり大愛の姿です。今ある現象のみに心奪われず、その奥にある真実を見極める力を養いましょう。うろたえるな！

数霊マントラ

乱るる先の理《ことわり》知る　春夏秋冬　流れに沿いて

136の数霊を持つ名前

電波の人

数霊アクション

▼季節の移ろいを感じてみましょう。そして今ある季節でしかやれないことをやってみましょう。
▼仏教と関係するものに触れてみましょう。お寺に行ったり、マントラを唱えたりされるとよいでしょう。
▼左回りに回ってみましょう。エネルギーが加速します。
▼心を込めて「いただきます」を言ってみましょう。食べ物の命に感謝をして、味わいながらいただきましょう。

形霊

数霊の数字

137

産霊《むすび》の137日目　　月　　日
（誕生日の137日後）

霊楽《ひらき》の137日目　　月　　日
（年対称日の137日後）

Key Words

イザナギ・よろず・出口・観自在《かんじざい》（ン＝10）・神通力《じんつうりき》・花言葉・旧態《きゅうたい》依然《いぜん》・ヒヒイロカネ・霊魂不滅

意味　137は神とつながる力強い数霊です。たくさんの神を産み出したイザナギともつながっている数霊です。一見まろやかにして、上品、そして何事にもとらわれなき自由な感性と謙虚な心を、神は愛しています。襟を正して進みましょう。

数霊マントラ

よろずのことに　朗らかなるは　出口の明かり　もれいづる

137の数霊を持つ名前

父なる人

数霊アクション

▼旧態依然のエネルギーを打ち破り、新たに生み出しましょう。今がそのときです。

▼自由にとらわれのない感性を持って進みましょう。あなたは観《かん》自在《じざい》です。

▼今日の花言葉を調べてみましょう。それはあなたへのメッセージです。

▼イザナギ、イザナミの出てくる古事記の「国生み」の巻を読んでみましょう。

形霊	数霊の数字	
	**138**	産霊《むすび》の138日目　　月　　日 （誕生日の138日後） 霊楽《ひらき》の138日目　　月　　日 （年対称日の138日後）

Key Words

審美眼《しんびがん》・ヒマラヤ・道祖神《どうそじん》・釣鐘《つりがね》・１３８《イチノミヤ》・１３８《イザヤ》・戸開き・抜群・もち米・森鷗外

意味　１３８はゴールを表す数霊です。そのゴールに向かって進んでいるあなたのもとには道祖神が現れ応援します。いきなり大きなゴールに向かって進むのではなく、小さな目標を設定して、コツコツと進みましょう。力まず進み、あきらめないことが肝要です。

数霊マントラ

道祖神　導くは　一ノ宮越え　関渡り

１３８の数霊を持つ名前

一ノ宮の人

数霊アクション

▼あなたの審美眼を信じましょう。あなたがよいと思うことに自信を持ちましょう。

▼世界の最高峰であるヒマラヤの峰々が映っている写真を眺めましょう。そして、あなたが今、叶えたいゴールをありありとイメージしましょう。

▼おもちをいただきましょう。

形霊	数霊の数字	
	**139**	産霊《むすび》の139日目　　月　日 （誕生日の139日後） 霊楽《ひらき》の139日目　　月　日 （年対称日の139日後）

Key Words

玉手箱・六芒星・親心・イサク・登竜門・１３９《イサク》・元糺《もとただ》す・横山大観

（太陽の直径は約139万 km）

意味　１３９は決意の数霊です。神への忠誠を示すため、アブラハムは息子イサクを生贄《いけにえ》として捧げようとしました。その親心はいかほどだったでしょうか。自分の決心と志《こころざし》の高さが次の一手を決めるのです。あなたが全身全霊で進む覚悟で臨めば、天は協力を惜しみません。同時に原点に戻っていく元糺すのエネルギーも秘めています。

数霊マントラ

天蓋の幕　開かれし　六星　通る道の親心

１３９の数霊を持つ名前

元糺すの人

数霊アクション

▼初心忘れるべからず。物事を始めたときの気持ちを思い出して、謙虚に進みましょう。

▼両親の気持ちを感じてみましょう。大きな愛に包まれて、今、あなたはここにいます。

▼自分が進みたいものに全力で向かっていきましょう。あなたに向かって登竜門は開かれています。

形霊	数霊の数字	
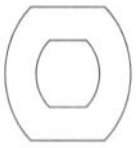	**140**	産霊《むすび》の140日目　　月　日 （誕生日の140日後） 霊楽《ひらき》の140日目　　月　日 （年対称日の140日後）

Key Words

協力・風林火山・大納言《だいなごん》・格物致知《かくぶつちち》

意味

140は協力していくという数霊です。それはあなたがまわりからの協力を受けることなのかもしれないし、あなたが周囲に協力する側なのかもしれません。あなたはそれに足る人格・風格を身につけているということのあらわれとも言えます。

数霊マントラ

風林火山　進みたり　協力惜しまず　人望厚く

140の数霊を持つ名前

協力の人

数霊アクション

▼物事の道理や本質を深く追究し理解して、知識や学問を深め得ることを格物致知と言います。深く物事を洞察するように努めましょう。

▼協力をキーワードに仲間とのつながりを大切にしましょう。

▼堂々としていましょう。自分を過小評価する必要はありません。

形霊	数霊の数字	
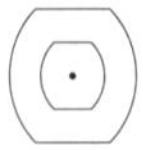	**141**	産霊《むすび》の141日目　　月　　日 （誕生日の141日後） 霊楽《ひらき》の141日目　　月　　日 （年対称日の141日後）

Key Words

大自然・シンプル（ン＝10）・五芒星・お願いします・雅《みやび》・愛《め》でる・大円鏡智《だいえんきょうち》・穀物菜食

意味

141は謙虚に優雅に生きる数霊です。お願いしますという言葉、素晴らしいですね。相手に敬意を込めながらお願いすること。人は一人の力で生きているのではなく、さまざまな縁に生かされて、助け合い、愛し愛されながら生きていくのです。

数霊マントラ

お願いしますと　シンプルに　心を込めて

愛でていく

141の数霊を持つ名前

愛でる人

数霊アクション

▼シンプルな暮らしを心掛けましょう。心も荷物も軽いに越したことはありません。

▼花を愛でましょう。お部屋がふわっと明るくなります。

▼自然のエネルギーが満ちているところへ出かけましょう。

▼雅を感じるものに触れましょう。優雅で高貴なバイブレーションが転写されます。

形霊	数霊の数字	
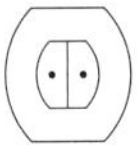	**142**	産霊《むすび》の142日目　　月　　日 （誕生日の142日後） 霊楽《ひらき》の142日目　　月　　日 （年対称日の142日後）

Key Words

高天原《たかまのはら》・竜宮・緑・情熱・心頭滅却《しんとうめっきゃく》・玉露《ぎょくろ》・救世《ぐぜ》観音・竹生島《ちくぶしま》・タツノオトシゴ

意味　142は天界を表す数霊です。心を研ぎ澄まし、雑念をはらい、深奥から情熱を湧き上がらせましょう。あなたの熱い血潮《ちしお》が、あなたの心の奥にある天の高天原、地の竜宮へと連れていってくれるのです。

数霊マントラ

熱き血潮の情熱は　高天原に通じたり　心頭滅却　我《われ》を往く

142の数霊を持つ名前

情熱の人

数霊アクション

▼情熱を持って進みましょう。それは大変エネルギッシュな推進力です。

▼玉露茶をいただきましょう！　ふくよかな香りと味わいがあなたをしあわせな気持ちにいざないます。

▼天津祝詞を唱えたり、救世観音の写真を見てみましょう。高次の意識とつながりやすくなります。

形霊	数霊の数字	
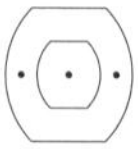	**143**	産霊《むすび》の143日目　　月　　日 （誕生日の143日後） 霊楽《ひらき》の143日目　　月　　日 （年対称日の143日後）

Key Words

無条件・初詣《はつもうで》・一世風靡《いっせいふうび》・ミネラル・モンブラン

※瀬織津姫《セオリツヒメ》、千手観音、如意輪観音が143になるように、柔らかく女性らしい数。

意味

143は賑わいがあって活気づく数霊です。世の中を一世風靡しているものは、なんであれ、そこにエネルギーが集中し、力を発しているということです。あなたの中の賑わっていくエネルギーはなんでしょうか？　そこに注目しましょう。

数霊マントラ

賑わい栄え　一世風靡　条件なくして　ただ行くのみ

143の数霊を持つ名前

一世風靡な人

数霊アクション

▼無条件に受け入れること、無条件に愛することを実践してみましょう。その先にあるのはものすごい精神の飛躍です。

▼今、一世風靡しているものはなんでしょうか？　なぜそれが注目を集めているのでしょうか。自分なりに考えてみましょう。

▼ミネラルを体に多く摂り入れましょう。

▼セオリツヒメ（瀬織津姫）・千手観音・如意輪観音の中で、あなたに一番ご縁のある方はどなたでしょうか？　そのエネルギーを感じて感謝と祈りを捧げましょう。

形霊	数霊の数字	
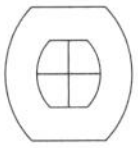	**144**	産霊《むすび》の144日目　　月　　日 （誕生日の144日後） 霊楽《ひらき》の144日目　　月　　日 （年対称日の144日後）

Key Words

条約・動脈・やまびこ・魂消《たまげ》る・木火土金水《もっかどごんすい》

※144は12の２乗であり、ダイヤモンドを144面カットするように、使い方によってはとても輝く数。

意味　144は物事の根幹を示す数霊で、大自然の営みとも深いつながりを持っています。

天然自然のリズムに身をゆだね、自分が大いなるものの一部として、今、ここにいることを自覚しましょう。躍動する命（意之血《いのち》）の流れは、動脈となってあなたの中をくまなく巡っています。あまりに驚き過ぎて、魂消《たまげ》たり、淀んでいるところに長く留まっていると魂が気枯れて（ケガれて）しまうこともあるので要注意。常に自然とかかわりを持つように心掛けるとよいでしょう。

数霊マントラ

こだま深き　やまびこは　喜びあふれ
脈々と

144の数霊を持つ名前

やまびこの人

数霊アクション

▼「自分」とは自然の分身でもあります。大いなる自然の一部としてある自分を感じて、自分と自然と地球に愛を送りましょう。

▼体の声に耳を澄ましましょう。

▼自分の中の核となっている信念はなんでしょうか？　自分を見つめてみましょう。

▼血をキレイにする食生活を心掛けましょう。

形霊	数霊の数字	
	**145**	産霊《むすび》の145日目（誕生日の145日後）　月　日 霊楽《ひらき》の145日目（年対称日の145日後）　月　日

Key Words

未来永劫・やすらぎ・日常・分配・山吹《やまぶき》・財閥・市杵島比売《イチキシマヒメ》・山王権現・島崎藤村

意味　145はやすらぎの日々を表す数霊です。あなたは調和の中で生きることを、しっかりと選択しています。それは今においても、未来においても同じこと。あなたの内に眠る公平性は、人々に分け隔てなく与えることのできる、博愛と慈愛を兼ね備えており、やすらぎのバイブレーションを分配する素質に長《た》けています。もし、今現在が落ち着かない心であるならば、あえて日常生活の些《さ》事《じ》に意識を集中させましょう。そうすることで、確実に次の一歩が開けてきます。

数霊マントラ

未来永劫　やすらぎの　常なる日々に　愛深し

145の数霊を持つ名前

やすらぎの人

数霊アクション

▼日々の日常を意識的に過ごしてみましょう。何気ない中にやすらぎや喜びが隠されています。

▼山吹色のものを持ちましょう。

▼未来永劫続くものはなんでしょうか？　想いをはせてみましょう。

▼自分に「豊かさ」をごほうびしましょう。あなたがしあわせな気持ちになることやものはなんですか？　できることからトライしてみましょう。

形霊	数霊の数字	
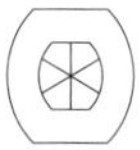	**146**	産霊《むすび》の146日目　　月　　日 （誕生日の146日後） 霊楽《ひらき》の146日目　　月　　日 （年対称日の146日後）

Key Words

正念場・理解力・真善美《しんぜんび》・プリンセス・仏像・ヒトゲノム

意味

146は今こそ正念場・勝負時の数霊です。迷うなら進みましょう。状況を正しく把握し、理解度を高めましょう。そのとき、あなたは運命のプリンセスとなり、あなたの世界を治め、勝ち取っていくのです。

数霊マントラ

真善美を追求せよ　運命のプリンセスが微笑んだ

146の数霊を持つ名前

真善美の人

数霊アクション

▼今が正念場です。頑張れ!
▼真善美を目指す生活を心掛けましょう。そんなあなたはとても魅力的です。
▼仏像を眺めて呼吸を静め、心の中を見つめてみましょう。
▼理解力を高められるよう、いろんな角度から物事をとらえてみましょう。

形霊	数霊の数字	
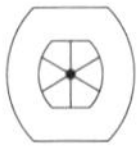	**147**	産霊《むすび》の147日目　　月　日 （誕生日の147日後） 霊楽《ひらき》の147日目　　月　日 （年対称日の147日後）

Key Words

稲光・仏陀・アベマリア・龍神

意味　147は天界と地上をつなぐ数霊です。雷が稲光となって、龍神のエネルギーを体現しています。このエネルギーは天と地を行き来しながら、天のものを地に下ろし、地のものを天に引き上げているのです。そして、天界からの御心は聖母意識（アベマリア）・仏性となり、心の奥深くに座しています。あなたは生ける龍神となり、アベマリア・仏陀の慈愛をこの世界で顕現するのです。

数霊マントラ

天地を貫く稲光　神性あらわれ　聞こし召《め》せ

147の数霊を持つ名前

龍神の人

数霊アクション

▼仏陀・アベマリア・龍神から、今一番気になるものを選んで、絵や写真などを眺めましょう。

▼黄色のクレヨンで紙いっぱいに稲光を書いてみましょう。余計なものが取り払われ、天と地、そして自分がつながりやすくなります。

▼龍のかたちに見える雲を探してみましょう。見つかったらその雲に乗って、自由に天と地を行き来しているイメージを持ちましょう。

形霊	数霊の数字	
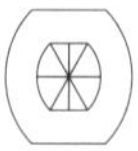	**148**	産霊《むすび》の148日目（誕生日の148日後）　　月　　日 霊楽《ひらき》の148日目（年対称日の148日後）　　月　　日

Key Words

堅忍不抜《けんにんふばつ》・止まり木・清々《すがすが》しい・清少納言

意味

148はいったん止まれという数霊です。今起こっていることに、やみくもに立ち向かうのではなく、いったん立ち止まって休みましょう。心静かにあたりを見回すことで次の展開が見えてきます。あなたが進むべき道は、清々しく晴れ渡っているエネルギーのほうに向かうとよいのです。惰性、とらわれを捨て、再スタートを図る準備です。

数霊マントラ

堅忍不抜　乱れぬ心　止まり木探し　次なる一手

148の数霊を持つ名前

清々しい人

数霊アクション

▼堅忍不抜とは意志が固く我慢強く、ぐらつかないという意味です。気持ちを強く持って、今はじっと耐え忍びましょう。

▼清々しく爽やかなものに触れたり、出かけたりしてみましょう。気持ちよいエネルギーが巡ります。

▼ゆっくりとした呼吸を繰り返し、リラックスしましょう。夜は早めに寝ることをおすすめします。

形霊	数霊の数字	
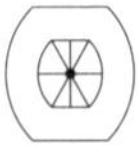	**149**	産霊《むすび》の149日目　　月　　日 （誕生日の149日後） 霊楽《ひらき》の149日目　　月　　日 （年対称日の149日後）

Key Words

一蓮托生《いちれんたくしょう》・氏神《うじがみ》・オリンピック・ハレルヤ・日光菩薩

意味　１４９は共に歩いていくという数霊です。一蓮托生とは運命を共にするということ。あなたが命をかけても守りたいもの、共に進んでいきたいものに対して、地元で守護してくれる神社（氏神様）に出向き、報告と感謝の祈りを捧げましょう。

数霊マントラ
共に歩き　共に栄える　一蓮托生　おかげさま

１４９の数霊を持つ名前
一蓮托生の人

数霊アクション
▼運命を共にするものや人について想いをめぐらせましょう。今のあなたにとって不可欠な存在であることを感謝しましょう。
▼あなたの地域の氏神様にお参りをしましょう。
▼ハレルヤのさびの部分を朗らかに歌ってみましょう！
▼オリンピックに出場した選手たちの頑張りや努力について調べてみましょう。それはあなたに多くの勇気と感動を与えてくれることになるでしょう。

形霊	数霊の数字	
	**150**	産霊《むすび》の150日目　　月　日 （誕生日の150日後） 霊楽《ひらき》の150日目　　月　日 （年対称日の150日後）

Key Words

風光明媚《ふうこうめいび》・晴れ姿・核爆弾・山伏・ニュートリノ

意味

150は心して進みなさいという注意を促す数霊です。風光明媚なこの星を、一瞬にして荒涼たるものへと変えるのは核の脅威。恐れから目をそらさず、その奥にある真実を見抜く努力を続けながら、一歩一歩、慎重に進んでいきましょう。

数霊マントラ

晴れ晴れと　姿うるわし　晴れ姿　心の核
持ち　歩みたし

150の数霊を持つ名前

風光明媚な人

数霊アクション

▼風光明媚な場所へ出かけるチャンスです。さあ、プランを立てたり、行動を起こしたりしましょう。

▼原発や核に対して注意を向けていましょう。未来の地球に負荷を与えないように。

▼あなたの晴れ姿の写真を眺めたり、まだその状態になっていない人は、すでにそれが成就して晴れ姿になっている強いイメージを持ちましょう。

形霊	数霊の数字	
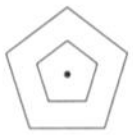	**151**	産霊《むすび》の151日目　　月　　日 （誕生日の151日後） 霊楽《ひらき》の151日目　　月　　日 （年対称日の151日後）

Key Words

ひのき舞台・天の川・浦島太郎・弁財天・反比例・死中《しちゅう》 求活《きゅうかつ》・桜島

意味

151は窮地から脱するキーワードの数霊です。死中求活とは窮地にあってもなお、活路を開くという意。光が強ければ強いほど闇も深くなるもの。ならばさらなる力を発揮し、光り輝きなさいという神試しをされているのではないでしょうか。しなやかなばねのように、心を柔軟にし、粘り強くあれと念じましょう。

数霊マントラ

天の川　舞台で舞うのは　我《われ》なるぞ　光強く輝けり

151の数霊を持つ名前

ひのき舞台の人

数霊アクション

▼夜空を見上げてみましょう。たとえ天の川が見えなくても、そこにあるのだという強い確信を持ちましょう。
▼浦島太郎の昔話をもう一度読んでみましょう。そこにあるたくさんの隠れたメッセージを読み取りましょう。
▼ピンチはチャンス！　活路は見出せます。あきらめないことが肝要です。
▼ジュゴンの写真を見てみましょう。癒《いや》されますよ。

形霊	数霊の数字	
	152	産霊《むすび》の152日目　　月　　日 （誕生日の152日後） 霊楽《ひらき》の152日目　　月　　日 （年対称日の152日後）

Key Words

祇園祭・はごろも・火柱・九頭龍・刻苦勉励《こっくべんれい》・夢枕・親知らず・光＋闇・ヤマトタケル

意味　152は九頭龍のエネルギーを持つ数霊です。九頭龍とは9個の頭を持つ、神の眷属《けんぞく》（遣いの者）で、強力なパワーを持っています。この九頭龍の力を借りて現実界での成功を成就するには、一番近い先祖である親に対して孝行すること、そして精進し続ける気迫を持って進みなさいという、龍の眼からのメッセージが含まれています。

数霊マントラ

刻苦勉励　励みたしは　九頭龍　取次ぎ力となす

152の数霊を持つ名前

火柱の人

数霊アクション

▼耳寄りな情報をゲットするチャンスです。何が得られるか関心を持っていましょう。

▼九頭龍の絵を見てみましょう。大いなるパワーの守護が今、あなたにやってきています。感謝と敬意を表しましょう。

▼親孝行してみましょう。

▼ただひたすら学び続け、精進していきましょう。人生とは学びと気づきの連続です。

形霊	数霊の数字	
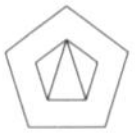	**153**	産霊《むすび》の153日目　　月　　日 （誕生日の153日後） 霊楽《ひらき》の153日目　　月　　日 （年対称日の153日後）

Key Words

祓《はら》い清め・淡路島・普賢岳・九（9）頭龍・災い

意味

153も152と同じく九頭龍のエネルギーを持っている数霊です。神の眷属である九頭龍のパワーをいただくには、152は親孝行と精進であるのに対し、153は自分の身のケガレをきれいに祓い清め、まず邪気（よこしまなもの、曲がったもの、正当のものではないもの）を抜いてからにしなさいということです。

数霊マントラ

祓い清めて　進みたしは　九頭龍　取次ぎ力となす

153の数霊を持つ名前

清める人

数霊アクション

▼淡路島に意識を向けましょう。国生みの地、大和の国においてとても重要な場所です。
▼普賢岳に意識を向けましょう。大地と天をつなぐエネルギーと直結している力強く黎明な霊山です。
▼自分の身のケガレを祓いましょう。心の垢も取り払うように努めましょう。「祓いたまえ、清めたまえ」の祝詞も効果的でしょう。
▼153と152をよく目にするときは、九頭龍の守護が強くなっていることを示します。そのパワーに負けないよう、御霊磨きを怠らず、天の意と共に進みましょう。

形霊	数霊の数字	
	**154**	産霊《むすび》の154日目　　月　　日 （誕生日の154日後） 霊楽《ひらき》の154日目　　月　　日 （年対称日の154日後）

Key Words

松竹梅・彩り・実践躬行《じっせんきゅうこう》・宝島・指輪・魂鎮《たましず》め

意味

１５４は舵取りの数霊です。実践躬行とは人の力を借りず、自らの力で進んでいくこと。自らの信念を敢行すべく、自信を持って進みましょう。目指す宝島に向かって一段一段ステップアップするとよいのです。

数霊マントラ

松はとこしえ　竹はしなやか　梅ははなやか

１５４の数霊を持つ名前

彩りの人

数霊アクション

▼彩り豊かなものをいただいたり、カラフルな洋服を着てみましょう。七色に分光された世界に住む私たちは虹色世界の住人です。

▼自らの力を信じて、淡々と進みましょう。Yes, I can！

▼指輪をはめて出かけましょう。

▼あなたの夢を宝島に見立てて、すでにそこに着いているかのように振る舞ってみましょう。夢がぐんと近くなります。

形霊	数霊の数字	
(正五角形の図)	**155**	産霊《むすび》の155日目　　月　日 (誕生日の155日後) 霊楽《ひらき》の155日目　　月　日 (年対称日の155日後)

Key Words

宝船・上弦《じょうげん》・幻・プラチナ・一望千里《いちぼうせんり》・動力・蓮華座《れんげざ》・ノスタルジア・牛頭天王《ゴズテンノウ》

意味

155は宝船を表す数霊です。宝船はめでたきものの象徴。あなたの運気が高まっていることを示します。ただしそこで驕り高ぶる心が生まれれば雲散霧消《うさんむしょう》し、宝船は幻の船となるでしょう。一望千里の心を持って、悠々と着実に、今の航海を続けましょう。

155の数霊を持つ名前

宝船の人

数霊マントラ

上弦の月　昇りたち　宝船あらわる　千里眼

数霊アクション

▼七福神が宝船に乗っている絵を眺めて、イメージであなたも一緒に乗り込んで、運気を高めましょう。

▼懐かしいもののエネルギーに触れてみましょう。忘れかけていた大切なものやことを思い出すかもしれません。

▼蓮華座を組んで瞑想してみましょう。この世界はあるがままにあるのではなく、真実はあなたの脳が解読して読み取った現実であり、その実体は幻です。解釈を加えない向こう側にある、あるがままの姿を感じてみましょう。

形霊	数霊の数字	
	**156**	産霊《むすび》の156日目（誕生日の156日後）　　月　　日 霊楽《ひらき》の156日目（年対称日の156日後）　　月　　日

Key Words

喜び・童・才色兼備《さいしょくけんび》・純真無垢《じゅんしんむく》・松飾り・皇御国《スメラミクニ》・二宮尊徳

意味　156は祝福の数霊です。その波動は朗らかな喜びに満ちています。童のような心を持って、純真無垢に進むのが魂の望みであり、私たちの生きる本質的な姿です。そうすることで、あなたの神性が花開き、才色兼備なバランスを持って世の中に顕現されることでしょう。

数霊マントラ

無垢なる心　ひたすらに　喜びあふれ　天《あ》愛《い》に満つ

156の数霊を持つ名前

喜びの人

数霊アクション

▼喜びを素直に表しましょう。喜びが喜びつれてさらに膨らみます。

▼あなたの中にある純粋さを大切にしましょう。もしそうは思えなかったら、純粋さを引き出してくれる赤ちゃん（人でも動物でも）のエネルギーに触れましょう。

▼天才とは天からいただいた才能です。あなたが好きなものは天からの才能を預かっているということ。それを信じて喜びと共に進みましょう！

形霊	数霊の数字	
	**157**	産霊《むすび》の157日目　　月　日 （誕生日の157日後） 霊楽《ひらき》の157日目　　月　日 （年対称日の157日後）

Key Words

あるがまま・山＋川＋海・神社・前途洋々・求心力・ヤタガラス・情緒・天御中主《アメノミナカヌシ》・武田信玄

意味　157は自然なるものを愛《め》でる数霊です。神社や天の理《ことわり》という意味も持ちます。自然の気と交流してあなたのエネルギーを高めましょう。自然のリズムを体に取り入れることで、前途洋々の未来への展望が開けます。無理をしない。あるがままのあなたは素敵です。

数霊マントラ

あるがまま　ありのまま　求むる心は　天然自然

157の数霊を持つ名前

あるがままの人

数霊アクション

▼あるがままのあなたを大切にしましょう。他の誰でもなく、あなた自身でいることです。

▼神社に参拝に行ったり、山や川、海があるところへ出かけましょう。パワーがみなぎってくることでしょう。

▼天を創りしものの想いを感じてみましょう。そこに向かっている意識は確実にワンネスへと向かっています。

形霊	数霊の数字	
	**158**	産霊《むすび》の158日目　　月　日 （誕生日の158日後） 霊楽《ひらき》の158日目　　月　日 （年対称日の158日後）

Key Words

時節到来《じせつとうらい》・民間療法・まっしぐら・学《まな》び舎《や》・断捨離《だんしゃり》・小林一茶

※ホアカリ（ニギハヤヒ）＋セオリツ＝158

意味　１５８は時が整い満ちたことを示す数霊です。今まで学んできたことがいよいよ花開き、役に立つ時期が来ました。余分なものはさばさばと捨てて、まっしぐらに進みましょう。

他の意味としては、現在体調がすぐれない人にとって、昔からの智恵である民間療法を試してみるのもおすすめです。

数霊マントラ

時は来た　真の学びや始まるぞ　まっしぐらに　いざ参れ

１５８の数霊を持つ名前

まっしぐらな人

数霊アクション

▼さあ、断捨離を始めましょう！　次なるエネルギーが待っていますよ。

▼免疫力を高めるための民間療法を試してみましょう。

▼地球は愛を学ぶ学校です。低きも高きも皆同じ学び舎で成長し合いました。この星の大いなる愛に感謝を捧げましょう。

形霊	数霊の数字		
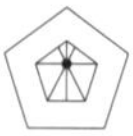	**159**	産霊《むすび》の159日目 （誕生日の159日後）	月　　日
		霊楽《ひらき》の159日目 （年対称日の159日後）	月　　日

Key Words

かぐや姫・ひもろぎ・自由闊達《じゆうかったつ》・発表・稚日女《ワカヒルメ》・シャンバラ・ミシャグチ・黒沢明

意味

159は自由を尊ぶ数霊です。臆することなく自分の意見を発表し、闊達に意見交換しましょう。そうすると練り練られて、さらに上質なものに変化していくことでしょう。また、女性にとっては、かぐわしい女性性と霊性をあわせ持つ人であるという意味もあります。

数霊マントラ

ひもろぎ　立ちて　かぐや姫　自由に舞え
よ　言《こと》の葉《は》立てよ

159の数霊を持つ名前

自由な人

数霊アクション

▼竹取物語のお話を読んでみましょう。大人になって読むとまた格別の味わいがあるのではないでしょうか。
▼月を見上げましょう。月のエネルギーをしっかりと受け取って、自分自身が天と地をつなぐひもろぎとなっているようにイメージしましょう。
▼今まで溜めてきたもの、やってきたことなどを発表しましょう。

形霊	数霊の数字	
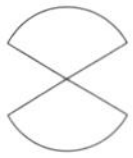	**160**	産霊《むすび》の160日目　　月　　日 （誕生日の160日後） 霊楽《ひらき》の160日目　　月　　日 （年対称日の160日後）

Key Words

極上《ごくじょう》・不文律《ふぶんりつ》・頂上・大海原《おほうなばら》・出口なお・山下清

※今のところは未知の力を秘めた数。

意味　160は見えない法則化にあるものを指す数霊です。自然のしくみ、宇宙の法則とも置き換えることができます。また不文律となって、言わずとも皆の共通理解下にあるものも同様です。見えない秩序を尊び、流れに沿っていきましょう。

数霊マントラ

いただき　真上は　極上の　不文律あり

大海原へ

160の数霊を持つ名前

大海原の人

数霊アクション

▼頂上を目指して歩きましょう。山の写真を飾るのもおすすめです。

▼大海原が写っている写真や映像を眺めましょう。

▼あなたが知らず知らずのうちに決め込んでいるルールはなんですか？　それを知ることで、あなたの可能性の枠が変化します。

形霊	数霊の数字	
	**161**	産霊《むすび》の161日目　月　日 （誕生日の161日後） 霊楽《ひらき》の161日目　月　日 （年対称日の161日後）

Key Words

十字・住職・地固め・トライアングル・流木・どんぐり

意味　161は形態と関係がある数霊です。特に十字形と三角形とのかかわりを深く持ち、基礎を固めてから進むとよいことを告げています。なお、161の数霊と十字形を見たときは、人間関係のバランスを整え地固めすることに注意を払い、三角形の場合は、ゴール達成に向けて、基礎・基本の力を養うと、さらによき流れが起こりやすくなるでしょう。

数霊マントラ

地固めかたまる　型抜けて　形おりなす
天蓋《てんがい》の幕

161の数霊を持つ名前

地固めする人

数霊アクション

▼両足を揃え、両手を水平に広げて十字のかたちを作ってから、大地にくさびを打つように、深い呼吸を繰り返しましょう。グランディングの呼吸法です。

▼3人、三位一体、三角形、三つ巴といったキーワードを心にとめて動きましょう。

▼どんぐりを探しましょう。そのどんぐりが大きな木になるイメージをしてみましょう。

形霊	数霊の数字	
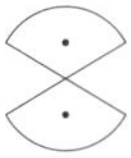	**162**	産霊《むすび》の162日目　月　日 （誕生日の162日後） 霊楽《ひらき》の162日目　月　日 （年対称日の162日後）

Key Words

チョモランマ・浄土・土壌《どじょう》・道連れ

※162は81（光）の２倍の数。表も裏も輝かす力を持つ。

意味

162は道連れを伴って共に進むという数霊です。時、場所、内容によって共に進む道連れは変化することでしょう。ですが今、あなたの目の前にいる人は、今のあなたにとってもっとも必要でベストな人です。思いやりと慈しみを持って目の前の人を大切にしましょう。それが今、あなたのすることです。

数霊マントラ

心清き　浄土の土　清き土壌に　道連れつれて

162の数霊を持つ名前

土の人

数霊アクション

▼ヒマラヤやチョモランマの写真を見て峰々のバイブレーションを感じてみましょう。

▼土に触れましょう。裸足で大地を歩いたり、ガーデニングをしたりするのがおすすめです。

▼パートナーに優しい言葉をかけましょう。

▼浄土の世界とはどんな世界だと思いますか？　具体的にイメージしてみましょう。

形霊

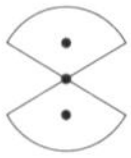

数霊の数字

163

産霊《むすび》の163日目　　月　　日
（誕生日の163日後）

霊楽《ひらき》の163日目　　月　　日
（年対称日の163日後）

Key Words

まつりごと・ナチュラル・べっぴん

意味

163は無理のない自然な様をよしとする数霊です。ナチュラルな暮らし、生き方をしていますか？　どこかで無理をすると、心と体が萎縮します。

もっと体の声に耳を澄ませましょう。自分の心に素直に従って行動に移しましょう。自然体でいることがあなたを一番美しくします。

数霊マントラ

流れるままに　自然体　今のあなたは　美しい

163の数霊を持つ名前

ナチュラルな人

数霊アクション

▼自然な暮らしを心掛け、身のまわりにある不自然なものをなるべく摂らないようにしましょう。
▼もし自分が大統領だったら？　と考えてみましょう。どんな世の中を作りたいでしょうか？　そのためには何をするといいと思いますか？
▼エステやマッサージなど、自分が「べっぴんさん」になれる気持ちのよいことをしてみましょう。

形霊	数霊の数字	
	**164**	産霊《むすび》の164日目　　月　日 （誕生日の164日後） 霊楽《ひらき》の164日目　　月　日 （年対称日の164日後）

Key Words

四方八方・立身出世・一視同仁《いっしどうじん》・徹頭徹尾《てっとうてっぴ》・分け隔て・楠木正成

意味　164は全方位を示す数霊です。いろんな角度からくまなく見つめ、いろんな方向性を検討して、徹頭徹尾進むのです。そうすることで、一番必要なものが浮き上がってくるのを待ちましょう。あなたの用意周到さが、確かな成果を挙げるときが、今まさにやってこようとしています。

数霊マントラ

一視同仁　分け隔てなく　四方八方　観《かん》自《じ》在《ざい》

164の数霊を持つ名前

分け隔てない人

数霊アクション

▼今あること、やっていることをいろんな角度からとらえてみましょう。新たな発見が生まれることでしょう。

▼分け隔てなく人と接することを心掛けましょう。

▼準備万端でしっかりと臨みましょう。天はあなたの味方です。

形霊	数霊の数字	
	**165**	産霊《むすび》の165日目　＿＿月＿＿日 （誕生日の165日後） 霊楽《ひらき》の165日目　＿＿月＿＿日 （年対称日の165日後）

Key Words

釈迦如来・全知全能・観世音菩薩《かんぜおんぼさつ》・豊玉毘売《トヨタマヒメ》

意味　165は釈迦如来のエネルギーを放つ数霊です。お釈迦様の手のひらの上で、私たちは生かされているといいます。その慈悲は、観世音菩薩となり、あなたをいつも見守っているのです。見えない存在たちに感謝を表し、明日への糧《かて》をいただきましょう。

数霊マントラ

釈迦如来　仏の心を真心に　菩薩の心を他に施す

165の数霊を持つ名前

慈しみの人

数霊アクション

▼慈しみの目を持ってあたりを見回してみましょう。現実とはあなたという目を通してみるフィルター後の世界です。

▼観世音菩薩や釈迦如来の仏像に会いに行きましょう！　平安と清浄なる気に包まれて、心が浄化されていくことでしょう。

▼いつも守ってくれている見えない存在、スピリットガイドや先祖たちに感謝の念を送りましょう。

形霊	数霊の数字	
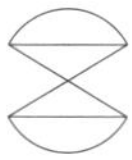	**166**	産霊《むすび》の166日目　　月　日 （誕生日の166日後） 霊楽《ひらき》の166日目　　月　日 （年対称日の166日後）

Key Words

まほろば・窓口・神社（ン＝10）・理路整然《りろせいぜん》・ナイル川・つまびらか

意味

１６６は中央に向かっていく様を表す数霊です。今まで漠然としていたもの、闇に隠れていたものが表に浮き立ってきて、つまびらかになります。正と邪を見極めやすく、理路整然と頭の中を整理していくようにサポートします。迷ったとき、方向性が見えないときは１６６のバイブレーションを借りるとよいでしょう。

数霊マントラ

ここは　まほろば　よいところ　窓口開け
し　流れゆく

１６６の数霊を持つ名前

まほろばの人

数霊アクション

▼神社にお参りに行きましょう。

▼理路整然と筋道を立てて話すようにしましょう。紙に書いて、考えをまとめてみるのがおすすめです。

▼１６６の形霊を一線ごとに息を止めて丁寧に描きましょう。頭がすっきりと冴えてきて、要らないものが直観でわかるようになるでしょう。

形霊	数霊の数字	
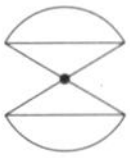	**167**	産霊《むすび》の167日目　　月　　日 （誕生日の167日後） 霊楽《ひらき》の167日目　　月　　日 （年対称日の167日後）

Key Words

薬師如来・身だしなみ・高村光太郎

意味

167は薬師如来の数霊です。薬師如来は、あなたの体がこの世界で心地よく暮らせるようにサポートします。体調がすぐれないときこそ、きれいなシーツに取り替えて、お気に入りのパジャマを着ましょう。そこでこの数霊や、マントラを唱えれば、薬師如来のエネルギーがやってきて、あなたを癒《いや》してくれます。また、この数霊の名前は、人に癒しを与えています。

数霊マントラ

整《ととの》えるは　身と心　薬師如来の　宝珠あり

167の数霊を持つ名前

癒す人

数霊アクション

▼身だしなみチェックをして、清楚で気持ちよいエネルギーを発しましょう。
▼薬草から作られているお茶をいただきましょう。
▼薬師如来になったつもりで、大切な人を思い、癒しの波動を送りましょう。
▼薬師如来の真言を唱えてみましょう。
〈オン・コロコロ・センダリ・マトウギ・ソワカ〉

形霊	数霊の数字	
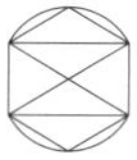	**168**	産霊《むすび》の168日目　　月　日 （誕生日の168日後） 霊楽《ひらき》の168日目　　月　日 （年対称日の168日後）

Key Words

正々堂々・見極める・168《イロハ》・太宰治・樋口一葉・山岡鉄舟

意味

168は力強く真理に向かう数霊です。あなたの洞察力、真理を見極めようとする真摯な心がまっすぐに天に届いていることを示しています。正々堂々と勝負しなさい。まっすぐ目を見て、胸を張り、あなたが信じる道を行きなさい。天の理《ことわり》はあなたの流れを応援しています。

数霊マントラ

見極め　極め　正々堂々　正しき流れの
真理かな

168の数霊を持つ名前

見極める人

数霊アクション

▼正々堂々と自信を持って勝負しましょう。正攻法で臨みましょう。

▼いろは歌を唱えてみましょう。天の理が整います。
「いろはにほへと　ちりぬるを　わかよたれそ　つねならむ
うゐのおくやま　けふこえて　あさきゆめみし　ゑひもせす」

▼今あなたが注視しているものに対して見極めていくときがやってきました。選択するのはあなたです。

形霊	数霊の数字	
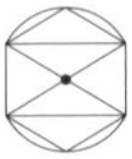	**169**	産霊《むすび》の169日目　　月　日 （誕生日の169日後） 霊楽《ひらき》の169日目　　月　日 （年対称日の169日後）

Key Words

花鳥風月《かちょうふうげつ》・竹取物語・櫛名田比売《クシナダヒメ》（※174を参照）

・熊野権現・蔵王権現・準備・渡し舟

意味

169は感性の高まりを表す数霊です。あなたが渡し舟に乗って、満開の桜を眺めているのをイメージしてみてください。そのときの感情をなぞってみましょう。あなたの感性が、あなたの創造を作るもととなります。花鳥風月を愛《め》で、しなやかで高い感性を育てましょう。その感性があなたをさらなる高みへといざないます。

数霊マントラ

渡し舟　花鳥風月　しなやかに　感性育て
明日開く

169の数霊を持つ名前

花鳥風月な人

数霊アクション

▼花鳥風月を愛でて、自分の中の感性を磨きましょう。
▼熊野権現や蔵王権現の神々に祈りを通して心を通い合わせてみましょう。
▼準備はオッケーですか？　いよいよ出発のときですよ。
▼「和」の心、和のものを暮らしの中にもっと取り入れてみましょう。

形霊	数霊の数字	
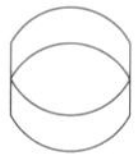	**170**	産霊《むすび》の170日目　　月　日 （誕生日の170日後） 霊楽《ひらき》の170日目　　月　日 （年対称日の170日後）

Key Words

運否天賦《うんぷてんぷ》・清廉潔白《せいれんけっぱく》・メソポタミア・枕詞・コペルニクス・稚産霊《わくむすび》（穀物生育の神）**・西郷隆盛**

意味　170は清らかで清々しいエネルギーを持つ数霊です。運命を天に預け、心に曇りがなく、清らかで明るい気を持って進んでいくことを応援しています。天はあなたの味方です。自信を持って堂々と行きましょう。

数霊マントラ

清廉潔白　曇りなき　冴え冴えわたる　天《あま》つ風

170の数霊を持つ名前

清らかなる人

数霊アクション

▼今までやってきたことの成果が表れるときです。運を天に任せてなるようになるのを愉しみましょう。

▼心の垢を落としましょう。あなたが気持ちよいと思うことを行動に移しましょう。

▼メソポタミア文明について調べてみましょう。古代の叡智があなたに何かを教えてくれることでしょう。

▼今までとはまったく違ったコペルニクス的転回が待っているかもしれません。逆らわず流れに乗って進みましょう。

形霊	数霊の数字	
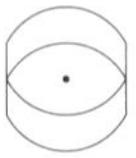	**171**	産霊《むすび》の171日目　　月　日 （誕生日の171日後） 霊楽《ひらき》の171日目　　月　日 （年対称日の171日後）

Key Words

不言実行・磐石《ばんじゃく》・大往生・大統領・花暦《はなごよみ》・天地大神祭《アメツチダイシンサイ》・高天原《たかまがはら》・天鳥舟《アメノトリフネ》

意味　171はどっしりとした大物の気を持つ数霊です。何事にも動じることのない磐石な信念と実行力は、皆を導いていくリーダーとしての才能を持っているということです。あなたのリーダーシップを遺憾なく発揮していきましょう。

数霊マントラ

不言実行　ゆるぎなく　我《われ》の気　皆を　導きたり

171の数霊を持つ名前

磐石な人

数霊アクション

▼あれこれ言わずに黙って行動に移す。実践あるのみです。

▼自分の中にある志《こころざし》を確かめましょう。己の内から盤石な基盤を作るのです。

▼季節の花を生けましょう。花のある暮らしは華のある暮らしです。

▼気になるときには空を見上げているとＵＦＯが見えるかも⁉

形霊	数霊の数字	
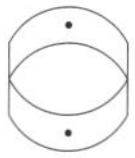	**172**	産霊《むすび》の172日目　　月　日 （誕生日の172日後） 霊楽《ひらき》の172日目　　月　日 （年対称日の172日後）

Key Words

大調和・よみがえり・錬金術《れんきんじゅつ》・ニギハヤヒ・シルクロード・山桜・阿弥陀（阿＝76）

意味

172は大調和を表す数霊です。私たちが向かっているのは大調和の世界。

あなたの生き方が至誠を尽くし、愛念に満ちたものであれば、必ずやそれは伝播《でんぱ》して、他者へ他者へと広がることでしょう。一人一人の心の内から蘇《よみがえ》りは始まり大調和へと化するのです。あなたが先達《せんだつ》となって進みましょう。

数霊マントラ

蘇るのは　真《まこと》の心　向かう先には　大調和

172の数霊を持つ名前

大調和の人

数霊アクション

▼私たち、大和の民は大調和をもたらす民としての役割を担っています。そのことを意識して過ごすようにしましょう。

▼今こそ蘇りのときです。さあ、新たなる一歩の始まりです。

▼闇を光に変える錬金術を使いましょう。それは闇を否定せずに抱きかかえ、愛することです。あなたの光に包まれて、闇はその役目を終了することになります。

形霊	数霊の数字	
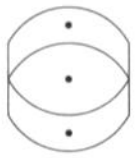	**173**	産霊《むすび》の173日目　　月　　日 （誕生日の173日後） 霊楽《ひらき》の173日目　　月　　日 （年対称日の173日後）

Key Words

スパイラル・自問自答・不動明王・高御産巣日《タカミムスビ》・アレクサンドリア

意味　１７３は進化を促す数霊です。そのエネルギーはスパイラル状に伸びていて、どんどん豊かさを増します。スパイラルの根元にはタカミムスビの神様、手前には不動明王が鎮座しており、あなたをあらゆる邪から守ってくれています。自問自答しながら、進む道を確かめていきましょう。そのとき、豊かさがスパイラル状に進化発展していることをイメージすることで、１７３の持つ数霊のエネルギーをさらに受けやすくなります。

数霊マントラ

不動明王　鎮座して　あまねくのびる　進化の波

１７３の数霊を持つ名前

螺旋《らせん》の人

数霊アクション

▼スパイラルをイメージして進むようにしましょう。
▼答えを聞くときは自分自身の己の内に聞いてください。
▼不動明王の真言を唱えるのもよいでしょう。
「ノウマク・サンマンダバザラダン・センダ・マカロシャダ・ソワタヤ・ウンタラタ・カンマン」

形霊	数霊の数字	
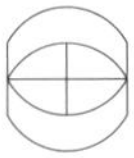	**174**	産霊《むすび》の174日目　　月　日 （誕生日の174日後） 霊楽《ひらき》の174日目　　月　日 （年対称日の174日後）

Key Words

素盞嗚尊《スサノヲノミコト》・毘沙門天《びしゃもんてん》・奇稲田媛《クシイナダヒメ》・国常立尊《クニトコタチノミコト》・天佑神助《テンユウシンジョ》（※クシナダヒメでは169。もし熊野権現の本体がスサノヲノミコトならば、やはり夫婦ともども同じ数霊を持つ）

意味

174は夫婦和合の数霊です。スサノヲノミコトとクシイナダヒメは夫婦。互いにはっきりとした個性を持ちながらも、互いを慈しみ合い融合和合していくことで、家庭から国家まで安泰の気に包まれるのです。陰陽なるものが引き合うこと、結ばれることは天の計らいであり、宇宙の意志です。日々が学《まな》び舎《や》。楽しみながら進みましょう。

数霊マントラ

毘沙門天門をくぐれば　和合せし　運気高まり　契り合う

174の数霊を持つ名前

結びの人

数霊アクション

▼違うものを否定せずにただそのまま受け入れましょう。すべてはここから始まります。

▼スサノヲノミコトやクシイナダヒメが登場しているところの古事記を読んでみましょう。

▼あなたが出会っている人とのパートナーシップを高めるように努力しましょう。

形霊	数霊の数字	
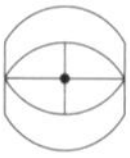	**175**	産霊《むすび》の175日目　　月　日 （誕生日の175日後） 霊楽《ひらき》の175日目　　月　日 （年対称日の175日後）

Key Words

明星《みょうじょう》・平等・生まれ変わり・画竜点睛《がりょうてんせい》・微生物・剛毅木訥《ごうきぼくとつ》・月光菩薩《がっこうぼさつ》

意味　175は大変志《こころざし》の高い数霊です。最後の最後まで手を抜かずに、一歩一歩進んできたあなたのゴールは目前です。飾り気のない、不屈の意志を持って、今まで進んできた歩みを祝福し、残りの一歩を越えましょう。

数霊マントラ

完了　歓喜　明けの星　たゆまぬ精進　ここにあり

175の数霊を持つ名前

明星の人

数霊アクション

▼金星に意識を向けましょう。実際に眺めてみるとさらによいでしょう。

▼最後の最後まで手を抜かずに取り組みましょう。まもなくゴールです。

▼微生物に意識を向けて感謝の想いを送りましょう。今もたくさんの微生物があなたとあなたの暮らしを潤してくれています。

▼素朴で飾り気がなくとも、本物を選ぶようにしましょう。

形霊

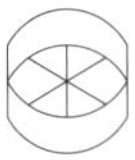

数霊の数字

176

産霊《むすび》の176日目　　月　　日
（誕生日の176日後）

霊楽《ひらき》の176日目　　月　　日
（年対称日の176日後）

Key Words

仏法僧《ぶっぽうそう》・前人未到・質実剛健《しつじつごうけん》

※176は88（無限）の2倍の数なので、大きなエネルギーを秘めた数。

意味

176は切り開くというキーワードを持つ数霊です。前例のないものに挑戦するのは勇気がいりますが、今まで着々と積み上げてきたものを下地に、思い切って踏み込んでみるのもよいでしょう。176は新しい運気をもたらすエネルギーに満ちています。

数霊マントラ

質実剛健　着々と　切り開けるは　勇気なり

176の数霊を持つ名前

切り開く人

数霊アクション

▼今までやっていないことに挑戦するときがやってきました。勇気を持って進みましょう。
▼体を鍛えましょう！　今がそのときです。
▼あなたが好きなお寺に出かけてみましょう。
▼176の形霊を丁寧に描き写しましょう。あなたの中に眠っている勇気とパワーが呼び覚まされやすくなります。

形霊	数霊の数字		
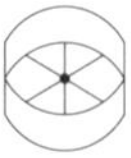	**177**	産霊《むすび》の177日目 （誕生日の177日後）	月　日
		霊楽《ひらき》の177日目 （年対称日の177日後）	月　日

Key Words

唯我独尊《ゆいがどくそん》・回り道・身代わり・三宝山《みむろやま》・明智光秀

意味

177は危険を迂回する守護の数霊です。177の数霊のエネルギーが身代わりとなって、あなたを守ります。この数霊は大難を小難に、小難を無難に、無難を無事に変えるパワーを持っています。心を集中し、心の中を愛と感謝でいっぱいに満たしてからこの数霊をイメージしましょう。

数霊マントラ

唯我独尊　この宇宙《そら》に　安心の気　送りたり

177の数霊を持つ名前

唯我独尊の人

数霊アクション

▼あなたはこの宇宙でたった一人のかけがえのない存在です。あなたという存在とあなたのまわりにいる存在すべてに敬意と感謝をしめして「天上天下唯我独尊」と唱えてみましょう。

▼いつもと違う道を歩いてみましょう。新たな発見があるかもしれません。

形霊	数霊の数字	
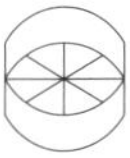	**178**	産霊《むすび》の178日目 月 日 （誕生日の178日後） 霊楽《ひらき》の178日目 月 日 （年対称日の178日後）

Key Words

良妻賢母《りょうさいけんぼ》・無我夢中・不惜身命《ふしゃくしんみょう》・足利義満

※女性性エネルギーの金星（ビーナス）は地軸の傾きが178度のため、178は金星の数でもある。

意味　178は女性らしさと母の強さをあわせ持つ数霊です。よく働き、動いて、まわりの人をしあわせにします。自分がどう動くことが、周囲の人をしあわせにすることができるのか、自分の置かれている状況から、今できることを考えましょう。

数霊マントラ

良妻賢母　ありがたきは　喜びつもる　無我夢中

178の数霊を持つ名前

賢く優しき人

数霊アクション

▼「喜んでくれてありがとう」という気持ちを持って動きましょう。あなたの気配り、優しさは周囲を明るく照らしています。

▼好きなことを無我夢中でやってみるとよいでしょう。

▼あなたにとって命をかけてもいいと思える人は誰ですか？　その人とのかかわりを大切にして、自分ができる精一杯を尽くしましょう。

▼自分の中にある女性性（思いやり、慈しみ、受容、愛……など）を見つめ、その性質そのものを、感謝の気で包みましょう。

形霊	数霊の数字	
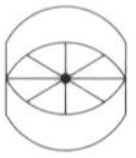	**179**	産霊《むすび》の179日目　　月　日 （誕生日の179日後） 霊楽《ひらき》の179日目　　月　日 （年対称日の179日後）

Key Words

森羅万象《しんらばんしょう》・ワンダフル・ダライラマ・普賢菩薩《ふげんぼさつ》・宮本武蔵・伊達政宗

※素数のためなじみは薄いが、限りない可能性を秘めた数。

意味　179は素晴らしさを表す数霊です。森羅万象すべてのものを慈しみ、愛《め》でましょう。一つ一つのものに、感動と感謝を伝えましょう。私たちはあらゆるものが有機的につながり合って、ここに存在しています。この奇跡をワンダフルと呼ばずしてなんと呼びましょうか。

数霊マントラ

あなたも　わたしも　ワンダフル　森羅万象　ありがたし

179の数霊を持つ名前

ワンダフルな人

数霊アクション

▼「森羅万象光明波《しんらばんしょうこうみょうは》」と唱えましょう。すべてを光に変える言霊です。

▼ワンダフル！　と思わず叫びたくなるような場所に行ったり、映画を見たりしましょう。

▼感動、感謝、感激の三感王になりましょう！　あなたはその達人です。

形霊	数霊の数字	
⊠	**180**	産霊《むすび》の180日目　月　日 （誕生日の180日後） 霊楽《ひらき》の180日目　月　日 （年対称日の180日後）

Key Words

建速《タケハヤ》スサノヲ・豪放磊落《ごうほうらいらく》・天石門別《アメノイワトワケ》・徳川家康

※180は全円360度の半分であり三角形の内角の和でもあるため、全体を治めるハタラキを持つ数。

意味　180は変化をものともしない、おおらかで力強い息吹に満ちた数霊です。細かいことをいちいち気にせず、どんどんと変化・改革していくことができるパワーに満ちています。スサノヲのエネルギーがバックアップしているのです。思いわずらう必要はありません。思い切って邁進《まいしん》しましょう。

数霊マントラ

豪放磊落　我《われ》なるぞ　流れ速き　幸なるぞ

180の数霊を持つ名前

太っ腹な人

数霊アクション

▼小さいことは気にしなくていいのです。大局を見て進みましょう。
▼外に出て風の流れを感じましょう。流れる風に乗ってエネルギーを流しましょう。
▼いつもと違うことをしてみましょう。変化はチャンスの窓口です。
▼神社に参拝に出かけましょう。

形霊

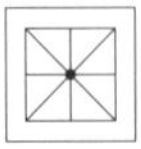

数霊の数字

181

産霊《むすび》の181日目　　月　　日
（誕生日の181日後）

霊楽《ひらき》の181日目　　月　　日
（年対称日の181日後）

Key Words

弥勒菩薩・大国主命《オホクニヌシノミコト》・月読命《ツキヨミノミコト》・少彦名命《スクナヒコナノミコト》・妙見菩薩《みょうけんぼさつ》・天磐樟舟《アメノイワクスフネ》

※180の形霊の中心に点（・）が入ることで完成。

意味　181は理想社会（ユートピア）を表します。それは弥勒の世とも言われます。やおよろずの神の応援がある中でも特に強力なのが、大国主命と月読命、少彦名命そして弥勒菩薩です。ちなみに大国主は181神の御子を生んだといわれ、霊界は181の世界、181層に分かれているとされています。きたるべき未来には181の世界、神と人とが共に歩む弥勒の世がやってくるのです。

数霊マントラ

曙《あけぼの》来たりて　夜が明けた　心願成就　弥勒の世

181の数霊を持つ名前

弥勒の人

数霊アクション

▼弥勒の世を具体的にイメージしてみましょう。ありありとイメージすることが大切です。

▼月光浴をしましょう。

▼知識だけで満足せずに、心に落とし込んで智恵にまで昇華させましょう。それはあなたにとっての精神的財産なのです。

数霊――三桁のゾロ目

111
思念が成就していく様を表す数霊。数霊・音霊そのものも指している。

222
和睦する数霊。相反していたものが和睦して、互いに尊重し合い仲良くなる。

333
三位一体の数霊。それぞれの役割が調和し、整いながら、三位一体となって物事を生成化育させていく。

444

安定をもたらす数霊。今までの努力が実り、物事が安定し表れていく様を表す。

555

分岐点より発動することを示す数霊。行くも戻るもあなた次第。大胆にして慎重に、豪胆にして繊細にことを進めるべし。

666

神なる数霊。強烈なパワーを放つ。その力ゆえに今まで封印されてきた。神と人が一体となって動いていくため、人自身にもパワーが必要。天の眼《め》と人の眼を一つにして歩みなさいという意味もある。

777

運気を高める数霊。しあわせを呼び、一つひとつのことが整いながら、生成発展していく上昇気流の数霊。

888

永久に栄えていくことを示す数霊。四方八方に拡がり、繁栄していく様を表す。

999

夜明け前の数霊。達磨の目入れのように、最後の最後が肝心であることを示す。全勢力を傾けて、精魂込めて進むべし。

数霊——四桁のゾロ目

1111
強い突破力と共に、起動していく数霊。思念が成就しやすくなるため、上手に活用すべし。

2222
仲違《たが》いを和合させ、調整していく数霊。和睦、親睦、それぞれの良さを発揮しながら、仲良く調和しているパートナーシップの数霊でもある。

3333
エネルギーが充満し、現象が充実していく数霊。自由度が高く、創造性に富《と》む数霊でもある。

4444

安定化した土台を作る数霊。確かなる基礎を作り、形為すための底力を提供していく。

5555

進展成長の数霊。黄金の螺旋にのって、力強く駆け上っていく生成発展の鍵を握る数霊として活用すべし。

6666

真理と叡智の数霊。心魂体にわたり、作用し、現象界を整えていく役割を持つ数霊である。

7777

物事の道理と完成を表す数霊。個々の要素がバランスよく組み合わさり、成就、完成へと導いていく数霊として働きかける。

8888

繁栄循環の数霊。四方八方へと拡がり、充実したエネルギーが、安定的に循環し、栄えていく数霊でもある。

9999

究極、完成、破壊、創造の数霊。球や空、根源とも関係する力強い数霊でもある。諸刃《もろは》の剣としての作用もあるため、取り扱い注意。天《あま》つ心と一つになり、使うべし。

巻末資料

都道府県と県庁所在地の数霊

④ 宮城 126 仙台 81	③ 岩手 70 盛岡 85	② 青森 80	① 北海道 121 札幌 143
⑧ 茨城 122 水戸 52	⑦ 福島 82	⑥ 山形 134	⑤ 秋田 27
⑫ 千葉 86	⑪ 埼玉 63	⑩ 群馬 85 前橋 116	⑨ 栃木 92 宇都宮 114
⑯ 富山 84	⑮ 新潟 97	⑭ 神奈川 124 横浜 101	⑬ 東京 70
⑳ 長野 94	⑲ 山梨 103 甲府 38	⑱ 福井 41	⑰ 石川 72 金沢 129
㉔ 三重 39 津 18	㉓ 愛知 26 名古屋 109	㉒ 静岡 81	㉑ 岐阜 83

㉕ 滋賀 66 大津 22	㉖ 京都 67	㉗ 大阪 21	㉘ 兵庫 122 神戸 79
㉙ 奈良 62	㉚ 和歌山 119	㉛ 鳥取 97	㉜ 島根 70 松江 53
㉝ 岡山 75	㉞ 広島 118	㉟ 山口 140	㊱ 徳島 71
㊲ 香川 103 高松 71	㊳ 愛媛 68 松山 116	㊴ 高知 30	㊵ 福岡 44
㊶ 佐賀 62	㊷ 長崎 93	㊸ 熊本 88	㊹ 大分 25
㊺ 宮崎 137	㊻ 鹿児島 104	㊼ 沖縄 79 那覇 47	

※茨城は、いばらき。大阪は「おおさか」。「おほさか」の場合46。大分は「おおいた」。「おほいた」では50。大津は「おおつ」。「おほつ」では47。

神々の名前と数霊

天之御中主　アメノミナカヌシ▼157（ミナカヌシ▼100）

高御産巣日　タカミムスビ▼173

神産巣日　カミムスビ▼157

宇麻志阿斯訶備比古遅　ウマシアシカビヒコジ▼238

天之常立　アメノトコタチ▼117

伊弉諾　イザナギ▼137

伊弉冉　イザナミ▼117

蛭子　ヒルコ▼80

大綿津見　オホワタツミ▼144

速秋津日子　ハヤアキツヒコ▼128

速秋津比売　ハヤアキツヒメ▼155

大山津見　オホヤマツミ▼149

火之迦具土　ホノカグツチ▼146
金山彦　カナヤマヒコ▼131
金山姫　カナヤマヒメ▼158
埴安彦　ハニヤスヒコ▼137
埴安姫　ハニヤスヒメ▼164
豊受大神　トヨウケオホカミ▼136（トヨウケ▼66）
武甕槌（建御雷）　タケミカヅチ▼149
綿津見　ワタツミ▼115
天照大御神　アマテラスオホミカミ▼210（アマテラス▼105）
月読（月夜見）　ツキヨミ▼100
素戔嗚　スサノオ▼48（スサノヲ▼93）
奥津島比売　オキツシマヒメ▼140（オキツシマ▼76）
市杵島比売　イチキシマヒメ▼145（イチキシマ▼81）
多岐津比売　タギツヒメ▼153（タギツ▼89）
天之忍穂耳　アメノオシホミミ▼171（オシホミミ▼114）

経津主　フツヌシ▼84
建御名方　タケミナカタ▼103
天火明　アメノホアカリ▼136（ホアカリ▼79）（饒速日　ニギハヤヒ▼172）
天香久山　アメノカグヤマ▼183（カグヤマ▼126）（高倉下　タカクラジ▼131）
瓊瓊杵　ニニギ▼105
猿田彦　サルタヒコ▼107
木花開耶姫　コノハナサクヤヒメ▼195（コノハナサクヤ▼131）
磐長姫　イワナガヒメ▼187（イワナガ▼123）
日子穂穂手見　ヒコホホデミ▼190
塩椎　シオツチ▼55
鵜葺草葺不合　ウガヤフキアエズ▼191
豊玉姫　トヨタマヒメ▼165（トヨタマ▼101）
玉依姫　タマヨリヒメ▼193（タマヨリ▼129）
菊理媛　ククリヒメ▼125（ククリ▼61）
瀬織津姫　セオリツヒメ▼143（セオリツ▼79）

旧国名と一の宮の数霊

蝦夷（エゾ）	61	北海道《ホッカイドウ》	121	神宮	238

陸奥

津軽（ツガル）	112	岩木山《イワキサン》	73	神社	230
陸中（リクチュウ）	114	駒形《コマガタ》	105	神社	262
陸奥（ムツ）	51	都々古別《ツツコワケ》	98	神社	255
		石都々古別《イワツツコワケ》	149	神社	306
		鹽竈《シオガマ》	99	神社	255
出羽（デワ）	110	大物忌《オオモノイミ》	98	神社	221
岩代（イワシロ）	108	伊佐須美《イサスミ》	64	神社	192

北陸道

佐渡（サド）	73	度津《ワタツ》	80	神社	237

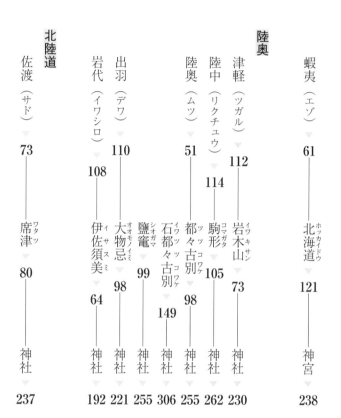

越後（エチゴ）▼76

- 彌彦《イヤヒコ》▼78 神社▼235
- 居多《コタ》▼23 神社▼180

越中（エッチュウ）▼83

- 高瀬《タカセ》▼36 神社▼193
- 気多《ケタ》▼25 神社▼182
- 雄山《オヤマ》▼69 神社▼226
- 射水《イミズ》▼98 神社▼255

能登（ノト）▼39

- 気多《ケタ》▼25 神社▼182

加賀（カガ）▼57

- 白山比咩《シラヤマヒメ》▼187 神社▼344

越前（エチゼン）▼84

- 氣比《ケヒ》▼39 神宮▼156

若狭（ワカサ）▼63

- 若狭彦《ワカサヒコ》▼100 神社▼257
- 若狭姫《ワカサヒメ》▼127 神社▼284

東山道

下野（シモツケ）▼74

- 二荒山《フタアラヤマ》▼153 神社▼310
- 日光二荒山《ニッコウフタラサン》▼150 神社▼307

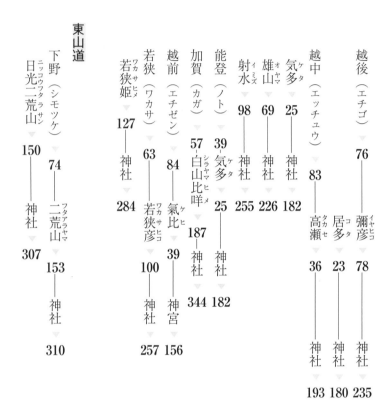

上野（コウヅケ）▼82―貫前《ヌキサキ》▼54―神社▼211

信濃（シナノ）▼58―諏訪《スワ》▼59―大社《たいしゃ》▼131

飛驒（ヒダ）▼91―水無《ミナシ》▼71―神社▼228

美濃（ミノ）▼57―南宮《ナングウ》▼78―大社▼150

近江（オウミ）▼40―建部《タケベ》▼94―大社▼166

東海道

常陸（ヒタチ）▼66―鹿島《カシマ》▼52―神宮▼169

下総（シモウサ）▼61―香取《カトリ》▼68―神宮▼185

上総（カズサ）▼75―玉前《タマサキ》▼68―神社▼225

安房（アワ）▼47―安房《アワ》▼47―神社▼204

洲崎《スノサキ》▼56―神社▼213

武蔵（ムサシ）▼59―氷川《ヒカワ》▼82―神社▼239

氷川女体《ヒカワニョタイ》▼165―神社▼322

相模（サガミ）▼97―寒川《サムカワ》▼96―神社▼253

鶴岡八幡《ツルガオカハチマン》▼198－宮《ぐう》▼254

甲斐（カイ）▼11－浅間《アサマ》▼43－神社▼200

伊豆（イズ）▼63－三嶋《ミシマ》▼81－大社▼153

駿河（スルガ）▼107－浅間《センゲン》▼70－大社▼142

遠江（トオトウミ）▼74－小國《オクニ》▼35－神社▼192

　事任八幡《コトノママハチマン》▼186－宮▼242

三河（ミカワ）▼87－砥鹿《トガ》▼68－神社▼225

尾張（オワリ）▼93－真清田《マスミダ》▼140－神社▼297

　大神《オオミワ》▼85－神社▼242

志摩（シマ）▼46－伊雑《イザワ》▼107－宮《のみや》▼200

　伊射波《イザワ》▼107－神社▼264

伊勢（イセ）▼19－椿《ツバキ》▼94－大神社《おおかみやしろ》▼232

　都波岐奈加等《ツバキナカト》▼138－神社▼295

伊賀（イガ）▼56－敢国《アエクニ》▼38－神社▼195

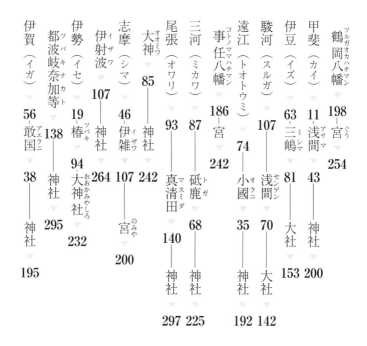

畿内

山城（ヤマシロ）▼124―賀茂別雷《カモワケイカヅチ》▼187―神社▼344

賀茂御祖《カモミオヤ》▼111―神社▼268

大和（ヤマト）▼84―大神《オオミワ》▼85―神社▼242

河内（カワチ）▼72―枚岡《ヒラオカ》▼79―神社▼236

和泉（イズミ）▼98―大鳥《オオトリ》▼66―神社▼223

摂津（セッツ）▼50―住吉《スミヨシ》▼100―大社▼172

坐摩《イカスリ》▼69―神社▼226

山陰道

丹波（タンバ）▼83―出雲《イズモ》▼95―大神宮《だいじんぐう》▼278

丹後（タンゴ）▼69―籠《コノ》▼29―神社▼186

但馬（タジマ）▼107―出石《イヅシ》▼83―神社▼240

粟鹿《アワガ》▼98―神社▼255

因幡（イナバ）▼92―宇部《ウベ》▼72―神社▼229

伯耆（ホウキ）▼40—倭文《シドリ》▼122—神社▼279

出雲（イズモ）▼95—出雲《イズモ》▼95—大社《おおやしろ》▼192

熊野《クマノ》▼61—大社《たいしゃ》▼133

石見（イワミ）▼86—物部《モノノベ》▼145—神社▼302

隠岐（オキ）▼12-水若酢《ミズワカス》▼158—神社▼315

由良比女《ユラヒメ》▼143—神社▼300

山陽道

播磨（ハリマ）▼102—伊和《イワ》▼51—神社▼208

美作（ミマサカ）▼83—中山《ナカヤマ》▼94—神社▼251

備中（ビッチュウ）▼149—吉備津《キビツ》▼98—神社▼255

備前（ビゼン）▼130—吉備津彦《キビツヒコ》▼135—神社▼292

石上《イソノカミ》布都魂《フツノミタマ》▼230—神社▼387

備後（ビンゴ）▼123—吉備津《キビツ》▼98—神社▼255

素盞嗚《スサノオ》▼48—神社▼205

南海道

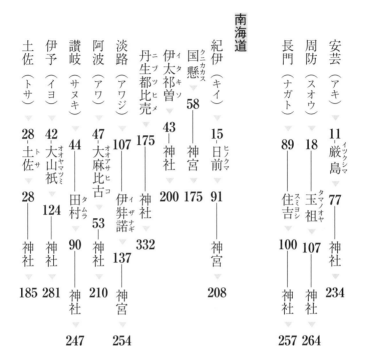

西海道

筑前（チクゼン）▼88―筥崎《ハコザキ》▼99―宮▼155
住吉《スミヨシ》▼100―神社▼257
筑後（チクゴ）▼80―高良《コウラ》▼51―大社▼123
豊前（ブゼン）▼128―宇佐《ウサ》▼14―神宮▼131
豊後（ブンゴ）▼121―西寒多《ササムタ》▼71―神社▼228
柞原八幡《ユスハラハチマン》▼196―宮▼252
肥前（ヒゼン）▼90―與止日女《ヨドヒメ》▼163―神社▼320
千栗八幡《チクリハチマン》▼151―宮▼207
肥後（ヒゴ）▼82―阿蘇《アソ》▼13―神社▼170
日向（ヒュウガ）▼122―都農《ツノウ》▼43―神社▼200
大隅（オオスミ）▼52―鹿児島《カゴシマ》▼104―神宮▼221
薩摩（サツマ）▼60―新田《ニッタ》▼59―神社▼216
枚聞《ヒラキキ》▼91―神社▼248
壱岐（イキ）▼15―天手長男《アメノタナガオ》▼147―神社▼304

対馬（ツシマ）▼**64**——海神《ワタツミ》▼**115**——神社▼**272**

琉球（リュウキュウ）▼**137**—波上《ナミノウエ》▼**85**——宮▼**141**

言霊数への変換は最も一般的な数え方によるものです。大神神社《オオミワジンジャ》の「オオミワ」は85ですが、「オホミワ」として数え、110とすることもできます。

仏名と数霊

釈迦如来《しゃかにょらい》……165
薬師《やくし》如来……167
阿弥陀《あみだ》如来……205
弥勒《みろく》如来……193
毘盧遮那《びるしゃな》如来……293
大日《だいにち》如来……219
五智《ごち》如来（五は5のまま変換）……133
仏頂《ぶっちょう》……146
仏母《ぶつも》……118
弥勒菩薩《みろくぼさつ》……181
観世音《かんぜおん》菩薩……165
聖観音《しょうかんのん》……85
十一面《じゅういちめん》観音（十一は11のまま変換）……76

千手《せんじゅ》観音……143
不空羂索《ふくうけんさく》観音……98
如意輪《にょいりん》観音……143
馬頭《ばとう》観音……116
准胝《じゅんてい》観音……153
六《ろっ》観音（六は6のまま変換）……36
三十三《さんじゅうさん》観音（三十三は33のまま変換）……63
文殊《もんじゅ》菩薩……227
普賢《ふげん》菩薩……179
勢至《せいし》菩薩……130
日光《にっこう》菩薩……149
月光《がっこう》菩薩……175
虚空蔵《こくぞう》菩薩……171

※こくうぞうぼさつの場合は174
地蔵《じぞう》菩薩……216
金剛薩埵《こんごうさった》……108
五大力《ごだいりき》菩薩（五は5のまま変換）……222
般若《はんにゃ》菩薩……184
薬王《やくおう》菩薩……145
薬上《やくじょう》菩薩……240
二十五《にじゅうご》菩薩（二十五は25のまま変換）……121
大随求《だいずいく》菩薩……278
金剛法《こんごうほう》菩薩……189
不動明王《ふどうみょうおう》……173
降三世《ごうざんぜ》明王（三は3のまま変換）……197
軍荼利《ぐんだり》明王……240
大威徳《だいいとく》明王……176
金剛夜叉《こんごうやしゃ》明王……230

烏枢沙摩《うすさま》明王……138
愛染《あいぜん》明王……146
大元帥《たいげんすい》明王……174
孔雀《くじゃく》明王……192
六字《ろくじ》明王（六は6のまま変換）……186
梵天《ぼんてん》……88
帝釈天《たいしゃくてん》……100
毘沙門天《びしゃもんてん》……174
執金剛神《しゅこんごうしん》……132
仁王《におう》……30
吉祥天《きっしょうてん》……103
弁才天《べんざいてん》……151
大黒天《だいこくてん》……101
深沙大将《じんじゃだいしょう》……233
歓喜天《かんぎてん》……82

世界の国番号

アジア地域

アフガニスタン……93
インド……91
インドネシア……62
韓国……82
カンボジア……855
シンガポール……65
スリランカ……94
タイ……66
台湾……886
中国……86
日本……81
ネパール……977
パキスタン……92
バングラデシュ……880
東ティモール……670
フィリピン……63
ブータン……975
ブルネイ……673
ベトナム……84
香港……852
マカオ……853
マレーシア……60
モルディブ……960
モンゴル……976
ラオス……856

オセアニア地域

オーストラリア……61
グアム……1
サイパン……1
ニューカレドニア……687
ニュージーランド……64
ハワイ……1
フィジー……679
フランス領ポリネシア……689

中東地域

アラブ首長国連邦……971
イエメン……967
イスラエル……972
イラク……964
イラン……98
オマーン……968
カタール……974
クウェート……965
サウジアラビア……966
シリア……963
バーレーン……973
ヨルダン……962

北米・中南米地域

								2 He ヘリウム
			5 B ホウ素	6 C 炭素	7 N 窒素	8 O 酸素	9 F フッ素	10 Ne ネオン
			13 Al アルミニウム	14 Si ケイ素	15 P リン	16 S 硫黄	17 Cl 塩素	18 Ar アルゴン
28 Ni ニッケル	29 Cu 銅	30 Zn 亜鉛	31 Ga ガリウム	32 Ge ゲルマニウム	33 As ヒ素	34 Se セレン	35 Br 臭素	36 Kr クリプトン
46 Pd パラジウム	47 Ag 銀	48 Cd カドミウム	49 In インジウム	50 Sn スズ	51 Sb アンチモン	52 Te テルル	53 I ヨウ素	54 Xe キセノン
78 Pt 白金(プラチナ)	79 Au 金	80 Hg 水銀	81 Tl タリウム	82 Pb 鉛	83 Bi ビスマス	84 Po ポロニウム	85 At アスタチン	86 Rn ラドン
110 Ds ダームスタチウム	111 Rg レントゲニウム	112 Cn コペルニシウム	113 Nh ニホニウム	114 Fl フレロビウム	115 Mc モスコビウム	116 Lv リバモリウム	117 Ts テネシン	118 Og オガネソン
64 Gd ガドリニウム	65 Tb テルビウム	66 Dy ジスプロシウム	67 Ho ホルミウム	68 Er エルビウム	69 Tm ツリウム	70 Yb イッテルビウム	71 Lu ルテチウム	
96 Cm キュリウム	97 Bk バークリウム	98 Cf カリホルニウム	99 Es アインスタイニウム	100 Fm フェルミウム	101 Md メンデレビウム	102 No ノーベリウム	103 Lr ローレンシウム	

元素の周期表

1 H 水素								
3 Li リチウム	4 Be ベリリウム							
11 Na ナトリウム	12 Mg マグネシウム							
19 K カリウム	20 Ca カルシウム	21 Sc スカンジウム	22 Ti チタン	23 V バナジウム	24 Cr クロム	25 Mn マンガン	26 Fe 鉄	27 Co コバルト
37 Rb ルビジウム	38 Sr ストロンチウム	39 Y イットリウム	40 Zr ジルコニウム	41 Nb ニオブ	42 Mo モリブデン	43 Tc テクネチウム	44 Ru ルテニウム	45 Rh ロジウム
55 Cs セシウム	56 Ba バリウム	L ランタノイド系	72 Hf ハフニウム	73 Ta タンタル	74 W タングステン	75 Re レニウム	76 Os オスミウム	77 Ir イリジウム
87 Fr フランシウム	88 Ra ラジウム	A アクチノイド系	104 Rf ラザホージウム	105 Db ドブニウム	106 Sg シーボーギウム	107 Bh ボーリウム	108 Hs ハッシウム	109 Mt マイトネリウム
	L ランタノイド	57 La ランタン	58 Ce セリウム	59 Pr プラセオジム	60 Nd ネオジム	61 Pm プロメチウム	62 Sm サマリウム	63 Eu ユウロピウム
	A アクチノイド	89 Ac アクチニウム	90 Th トリウム	91 Pa プロトアクチニウム	92 U ウラン	93 Np ネプツニウム	94 Pu プルトニウム	95 Am アメリシウム

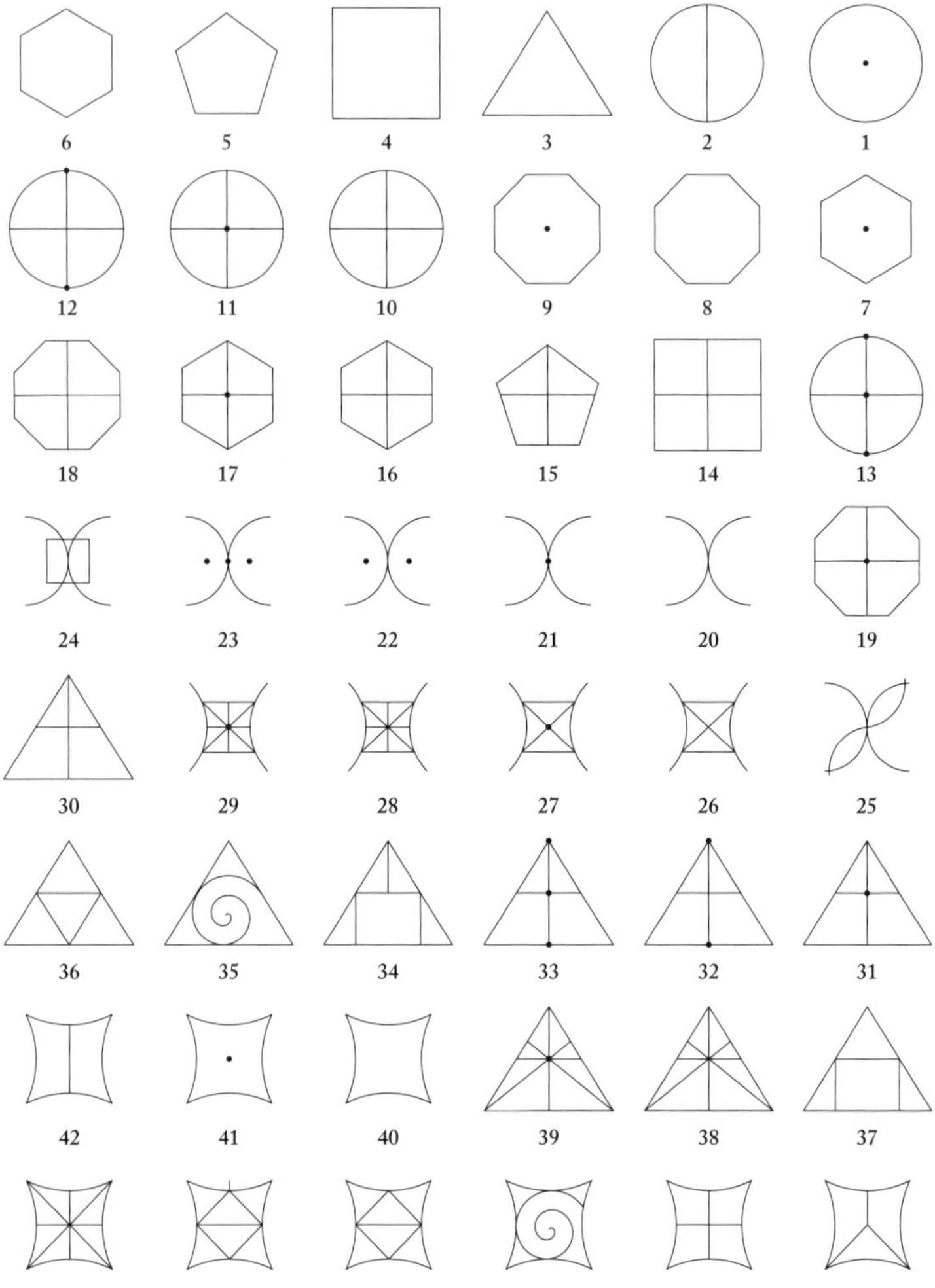

数霊の持つエネルギーのシンボルマーク、形霊（かただま）です。

形霊一覧

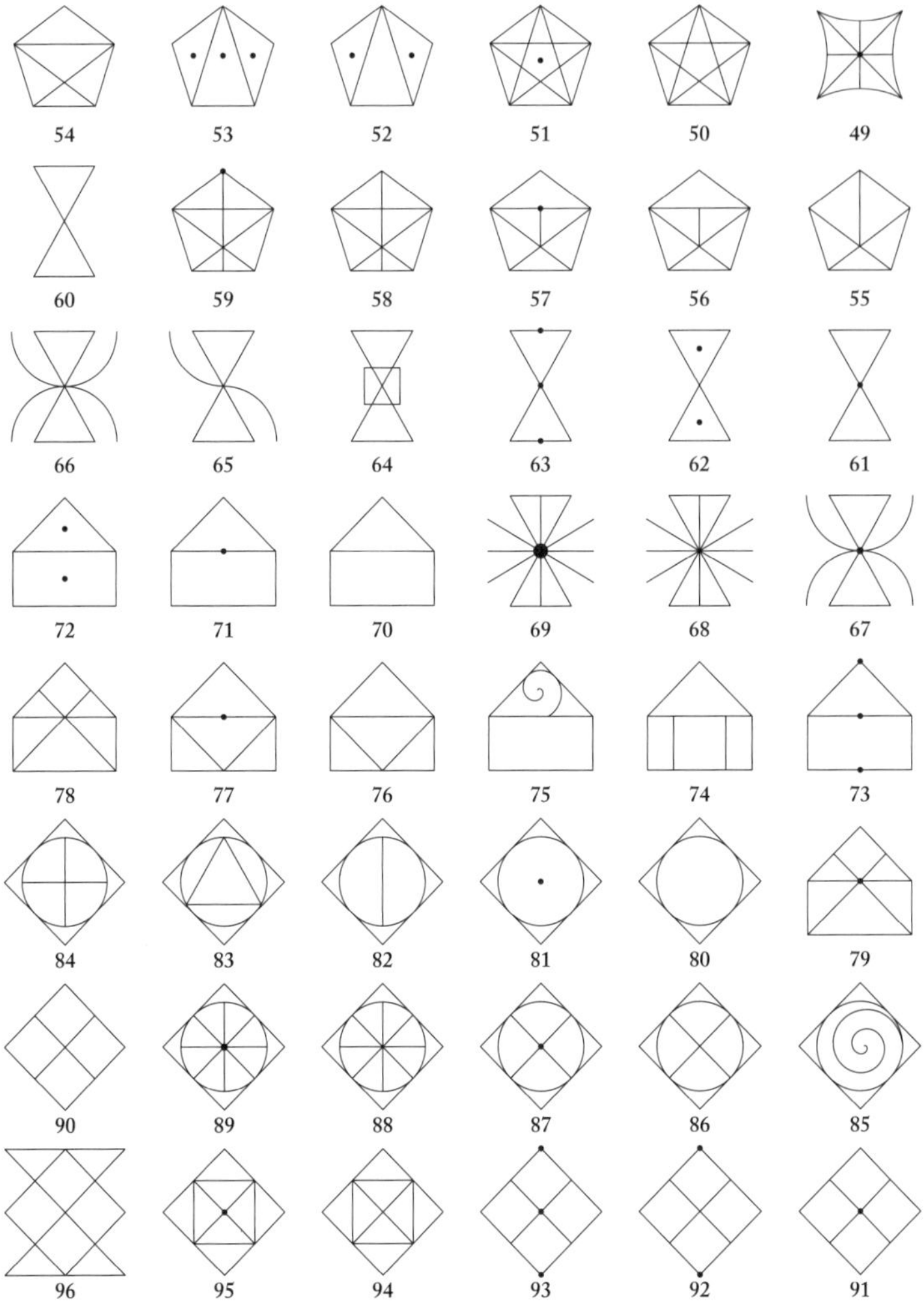
54 53 52 51 50 49
60 59 58 57 56 55
66 65 64 63 62 61
72 71 70 69 68 67
78 77 76 75 74 73
84 83 82 81 80 79
90 89 88 87 86 85
96 95 94 93 92 91

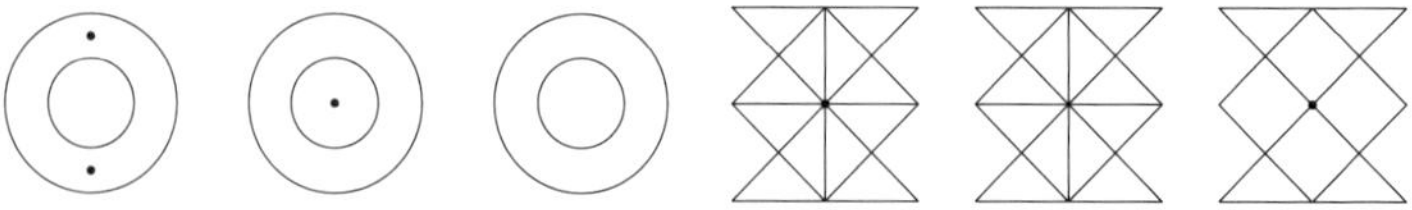

102 101 100 99 98 97

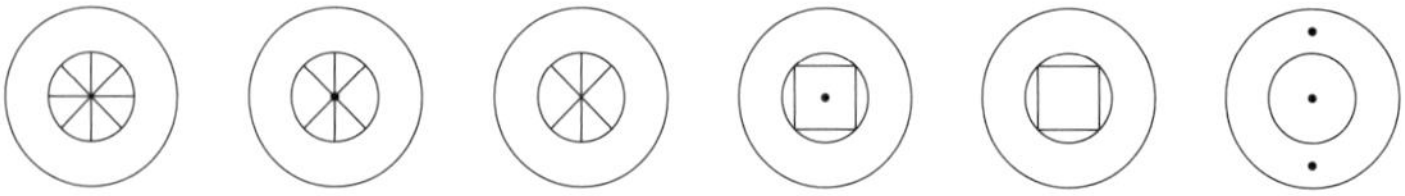

108 107 106 105 104 103

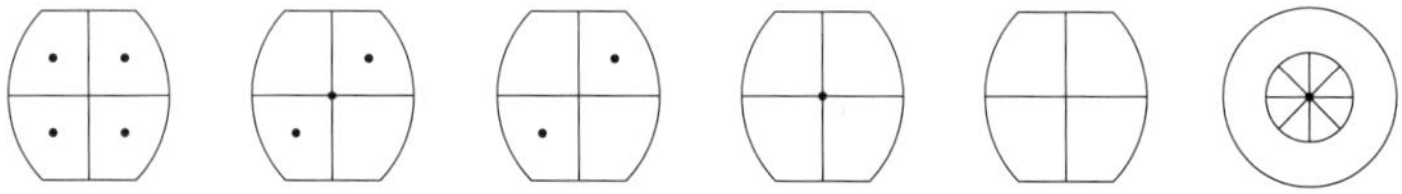

114 113 112 111 110 109

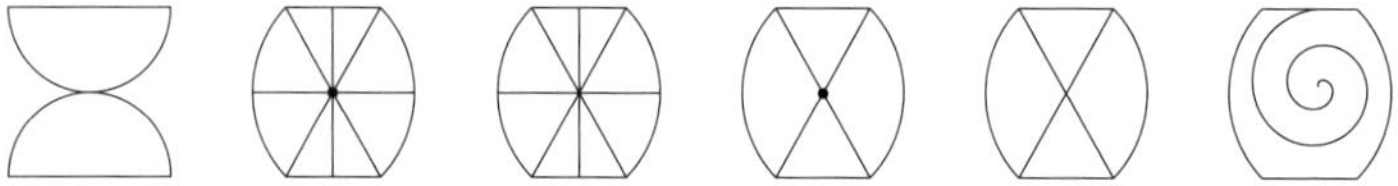

120 119 118 117 116 115

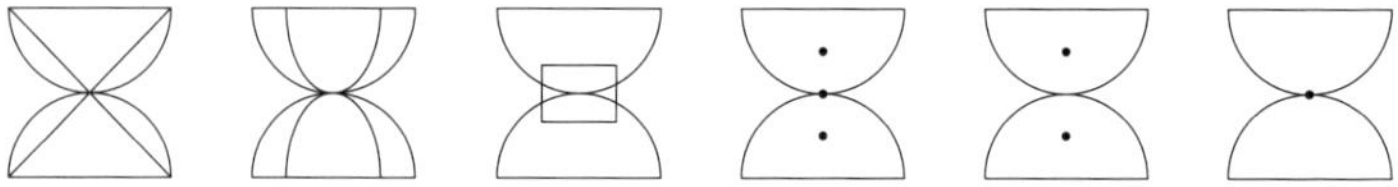

126 125 124 123 122 121

132 131 130 129 128 127

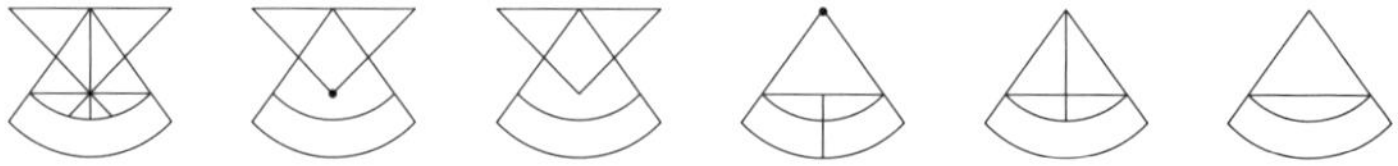

138 137 136 135 134 133

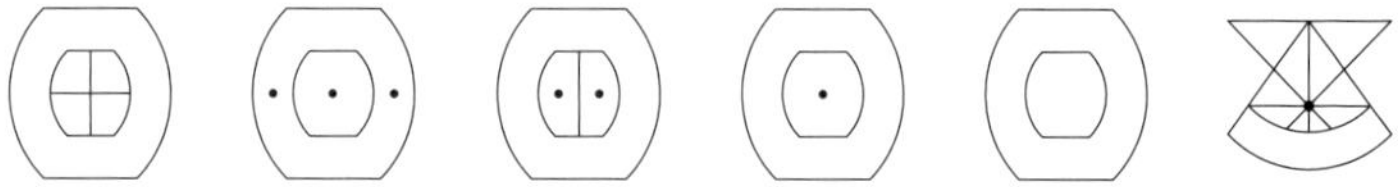

144 143 142 141 140 139

形霊一覧

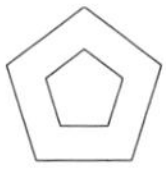
150
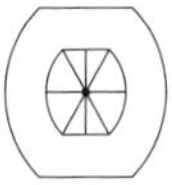
149
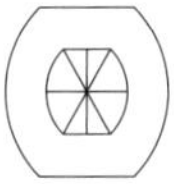
148
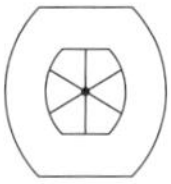
147
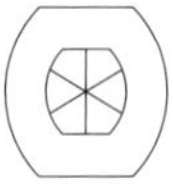
146

145

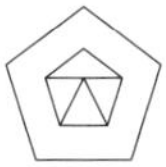
156

155

154

153
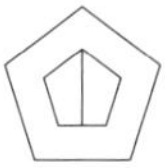
152
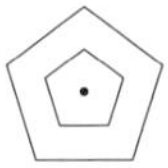
151

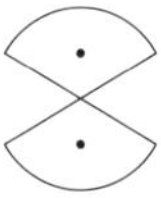
162
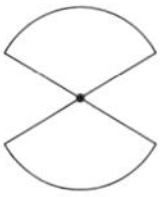
161
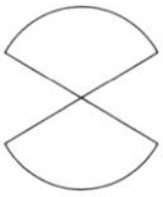
160
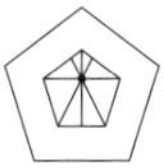
159

158
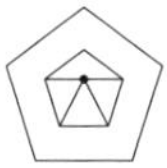
157

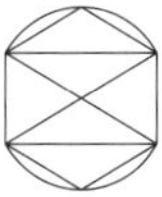
168
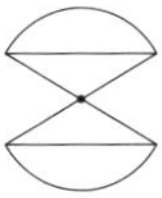
167
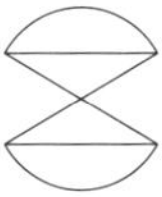
166
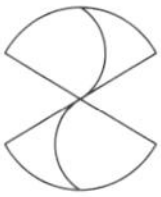
165
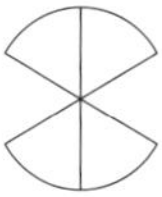
164
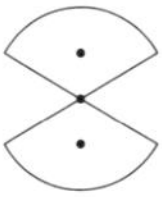
163

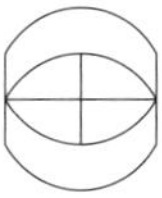
174
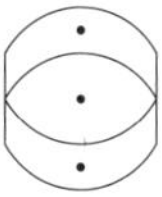
173
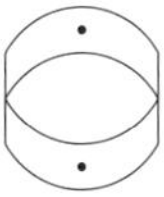
172
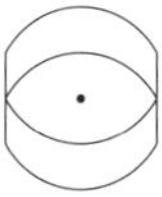
171
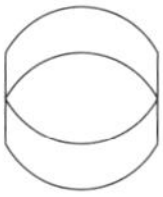
170
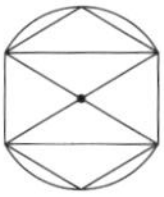
169

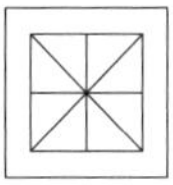
180
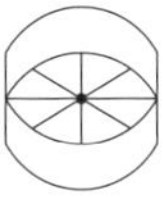
179
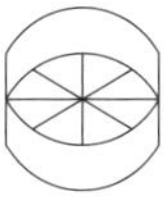
178
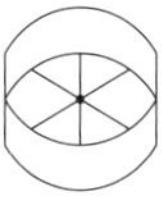
177
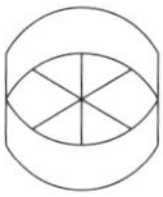
176
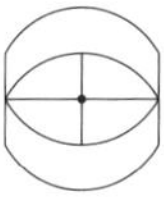
175

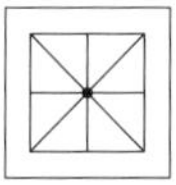
181

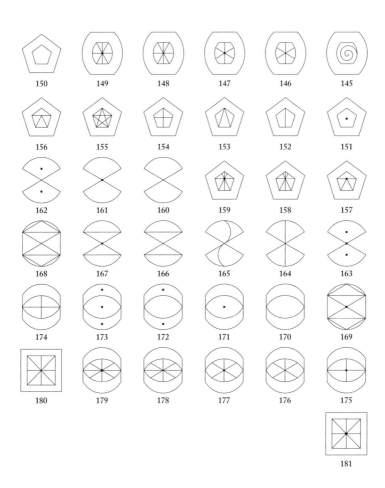

あとがき――数が持つエネルギーは、宇宙の叡智そのものでした

はせくらみゆき

令和の時代が始まり、三年目を迎えた今年、時代の足音は、誰もがわかるほどに急速な変化を続けています。

そんな中、２００９年から発刊している数霊シリーズの、一つの完結編であり、新たなる始まりの書が完成しましたことを心より嬉しく思います。

この期間、私（はせくら）にとっては、言霊の学びをさらに深めていく時期でもあり、研究と実践を通して、全体を俯瞰《ふかん》するという探究を続けていました。

具体的には、古事記を始め、古語拾遺など、さまざまな文献の読み解きから始まり、量子物理の世界へと至ったのですが、その学びの次元を一気に押し上げたのが、数霊が持つ世界観を加えてからでした。

たとえるなら、それまでにあったバラバラなパーツが、突然、有機的な生命体のように一つの「系」として浮かび上がってきた、ということなのです。

このプロセスを通して、まさに数が持つエネルギーは、宇宙の叡智そのものであったことをあらためて感じ、驚いた次第です。

こうして、再び出会うことになった「かぞ」（数霊）と「いろは」（言霊）の世界は、私の見える世界を一新させました。

それは、ありとあらゆる人の中に、たった今、数霊と言霊が、「振動」となって空間を飛び回りながら時空を駆け抜けている、という気づきです。

オギャーと生まれてから、この世界を卒業するまで、常に寄り添うことになる「かぞ」と「いろは」。この父と母に見守られながら、私たちは生き、生かされているのです。

なので、安心と安寧をもって誇り高く進んでいけばよいのだと思いました。

とりわけ、振動は「神動」として捉えることもできるものであり、すなわち、自らが発する振動を、神動として自覚し、責任をもって日々の暮らしに取り組むことが肝要であると感じます。

もちろんのこと、「言うは易く行うは難《かた》し」ではありますが、意識をしながら進んでいきたいと思いました。

さて、本書は、盟友――深田剛史さんの、膨大なる知識と研究をもとに生まれているものです。その深田さんは、長年、神職として奉職されておりました古神道研究家――小林美元先生より学ばれました。

小林先生にもおそらく師匠様がおいでになったのでしょう。そしてその師匠様にも……。こうして秘めやかに、かつ連綿と受け継がれながら、今へと至ったのです。

深田さんを始め、先人たちのたゆまぬ努力と観察眼があってこその、本書であることを再認識しつつ、時を経て、一般の私たちへと、数霊という叡智の一部が伝授されたことに静かな感動を覚えております。この流れへと至る、すべての働きと恵みに感謝いたします。

この本の終わり、ちょっと面白いエピソードを、ご紹介したいと思います。

いきなりですが、あなたは、円周率πの数字はどこまでいえますか?

そう、π＝3・14159265358979323……というものです。

小数点以下は、ランダムかつ永久的に続く「無理数」という数になります。この無理数を、たとえばアルファベットの数霊のように、文字を数値化して置き換えてみます。すると数字が文字へと変換されるわけです。

こうしてみてみると、ほとんどの部分は文章どころか、単語すらなっていない無意味な文字の羅列ではあるのですが、無理数は無限に続くため、中には単語や文章として読めるものもあるとのことです。

そんな文字の中のどこかには、あなたの名前や人生での出来事、あるいは聖書や仏典、そしてありとあらゆる宇宙の情報までもが書き込まれているのではないかと予測されています。

……ひょえ～！　ですよね。

私はこのπのお話を理論物理学者の先生よりうかがったとき、「あれ？　これ、まさしく数霊だ」と思い、びっくりしました。

現に、私たちが使っているスマホやパソコンといった、コンピュータ内部では、文字情報を数値として置き換え、記録しているのですから。

そう考えると、「数」が持つエネルギーである数霊は、知らないうちに暮らしの中に深く、沁み込んでいるのかもしれません。

数と言葉、父と母、かぞといろはと私たち。

暮らしと直結している数と言葉が織りなす世界で、現れる色と形の次元を、懸命に生きている私たち。

美と秩序、調和にひたされた大いなる宇宙の中で、「われ」はたった今、世界を創造しているのですね。

これからも、数と言葉を味方につけて、見方をますます進化・深化・神化させ、弥栄《いやさか》なる喜びの時空を創造していけますように。

最後までお付き合いくださり、誠に有難うございました。

令和三年四月吉日

謝辞

本書の刊行に際し、ご尽力いただきました編集者の豊島裕三子様、デザイナーの三瓶可南子様、出版元である徳間書店様、共著者の深田剛史様、友人、知人、仕事仲間、そして手に取ってくださった貴方様に、心より感謝と御礼を申し上げます。

深田剛史（ふかだ たけし）

古神道数霊研究家。1963年生まれ。名古屋市在住。整体師。霊・心・体で人を診て整体を施す。数霊研究における日本の第一人者。代々、宮司としての血を受け継いだため、日之本に古来より連綿と続いてきた精神文化の尊さを徒党を組まずに説いている。主な著書に『数霊』（たま出版）、『数霊に秘められた宇宙の叡智』（はせくらみゆき氏との共著、徳間書店5次元文庫）、『日之本開闢《ヒノモトカイビャク》』、『臨界点』、『天地大神祭《アメツチダイシンサイ》』、『弥栄《イヤサカ》三次元《サンジゲン》』、『ヱビス開国』、『時空間日和』『遷都高天原』『諏訪古事記』（ともに今日の話題社）等がある。

深田剛史公式ホームページ「数霊屋総本家」
http://kazutamaya-souhonke.com

はせくら みゆき

画家・作家。生きる喜びをアートや文で表すほか、芸術から科学、ファッション、経済までジャンルにとらわれない幅広い活動から「ミラクルアーティスト」と称される。日本を代表する女流画家として、国内外で活動中。2017年にはインドの国立ガンジー記念館より、芸術文化部門における国際平和褒章を受章。2019年には国際アートコンペ（イタリア）にて世界三位、翌年のアートコンペ（イギリス）では準大賞を受賞する。他にも雅楽歌人としての顔や、日本語新発見ツール「おとひめカード」の発表、次世代のための学習法など、様々な教育コンテンツを発表し、各種業界より高い評価を受けている。
主な著書に『コロナショックから始まる変容のプロセス』（徳間書店）、『令和の時代が始まりました！』（徳間書店）、『OTOHIME』（Neue Erde in Germany）他、約50冊の著作がある。
一般社団法人あけのうた雅楽振興会代表理事。英国王立美術家協会名誉会員。

はせくらみゆき公式 WebSite　https://www.hasekuramiyuki.com/
(社)あけのうた雅楽振興会　http://www.akenoutagagaku.com/

数霊【決定版】
宇宙の叡智とつながる

第1刷　2021年6月30日
第2刷　2024年3月10日

著　者　深田剛史　はせくらみゆき
発行者　小宮英行
発行所　株式会社徳間書店
〒141-8202　東京都品川区上大崎3-1-1
目黒セントラルスクエア
電　話　編集(03)5403-4344／販売(049)293-5521
振　替　00140-0-44392

印刷・製本　大日本印刷株式会社

ISBN978-4-19-865309-5